回归『本真』的应用型本科高校教师评价研究

宫 珂 ○ 著

中国社会科学出版社

图书在版编目（CIP）数据

回归"本真"的应用型本科高校教师评价研究／宫珂著．—北京：中国社会科学出版社，2023.8
ISBN 978 - 7 - 5227 - 2242 - 9

Ⅰ.①回…　Ⅱ.①宫…　Ⅲ.①高等学校—教师评价—研究　Ⅳ.①G645.11

中国国家版本馆 CIP 数据核字（2023）第 127024 号

出 版 人	赵剑英
责任编辑	张　浠
责任校对	姜志菊
责任印制	李寡寡

出　　版	中国社会科学出版社
社　　址	北京鼓楼西大街甲 158 号
邮　　编	100720
网　　址	http://www.csspw.cn
发 行 部	010 - 84083685
门 市 部	010 - 84029450
经　　销	新华书店及其他书店

印刷装订	三河市华骏印务包装有限公司
版　　次	2023 年 8 月第 1 版
印　　次	2023 年 8 月第 1 次印刷

开　　本	710×1000　1/16
印　　张	20.5
插　　页	2
字　　数	305 千字
定　　价	108.00 元

凡购买中国社会科学出版社图书，如有质量问题请与本社营销中心联系调换
电话：010 - 84083683
版权所有　侵权必究

序　言

"教师评价"是各层级、各类型学校教育管理中极为重要、极其关键，但同时又极富挑战性的课题。过于刚性化的"指标评价"，常常易被斥责为缺乏人文关怀，违背教育规律，事实上也确实难以全面衡量一位教师的教育教学行为；然而，追求"模糊性"或所谓"柔性化"的评价标准，则又易于陷入缺乏科学性、人治化评价的危险，同时对于教师的教育教学行为优劣评说，其结果又难以真正服众。正因为教师评价的重要性和复杂性，故虽有诸多研究成果问世，但在教育评价的理论与实践中，依然很难达成普遍共识。

宫珂曾是一位普通的高校教师，也担任过高校的基层管理工作，深知教师评价对于学校管理者和被管理者的重要与艰难。但她仍然选择这个教育管理中绕不开的"难题"进行探索，充分展现其勇于探究的学术勇气。

从严格意义上讲，作为一种衡量教师行为优劣且具有较强价值观色彩的评价标准或体系，必然会受到政治环境、文化氛围、教育观念、历史传统、学校类型、发展水平等因素影响，因而并不存在各类学校普遍适用的教师评价标准和体系，即学校类型不同、层次不同，教师评价的目的取向、标准、内容、方式等均应有所区别。例如"应用型"高校无论是在评价目的、评价内容等方面均要求体现出"应用"特色，需要突出高校与地方经济社会的"交互作用"，都应该从教学、科研、服务等各个方面共同架构"应用型"评价的综合性框架。

宫珂的《回归"本真"的应用型本科高校教师评价研究》，并没有试图对教师评价作宏大叙事式的"应然"论述，而是基于个案调查研究基础上，发现个案学校的教师评价特征和实效，揭示其中存在的问题与成因，同时结合国内外的研究成果和教育管理的应有之义，期望探索出应用型本科院校的教师评价中具有"应用性"特征的管理取向。

全书主要围绕应用型本科院校在教师评价中与普通高校不同的特征、教师评价的现实样态与存在的问题、如何有针对性地建构教师评价体系的理论逻辑，以及如何架构教师评价的实现路径与保障机制四个重要问题展开。作者结合个案学校教师评价实践的研究成果，提出了应用型本科高校的教师评价应该"回归本真"的重要观点。所谓"本真"，即教师的本真性，它被认为是教师评价的管理之"眼"，也是作者对于理想的教师评价的取向诉求。在作者看来，应用型本科高校教师评价的本真，是"理想状态下应用型本科高校教师的角色定位与价值期待"。它不但是应用型本科高校教师评价的起点，也应是其归宿。

良善的教师评价体系，不仅能顾及高校本身便是一个知识分子联合体的特征，能够容纳不同类型的教师存在，一如百多年前蔡元培所提倡的"囊括大典，网罗众家"的大学办学方针，而且要能使系统内部成员得到调节，促使人们能够处于不断上升和发展之中。为此，回归应用型本科高校教师的本真，方才能达此目标，这也是建构应用型本科学校教师评价体系的应有之道，因为本真性的探寻便是对教师自身的一种本体性思考，而这种探寻则是根本性的、基础性的，而不是用数字化、标准化等工程思维方式去改造教师、评价教师。但要达致"本真"，作者认为应该是实现教师对所扮演角色的自我认同，但这种"认同"并不是外化和功利化等异化后的"认同"，乃是源于本初之心的"认同"。同时在作者看来，解开应用型本科高校教师评价束缚、释放应用型本科高校教师自我认同、回归应用型本科高校教师角色本真的关键，在于对应用型本科高校教师实施包容性评价。具体言之，便是从理念转变切入，以学科评价为依托，建立起尊重学术自由、重视教师发展、与应用型本科高校定位和人才培养需求相匹配的不同学科类型的包容性评价体系。

毫无疑问，提出"回归本真"的应用型本科高校教师评价体系，体现出作者坚持教师评价的人文性、科学性、民主性和特色化取向，表达出一种重要的教师评价思想：教师评价的目的并不仅是依靠外在的"规训"去驱动教师，而更应该是让内驱力成为教师发展的根本动力。当然，如何才能真正"回归本真"、回归本真后的教师评价体系如何落地，以及成效如何，这一切仍然有待进一步探究和实践检验。

宫珂《回归"本真"的应用型本科高校教师评价研究》一书，是在其博士论文基础上修改而成，作为她读博期间的学术导师，对其著作的出版感到由衷的高兴。应其之嘱而作书序，重读其文，以上所言便是对全书的简要解读，同时也是我的读后感想，期望宫珂今后在教育管理领域能有更多的研究成果问世。

是为序。

胡金平
2023年7月于南京仙林

目 录

绪 论 …………………………………………………………… (1)

第一章 我国应用型本科高校教师评价制度的历史回顾与反思 ………………………………………………… (12)
第一节 我国应用型本科高校教师评价制度的历史回顾 ……… (12)
第二节 应用型本科高校教师评价制度演进的历史思考 ……… (21)
本章小结 ……………………………………………………… (33)

第二章 应用型本科高校教师评价的个案考察 ……………… (35)
第一节 研究的设计与实施 …………………………………… (35)
第二节 N 高校教师评价的制度建设 ………………………… (61)
第三节 N 高校教师评价的实证研究 ………………………… (84)
本章小结 ……………………………………………………… (132)

第三章 N 高校教师评价的特征与成效 ……………………… (134)
第一节 N 高校教师评价的特征 ……………………………… (134)
第二节 N 高校教师评价的成效 ……………………………… (153)
本章小结 ……………………………………………………… (168)

第四章 N 高校教师评价的问题与成因 ……………………… (169)
第一节 N 高校教师评价的问题呈现 ………………………… (169)

第二节　N 高校教师评价的成因分析 …………………………（201）
　　本章小结 ……………………………………………………………（219）

第五章　回归"本真"的应用型本科高校教师评价 ………………（221）
　　第一节　何谓"本真"：应用型本科高校教师评价的
　　　　　　目标指向 …………………………………………………（221）
　　第二节　追逐"本真"：应用型本科高校教师评价的
　　　　　　路径敷设 …………………………………………………（228）
　　第三节　善待"本真"：应用型本科高校教师评价的
　　　　　　保障举措 …………………………………………………（262）
　　本章小结 ……………………………………………………………（277）

结　语 ……………………………………………………………………（279）

附　录 ……………………………………………………………………（282）
　　附录一　应用型本科高校教师评价研究调查问卷 ……………（282）
　　附录二　访谈提纲 …………………………………………………（286）

参考文献 …………………………………………………………………（288）

后　记 ……………………………………………………………………（319）

绪　　论

一　研究缘由与研究问题

(一) 研究缘由

"学校获得成功的内在机制在于教师"①，师资队伍建设对于提高教育质量至关重要。加强高校教师队伍建设，是当前深化高等教育综合改革的一项紧迫而重要的任务。而高校教师评价是高校教师管理的重要手段，也是促进高校教师专业发展的有效路径。因而，构建完善、有效的高校教师评价体系，对促进学校发展、提升教师综合素质、激发教师工作效能、实现教师专业发展和发挥教师潜能等均具有重要的导向作用。

2016年8月，教育部出台的《关于深化高校教师考核评价制度改革的指导意见》中明确指出，将教师考核评价作为高等教育综合改革的重要内容，切实加强教师考核评价的组织实施。2017年7月25日发布的《教育部办公厅关于印发〈教育部人才工作领导小组2017年工作要点〉的通知》（教人厅〔2017〕4号）（以下简称《工作要点》），对深入推进高校人才发展体制机制改革，规范人才合理有序流动等多方面作出部署。2017年10月，教育部、人力资源社会保障部研究制定了《高校教师职称评审监管暂行办法》，旨在进一步落实高等学校办学自主权，激发教师教书育人积极性、创造性。2018年7月3日，中共中央办公厅、国务院办公厅印发了《关于深化项目评审、人才评价、机构评估改革的意见》，

---

① ［加］迈克·富兰:《变革的力量——透视教育改革》，中央教育科学研究所等译，教育科学出版社2000年版，第235页。

坚持尊重规律、问题导向、分类评价、客观公正，推进分类评价制度建设，发挥好评价指挥棒和风向标作用。2018年9月，习近平指出，要深化教育体制改革，健全立德树人落实机制，扭转不科学的教育评价导向，坚决克服唯分数、唯升学、唯文凭、唯论文、唯帽子的顽瘴痼疾，从根本上解决教育评价指挥棒问题。① 显然，高校教师评价作为高校内部评价制度建设的重要组成部分，是高校教师队伍建设、人才培养和学科发展的重要方面，既是高校办学和管理的重要内容，也是深化高校办学改革、提高高等教育质量的重要手段。

高等教育规模扩张让中国以最快的速度进入高等教育大众化阶段，对"大众化"理论进行目标式的解读和实施使我们在面对本国的实际问题时缺乏有效的应对策略。经过连续多年的扩招，高校在发展过程中逐渐开始分类分层发展、管理，应用型本科便是在此过程中被不断明晰的高校定位类型。虽然人们对于应用型本科所包含的高校对象存在分歧，但地方本科高校当属此种类型已基本形成共识。根据我国高等教育机构的行政隶属关系，我国的大学可以分为中央部属普通院校、地方普通本科院校与高职高专。这其中，地方本科院校是我国高等教育机构构成的中间层次，是我国应用型本科高校的主体部分。② 根据《中国教育年鉴》的统计数据，2001年以来，我国地方本科院校（包括民办本科院校）占全国本科院校总数的85%，地方本科院校为国家培养了75%左右的本科生。加之相当数量的"学术型"本科教育也在向应用型本科高校转型，那么，广义上的应用型本科高校数量会更多，承担大众化的任务也会更多。③ 这类高校基于现实考虑自身发展需要，定位于应用型本科的发展道路，承担了培养数以千万计专门人才的任务，理应是我国高校发展的主体部分。然而，当前应用型本科高校教师评价中存在诸多问题：

---

① 会议：全国教育大会，出自2018年9月10日，新华社，链接：http://jhsjk.people.cn/article/30284598。
② 潘懋元：《应用型人才培养的理论与实践》，厦门大学出版社2011年版，第34页。
③ 潘懋元：《应用型人才培养的理论与实践》，厦门大学出版社2011年版，第35页。

1. 应用型本科高校教师评价政策缺失

"政策是一种观念，贯穿于我们筹划生活的所有方法之中，应用于公共生活的广泛参与之中。"① 可以说，政策之于教育改革与发展的意义非比寻常。教师评价政策对于教师而言具有深层次的意义，科学合理的教师评价政策对教师专业发展意义重大。然而，现行的教师评价相关政策似乎都是朝向学术型人才培养，与应用型本科教育相关的政策滞后于高等教育发展现状。

其一，大学教师评价政策过于笼统。

国家宏观教师评价政策的出台更多的是基于管理的角度，而以管理为基点导致了政策的一统性：将整个国家的大学教师视为统一的政策实施对象。然而，大学教师发展具有其自身内在的逻辑与规律，不同类型高校的不同教师个体发展也是需求各异。"政策，并非意味着一系列的政策目标，甚至也不是指导原则，而只是实践的规范化和表达，是一个构建行为而不是仅仅描述行为的术语：它为我们所见的事物贴上标签，这样我们能够以一种特殊的方式来理解这些事物。"② 从这种意义上说，整体、统一的政策指导思想满足了国家对大学教师整体发展的需求，而教师个体发展的需求满足却无从关照。

其二，国家政策指向趋于"精英化"。

目前，我国的大学教师发展政策似乎更青睐于"211"或"985"大学，高水平大学的高水平教师在职称评聘、晋升、奖励方面都得到更加全方位的支持，这些高校的教师会得到更多的重视。因而，国家政策所呈现出来的这种"高端化""精英化"倾向对应用型本科高校教师关注不够，"在学术系统最顶部凤毛麟角的高素质学术人员和处于系统底部的大批普通教师之间存在一条显著的鸿沟"③。高校与国家宏观政策制定部门之间的"多重中间变量"，导致高校难以与政策制定部门直接发生相互作用。这样一来，国家宏观政策就难以影响高校教师相关政策的制定，尤其是应用型

---

① [英] H. K. 科尔巴奇：《政策》，张毅译，吉林人民出版社2005年版，第1页。
② [英] H. K. 科尔巴奇：《政策》，张毅译，吉林人民出版社2005年版，第17页。
③ 杨克瑞：《美国高校教师体制的变迁及其现实意义》，《教师教育研究》2005年第3期。

本科高校。由此，国家政策的"高端化""精英化""优异化"取向使大学教师相关政策缺乏与应用型本科高校的直接沟通，无法反映应用型本科高校教师的价值诉求，对这部分教师群体的关照存在缺憾。

2. 应用型本科高校教师评价理论研究明显不足

"教育管理理论与教育管理实践是一个事物的两个方面，这两个方面正如钱币的正反面，它们是永远缠绕在一起的，正反两面总是同时存在着，教育管理理论与教育管理实践永远是合一的。"① 如此，高校教师评价也是一个理论性、实践性很强的概念，就其实质而论，教师评价理论即是一种实践性理论，而教师评价实践亦是一种理论性实践。理论并非空想、理想、幻想，它能明确帮助人们处理日常具体的管理事务。同样，教师评价理论并不与实践相疏离，而是缠绕共生的，这些理论一旦形成，就可对具体的教师管理实践进行解释和指导。综观当前研究者对大学教师评价理论的研究大多集中于研究型大学，而应用型本科高校教师评价的研究更多的是"内隐理论"②，与"外显理论"③ 不同的是，这些理论更多的是基于经验层面的、表面化的理论。因而，对应用型本科高校教师的关注不足，使得政策缺乏合理的制定依据和相应的理论观照。

3. 应用型本科高校教师评价体系导向错位

"从本质上来说，评价是一种价值判断的活动，是对客体满足主体需要程度的判断。"④ 正如前述，教师评价是高校实施的一项重要管理活动，但它并不简单等同于"对教师实行外在调控和经济制裁"⑤ 的管理。将教师作为管理的客体与对象的取向遮蔽与消解了评价的本质功能。教

---

① 张新平：《关于教育管理理论、实践及其关系的思考》，《高等教育研究》2002年第11期。

② 内隐理论是一种人们在行动过程中加以运用的习而不察的理论（theories-in-use），是人的行动的真实向导。转引自张新平《教育组织范式论》，江苏教育出版社2001年版，第7页。

③ 外显理论是一种信奉的理论（espoused theories），外显理论可以只说不做，可以与个人行动之间保持距离或者脱节。转引自张新平《教育组织范式论》，江苏教育出版社2001年版，第7页。

④ 陈玉琨：《教育评价学》，人民教育出版社1999年版，第7页。

⑤ 王向红、谢志钊：《大学教师评价：从"鉴定与分等"到"改进与发展"》，《江苏高教》2009年第6期。

师评价应是一个注重形成性评价的、由评价者与被评价者共同建构的过程。应用型本科高校教师评价本身所具有的复杂性使得教师评价在实际操作中产生诸多缺陷，严重影响教师评价目的的实现。

其一，应用型本科高校教师评价环境的特殊性。

首先，大学是一个特殊的场域。基于布迪厄的理论，我们可将大学看作是个特殊的场域，一个具有独特特征的场域。教师和学生是它的主体，教学与科研是它的基本活动，知识逻辑是它的运行逻辑。这个场域的存在是为了大学组织的发展和教师个人的发展，这也正是评价的最终目的所在。同样，我们也可将教师评价看作是个场域，评价者、被评价者、评价内容、评价手段作为主体在场域中相互联系、相互作用、交互共生。

其次，大学是一个特殊的组织。每个组织都存在于特定的物理、技术、文化和社会环境中，并要与之相适应。"环境指的是组织之外所有影响组织生存和实现其目标的能力的重要因素。"[①] 大学作为特殊的社会组织，教师作为组织内部的成员，从外部环境到内部环境都对其产生重要影响。一方面，外部社会的变革直接牵制和引领着应用型本科高校的发展目标。应用型本科高校定位应立足地方，服务地方经济与社会发展，解决当地面临的具体问题。因而，应用型本科高校必须主动适应经济社会发展目标，要具备敏锐性、前瞻性的观察力以及时调整自身发展目标。进一步说，大学的发展目标定位是决定高校教师评价考核的重要因素，因为"高校的战略发展目标是通过各级单位层层分解最终由教师个体来完成"[②]。另一方面，应用型本科高校的内部环境很大程度上制约着教师评价。应用型本科高校具有不同于学术型本科高校、职业技术类院校的特殊文化氛围和复杂制度环境，这些都会对教师评价产生深层次的影响。

其二，应用型本科高校教师评价的复杂性。

评价内外部环境的影响自然会导致应用型本科高校教师评价的复杂

---

① ［美］W. 理查德·斯科特等：《组织理论：理性、自然与开放系统的视角》，高俊山译，中国人民大学出版社2011年版，第22页。
② 周春燕：《复杂性科学视野下的高校教师评价研究》，江苏大学出版社2008年版，第72页。

性。应用型本科高校教师评价的复杂性表现为：在评价目的、评价内容等方面均需体现"应用"特色，需突出应用型本科高校与地方经济社会的"交互作用"，应从教学、科研、服务等各个方面共同架构"应用型"评价的综合性框架。进一步说，从国家发展需要出发的教师评价政策与应用型本科高校教师评价政策之间的"脱域"，使教师从所处的特定情境中抽离出来，忽视了具体环境中不同教师的个体发展需求，致使应用型本科高校教师评价存在诸多缺陷：评价目的简单化、评价主体的多元化失调、评价内容与应用型疏离、缺乏分类评价标准、评价结果运用不当等。

（二）研究问题

基于前述，本书将围绕应用型本科高校教师评价探究以下四个关键问题：

1. 应用型本科高校与普通本科高校有何区别？应用型本科高校教师评价与普通本科高校教师评价有何异同？

2. 应用型本科高校教师评价的现实样态是怎样的？具有怎样的价值取向？取得了哪些成效？存在哪些问题？原因是什么？

3. 应用型本科高校教师评价的指标体系应按照怎样的理论逻辑来建构？如何围绕应用型本科高校的特点有针对性地实施科学评价？

4. 应用型本科高校教师评价的实现路径与保障机制是什么？

二 研究思路

本书按照"为什么评价、由谁来评价、评价什么、怎样评价"的思路，围绕教师评价目的、教师评价主体、教师评价内容、教师评价方法、教师评价中的问题研究等进行国内外文献分析，提出研究需进一步努力的方向。

第一章在对教师评价相关概念进行界定的基础上，介绍和探讨我国应用型本科高校教师评价制度的变迁历程，剖析应用型本科高校教师评价的相关理论，概览当前应用型本科高校教师评价的现状，深度探寻应用型本科高校教师评价的内外部环境。本章从历史嬗变和基本内涵讨论应用型本科高校教师评价的"发生"与"根本",可促使我们对高等教育发展现状进行有价值的反思,使我们从理论上对应用型本科高校教师评价获得一种全面的认识。将"时间变量"与"性质变量"纳入研究视野,是对应用型本科高校教师评价的应然推导,是对应用型本科高校基本定位的有力探寻,是对应用型本科高校教师评价应有价值取向的适时回应。同时,本章对应用型本科高校教师评价的现实逻辑进行审视与反思,探讨应用型本科高校教师评价的内外部动力因素,从历史的视角揭示应用型本科高校教师评价的"内在规定性"。

第二章在基于应用型本科高校教师评价制度变迁的历史呈现基础上,将研究视角转向现实挖掘,以进一步探索"历史"因素对应用型本科高校教师评价的现实影响。本章主要介绍所选取案例高校的发展历史、发展规划、当前办学治校现状等基本情况,以及案例高校的教师评价制度、教师评价政策的历史变迁和运行现状。在全面系统调研的基础上,通过调查法(问卷调查、深度访谈)、文献研究法、混合研究法等研究方法全面了解该校教师评价的特征,多维度窥探案例高校教师对当前教师评价政策的认可度和满意度,并作出具体阐述与分析,从微观行动层面探求现实场域中应用型本科高校教师评价实践。

第三章和第四章从"正"与"反"两个层面对案例高校教师评价制度的实施特征和存在问题进行立体考量与反思,多维度探察以案例高校为代表的我国应用型本科高校教师评价文本制度背后的实然制度运行现状。第三章反思与解析案例高校教师评价制度的实施特征和主要成效,深度剖析应用型本科高校教师评价制度运行的现实环境,有力探察以案例高校为代表的我国应用型本科高校教师评价的内隐特征和实施成效。第四章在考察案例高校教师评价所呈现的实然情况的基础上,对该校教师评价所呈现出的具体问题作出探讨,深度揭示教师生存现状,深刻挖掘教师评价背后的问题及原因所在。

第五章对优化应用型本科高校教师评价的完善理路给出建议。本章将针对应用型本科高校教师评价提出具体的实施路径:"重应用、分学科"的包容性评价,并从制度、民主和文化三个层面探讨构建应用型本科高校教师评价的保障机制。本书的最后部分为研究总结与反思。

三 研究方法

1. 案例研究法

案例研究法是指对某一个体、某一群体或某一组织在较长时间里连续进行调查,从而研究其行为发展变化的全过程。"它所关注的,是在某一时间点或经过一段时期所观察到的一种有空间界限的现象(一个单位)。"① "案例研究可以被认为是对单个案例的深入研究,该研究的目的——至少部分目的——是解释一组更庞大的案例(总体)。案例越少,对它们所做的研究就越深入,这项工作也越符合'案例研究'的称谓。"② 罗伯特·K. 殷(Robert K. Yin)指出,不同的研究方法适用于不同的研究环境(见表0-1),"与其他研究方法相比,案例研究更适于以下三种情形:①主要问题为'怎么样''为什么';②研究者几乎无法控制研究对象;③研究的重点是当前的现实现象"③。案例研究不仅仅是质性研究的一种方式,混合运用量化数据与质性资料也可以是其表现形式。④

表0-1　　　　　　　不同研究方法的适用环境

研究方法	研究问题的类型	是否需要对研究过程进行监控	研究焦点是否集中在当前问题
实验法	怎么样?为什么?	是	是
调查法	什么人?什么事?在哪里?有多少?	否	是

---

① [美]约翰·吉尔林:《案例研究:原理与实践》,黄海涛等译,重庆大学出版社2017年版,第14页。
② [美]约翰·吉尔林:《案例研究:原理与实践》,黄海涛等译,重庆大学出版社2017年版,第15页。
③ [美]罗伯特·K. 殷:《案例研究:设计与方法》,周海涛、史少杰译,重庆大学出版社2017年版,第4页。
④ [美]罗伯特·K. 殷:《案例研究:设计与方法》,周海涛、史少杰译,重庆大学出版社2017年版,第24页。

续表

研究方法	研究问题的类型	是否需要对研究过程进行监控	研究焦点是否集中在当前问题
档案研究法	什么人？什么事？在哪里？有多少？	否	是/否
历史分析法	怎么样？为什么？	否	否
案例研究法	怎么样？为什么？	否	是

资料来源：罗伯特·K. 殷：《案例研究：设计与方法》，周海涛、史少杰译，重庆大学出版社2017年版，第12页。

本研究将选取一所应用型本科高校进行案例实证分析，旨在对当前应用型本科高校教师评价的现实状貌进行深刻描述与深度探究，最大限度呈现应用型本科高校教师评价的实然面貌，分析当前应用型本科高校教师评价"怎么样"以及"为什么"的问题。为解决这个极具解释性的问题，需要探讨影响当前应用型本科高校教师评价的关键要素和差异因素，分析其存在的问题及产生问题的原因，并思考为我国应用型本科高校制定和实施教师评价政策提供建设性意见。从这种意义上讲，它符合"从单个案例中提取证据，以试图阐明更广泛的案例集合"[①] 的案例研究的特征。基于以上考虑，案例研究是切合本研究问题和研究目的的一种方法。

2. 混合研究法

混合研究法是一种结合了方法、哲学和研究设计取向，关注单个或系列研究中定性和定量数据的收集、分析与混合的方法。其中，①令人信服且严格地收集定性和定量数据（基于研究问题）；②通过结合两类数据，来并行地混合定性与定量数据；③在单一研究或研究项目的多个阶段使用这些程序等是它的几个核心特征。[②] 克雷斯维尔、查克认为，

---

① ［美］约翰·吉尔林，《案例研究：原理与实践》，黄海涛等译，重庆大学出版社2017年版，第23页。

② ［美］约翰·W. 克雷斯维尔、薇姬·L. 查克：《混合方法研究：设计与实施》，游宇等译，重庆大学出版社2017年版，第4页。

适用的研究方法的选择依据,不是要适合不同的研究主题,而是要适用研究困境的类型。基于此,克雷斯维尔、查克提出了适合运用混合研究方法的研究困境。即"数据资源可能不足、研究结果有待解释、探索性发现需要一般化、要用第二种方法来增强第一种方法、需要采用某种理论立场,以及根据整体研究目标,研究最适于采用多阶段或多项目的形式"①。"作为一种方法,它关注研究中定性、定量数据的收集、分析与混合,比起单独使用定性或定量方法,综合使用两种方法,能更好地解答研究问题。"② 从这种意义上说,比起单一的定性或定量研究,混合研究法可以为研究问题提供更多的证据,以达到"互补性探索"的效果,有助于回答定性或定量研究无法回答的问题。

方法的结合唯有切实的理由才能进行。本研究将针对案例高校教师评价的运行现状展开实证研究,采用问卷调查和深度访谈的形式探讨内外环境影响下应用型本科高校教师评价的关键要素(职称晋升—教学评价—科研评价—年度考核)和差异因素(学校类型—学科—年龄—教龄—职称,教学—科研—社会服务),即通过运用定性和定量相结合的混合研究方法以深入调研和剖析应用型本科高校教师对当前教师评价现状的认知与满意度,全面探察教师眼中的教师评价。进一步说,定性与定量为研究提供了不同的图景,也带有各自的局限性。这是因为,定量数据注重提供整体性信息,定性数据则更加注重提供细节。需要说明的是,本研究的呈现方式并非按照"先定性后定量"或"先定量后定性"的顺序模式显现,而是"没有先后次序的、以一种方法为主另一种方法为辅的、两种方法相互嵌入、循环验证的混合式研究法"③。换言之,在研究过程中,本研究将同时进行定性和定量研究,使定性部分和定量部分发

---

① [美]约翰·W. 克雷斯维尔、薇姬·L. 查克:《混合方法研究:设计与实施》,游宇等译,重庆大学出版社2017年版,第6页。
② Creswell, J. W., *Research Design: Qualitative, Quantitative, and Mixed Methods Approaches* (3rd ed.), Thousand Oaks, CA: Sage, 2009: 89. 转引自[美]约翰·W. 克雷斯维尔、薇姬·L. 查克《混合方法研究:设计与实施》,游宇等译,重庆大学出版社2017年版,第4页。
③ [美]约翰·W. 克雷斯维尔、薇姬·L. 查克:《混合方法研究:设计与实施》,游宇等译,重庆大学出版社2017年版,第62页。

生直接的相互作用,形成交互关系。这样一来,定性结果与定量结果采用"连接"方式结合在一起,① 两种方法相互嵌入、循环验证,能够很好地解决本研究中单一数据源不充分、单一方法存在缺陷的问题。基于此,混合研究法是切合本研究问题和研究目的的一种方法。

---

① [美]约翰·W. 克雷斯维尔、薇姬·L. 查克:《混合方法研究:设计与实施》,游宇等译,重庆大学出版社2017年版,第50页。

第一章

我国应用型本科高校教师评价制度的历史回顾与反思

从历史嬗变和基本内涵来讨论应用型本科高校教师评价的"发生"与"根本",可促使我们对我国高等教育发展现状进行有价值的反思,使我们从理论上对应用型本科高校教师评价获得一种全面的认识。本章主要从我国高校教师评价制度的历史变迁出发,细致梳理我国应用型本科高校教师评价制度的发展源流,进而反思应用型本科高校教师评价的内涵意蕴。将"时间变量"与"性质变量"纳入我们的研究视野,是对应用型本科高校教师评价的应然推导,是对应用型本科高校基本定位的有力探寻,是对应用型本科高校教师评价应有价值取向的适时回应。

第一节 我国应用型本科高校教师评价制度的历史回顾

高等教育的跨越式发展,使高等教育从统一化转变为差异化,介于高等教育系统传统两级力量(学术性与职业性)之间的应用型本科高校无疑成为透视这一过程的最佳观测点。以历史的视角引入对应用型本科高校教师评价的认识与理解,致力于回答两个问题:其一,伴随着高等教育改革的不断深化,高校教师评价制度经历了哪些阶段性变迁?其二,处于动态发展中的应用型本科高校教师评价制度又得到了怎样的诠释与解读?

"如果想了解当代社会结构中的动态变化，就必须洞察它的长期发展。"① 作为一个外在的"结构性变项"②，国家的力量与时代的发展始终引导和约制着高校教师评价政策的变革。介于高等教育系统传统两级力量（学术性与职业性）之间的应用型本科高校，从初期萌芽到黄金发展无时无刻不处于国家与社会关系的裹挟中，无时无刻不被国家力量与时代变迁形塑与变革。不言而喻，教师评价制度作为高校师资管理的基础制度，承载着深化高校教师队伍建设、激励教师提高教学与科研水平等重要功能。从这种意义上说，应用型本科高校的教师评价制度在制度环境、制度制定及制度结构上都鲜明地嵌入在国家、社会、政府、大学等多重背景中。通过对此类型高校的教师评价制度产生、发展、变革过程的历史检视，透视制度变迁的轨迹与方向，关注其变迁过程中"国家、社会、政府、大学及个体间的叠合、共振、融合，以解读多重制度逻辑中的教师评价政策的内生性过程，厘清位于政策背后的宏观制度逻辑与微观群体行为之间的联系"③。故而，以历史维度和社会学的分析视角回溯应用型本科高校教师评价的制度变迁，以时间序列为逻辑基点展现制度的复杂样态，系统爬梳应用型本科高校教师评价制度的变迁轨迹与发展历程，可以为应用型本科高校教师评价制度研究提供一个很好的分析框架。本小节将着重分析新中国成立以来应用型本科高校教师评价制度的变迁历程。

一　身份关系：从行政任命制到评审制（1949—1985 年）

（一）教师评价制度的政治化阶段

中华人民共和国成立初期，百废待兴，高校教师评价体系的构架并未提到议事日程。各高校一般沿用民国时期的教师评价制度，国家也仅

---

① ［美］C. 赖特·米尔斯：《社会学的想象力》，陈强等译，生活·读书·新知三联书店 2005 年版，第 163 页。
② 侯利文：《国家政权建设与居委会行政化的历史变迁——基于"国家与社会"视角的考察》，《浙江工商大学学报》2019 年第 1 期。
③ 周雪光、艾云：《多重逻辑下的制度变迁：一个分析框架》，《中国社会科学》2010 年第 4 期。

通过行政规章、部门文件等指导高校教师评价工作。自1954年1月《关于教师升等及干部管理问题》公布起，《关于修订教师升等问题的补充通知》等一系列针对高校教师职务晋升问题的文件随即相继发布。① 然而，这些通知、说明、补充规定等行政规章强调按照干部标准评价教师，缺乏连续性、稳定性、系统性，其所表现出的相互矛盾、前后冲突、支离破碎的政治化成为这一时期教师评价政策的特点。与此同时，受当时政治环境的影响，新中国成立初期的教师评价制度建设盲目照搬苏联学衔制度模式，试图寻求建立一个有别于传统职称职务晋升的"荣誉"称号制度。由于政策制定者缺乏对学衔制度与教师评价之间关系的准确定位和清晰认识，使得制定出台的学衔制度与实际意义上的职务晋升并无实质差别，复杂概念的模糊界定与混用使得学衔制度的实施最终以失败而告终。

由此可见，在新中国成立初期的"单位制社会"的构建过程中，"大学并不是利益主体，大学与政府间是命令与服从、领导与被领导的关系"②，行政指令机制下的高校处于被动的对政府指令作出回应的状态，而不是能动的行动者主动作出反应。这一阶段的高校教师评价工作在行政规章的指令下时断时续，尚未形成整体的发展规划。③ 直至1960年，国务院颁布《关于高等学校教师职务名称及其确定与提升办法的暂行规定》《关于执行〈国务院关于高等学校教师职务名称及其确定与提升办法的暂行规定〉的实施办法》《关于高等学校教师职务提升工作问题的通知》等一系列文件，将教授、副教授、讲师、助教定为高等学校教师的四级"职务名称"，对教师职务评价晋升的主要依据和职务晋升的程序等作出明确规定，指出"副教授职称由高校报请所在地省级教育行政

---

① 《关于高等学校教师升等问题的几项补充通知》《关于教师升级问题的几点补充规定、说明和对（55）人丁字第317号函的修正（56）千载字第255号》等通知、文件、意见。

② 姚荣：《中国本科高校转型如何走向制度化——基于组织分析的新制度主义视角》，《教育发展研究》2015年第3期。

③ 叶芬梅：《当代中国高校教师职称制度改革研究》，中国社会科学出版社2009年版，第104页。

部门批准，教授职称必须报请省级教育管理部门核定后转教育部审批"①。由此，行政任命制成为高校教师评价的主要控制形式。1966年至1976年的十年里，我国高等教育事业受政治运动影响，高校各项正常工作受到冲击，教师评价相关工作处于停滞状态。

（二）教师评价制度的规范化阶段

"文化大革命"之后，高校教师评价制度得到恢复和重建。1977年9月《中共中央关于召开全国科学技术大会的通知》《关于高等学校恢复和提升教师职务问题的请示报告》等一系列通知、意见、办法②积极响应落实党的知识分子政策，通过关联制度对高校教师评价内容、评价方法、评价程序等作出细致规定，对教师工作量制度、考核制度、运作方式等诸多的制度安排极大地推进了高校教师评价制度的贯彻落实。在此阶段，省、市、自治区教育主管部门成为高校教师评价工作的重要组织者和推动者，职称评审委员会和学科评审组相继建立，专家、学者也成为高校教师评价工作的主要参与者，评价标准渐成体系，评审制是这一时期高校教师评价的主要工作方式。

如前所述，从新中国成立前的"以吏为师"和"大学自治"到新中国成立后的任命制和评审制，我国高校教师评价政策流变是多重制度逻辑博弈和冲突的结果。伯顿·克拉克在剖析高等教育系统的权力结构时，运用"三角协调模型"指出各国高等教育系统均包含国家、市场和学术

---

① 牛风蕊：《我国高校教师职称制度的结构与历史变迁——基于历史制度主义的分析》，《中国高教研究》2012年第10期。

② 1978年，教育部在"全国高等学校教师职称的确定与提升工作座谈会"上提出"坚持标准，保证质量，做好教师职称的确定与提升工作"；1979年7月，教育部颁布《关于一九七九年下半年高等学校教师确定与提升职称几个问题的通知》[（79）教政字030号]；1979年1月，教育部颁布《关于试行高等学校教师职务及考核的暂行规定的通知》[（79）教政字037号]；1979年12月，教育部颁布《关于贯彻高等学校教师和"两员"职称的确定与提升工作座谈会文件精神的通知》[（79）教政字045号]；1981年4月，教育部颁布《关于试行高等学校教师工作量制度的通知》[（81）教干字011号]；1981年12月，教育部颁布《关于当前执行〈国务院关于高等学校教师务名称及其确定与提升办法的暂行规定〉的实施意见》[（82）教干字003号]；1982年11月，教育部等多个部门联合签发《关于印发〈获得硕士、博士学位研究生确定职称的暂行办法〉的通知》；1982年12月，劳动人事部印发《科学技术干部技术业务职称评定委员会组织办法》。

三个权力中心。考察我国高校教师评价的制度化变迁，也需要对其权力关系网络进行剖析。其中，国家是教师评价制度变革的第一个权力中心。政府机构为高校教师评价工作提供了诸如拨款、评价模式等大量政策支持。然而，由于高校教师评价是一项涉及多部门的系统工程，单项政策的实施并不能真正改变教师评价的政策系统。在这一时期，政府作为制度的供给方，将权力结构延伸至高校教师评价中，成为高校教师评价的主导者。而高校作为被动的受控制方，无条件接受政府对教师的任用、晋升等方面的管理。与此同时，社会作为高校教师评价制度变革的第二个权力中心，与教师评价变革相互共生、同频共振。依据制度学派的观点，高校教师评价的制度变迁是在一个更大的社会与权力结构场域中发生的。社会的政治、经济状况的关键节点也会成为制度变迁的关键节点，无时无刻不在影响着教师评价的行动逻辑。此外，文化—认知也在高校教师制度流变中起着举足轻重的作用。这表现为，先存的"心智构念"型塑了高校教师对评价制度变迁的理解。即高校内部各利益主体对能为他们带来差别性权利的财产、待遇、等级的认知程度的不断提高，使得高校教师评价政策的实施呈现出多元复杂的执行图景。如此，当政策环境与高校教师热切期盼职务评定的愿望不谋而合时，必然会出现高校教师评价实践中的"大跃进现象"。以1985年的高级职称人数为例，副教授人数和教授人数为28606名和4676名，分别是1977年的8倍和2倍。毋庸置疑，"文化大革命"结束后的高校教师评价制度由行政任命制转向评审制，仍是计划经济体制下的制度安排，高校教师评价实质上属于"身份评审"。之所以言说为"身份评审"，原因在于：其一，"高校教师评价的职务级别是教师个体学术水平和能力的象征"[①]。在没有严格岗位限制的前提下，高校教师达到一定的学术标准和条件就可以得到职务晋升。其二，高校教师的职务没有任期限制。即教师职务终身拥有，且工资、待遇等成为其附加值。如此，"身份评审"评价制度的长期运行有

[①] 叶芬梅：《当代中国高校教师职称制度改革研究》，中国社会科学出版社2009年版，第137页。

效降低了高校评聘教师的单位成本，从一定程度上提高了评聘效率，为制度的持续运行提供了保障，以国家为主导的高校教师评价制度保持了较大的惯性，使得"终身制"的教师评价制度进入制度锁定状态。

二 契约关系：从聘任制到绩效考核（1986年以来）

（一）教师评价制度的法治化形成阶段

处于"身份社会"中的高校教师与学校之间具有特定的依附、隶属关系，教师只有与学校捆绑在一起才能享有社会资源（个人收入、福利、医疗等）。于是，"人力资本无法实现自由流动和有效配置，这从一定程度上消弭了高校教师的话语权"①。鉴于此，为克服"身份评审"的路径依赖，改变偏好或口味，必须引入外生变量以消除高校教师评价制度的自身缺陷。1986年2月，国务院公布《关于实行专业技术职务聘任制度的规定》这一纲领性文件，昭示了我国专业技术职务评聘制度的正式实施。随后，《高等学校教师职务试行条例》《关于〈高等学校教师职务试行条例〉的实施意见》《高等学校教师职务评审组织章程》《关于高等学校继续做好教师职务评聘工作的意见》等改革文件与《中国教育改革和发展纲要》《中华人民共和国教师法》《中华人民共和国教育法》等教育法律法规的相继颁布，共同构成了实施高校教师聘任制度的基本框架。由此，高校教师评价进入新的法治化阶段。在这一时期，各高校均根据自身实际情况，不断地探索、完善教师评价制度。诸如，教师评价工作由主管校长组织人事、科研、教务等部门具体实施。其中，人事部门负责教师的职务聘任、职务晋升和年度考核，教务部门完成教师教学质与量的考评，科研部门考察教师的科研业绩；评价内容由重教学业绩转向教学工作、学术论文、承担项目等并重；教师职务晋升强调"三定一聘（定编、定岗、定责和聘任制）"等。

需要指出的是，一方面，高校教师聘任制在观照教师学术水平和能

---

① 牛风蕊：《我国高校教师职称制度的结构与历史变迁——基于历史制度主义的分析》，《中国高教研究》2012年第10期。

力的同时，强化了教师的岗位意识和责任意识，通过对教师相关职务的聘任、续聘、解聘实现对教师评价制度的激励和约束功能的进一步强化；另一方面，高校教师聘任制打破了"身份评审"的束缚，将人力资本产权还给教师本人，实现了资源与人力资本的有效配置。然而，反观现实，高校教师评聘制度在观念上和实践中均附带有较浓的传统高校教师评价的痕迹，成为制度变迁的"历史否决点"。进一步说，出现阻碍制度变迁的历史否决点，必定是关键制度的缺失固化着旧制度的存续基础。具体表现为：其一，高校教师职务评价指标设定与高校学科专业建设发展需要发生脱节，导致各学科教师职务结构比例严重失调。其二，资历、年龄、政治因素仍然是考量教师晋升的主要因素，高校教师职务的"只上不下"造成聘后管理制度的缺失，形成高校人力资源和职务资源的配置壁垒。

（二）教师评价制度的科学化探索阶段

20世纪90年代后期至今，是高校教师评价制度改革的纵深阶段。1999年9月，教育部下发《关于当前深化高等学校人事分配制度改革的若干意见》，强化岗位聘任，淡化身份评审。2000年9月，中组部、人事部、教育部联合下发《关于深化高等学校人事制度改革的实施意见》，明确要求按照"按需设岗、公开招聘、评定竞争、择优聘任、严格考核、合约管理"①的原则全面推行聘任制度。随即，《中组部人事部关于加快推进事业单位人事制度改革的意见》《人事部关于在事业单位试行人员聘用制度的意见》《中组部人事部教育部关于深化高等学校人事制度改革的实施意见》《人事部教育部关于深化中小学人事制度改革的实施意见》《人事部事业单位公开招聘人员暂行规定》等文件相继出台，有效激发了各高校的教师评价制度改革热情。2003年12月，《中共中央国务院关于进一步加强人才工作的决定》要求"完善各类人才评价标准，克服重学历、重资历，轻能力、轻业绩的倾向"。2007年5月，《关于高等

---

① 中组部、人事部、教育部：《关于深化高等学校人事制度改革的实施意见》，http：//www.moe.gov.cn/jyb_sjzl/moe_364/moe_369/moe_405/tnull_3943.html。

学校岗位设置管理的指导意见》《教育部直属高校岗位设置管理暂行办法》对聘后管理作出具体要求的同时，提出按照不同学科特点和岗位差别建立融品德、知识、业绩等为一体的绩效导向的考核评价方法，实行"有固定期限聘任"和"无固定期限聘任"两种不同的教师职务聘任模式。在制度变迁的关键节点上，高校从国家教育主管部门手中接过学术管理的"接力棒"，高校与教师间的支配关系由此形成，高校与教师之间的契约关系正式建立。在梅因看来，"契约，是指依据利益关系和理性原则所订立的必须遵守的协议。用契约取代身份的实质是人的解放，是用法治取代人治，用自由流动取代身份约束，用后天奋斗取代对先赋资格的崇拜"①。换言之，在契约社会，政府下放权力，高校自主用人，高校教师由"国家干部"摇身变为自由择业的"雇员"，高校教师评价逐步由行政导向的集权控制向学术导向的分权管理转变。②

单一性的办学模式与多样化的社会需求产生了矛盾，地方高校亟须重组和重新定位。为解决这一矛盾，国家教育部提出应用型本科高校要积极向应用技术型大学转型，国家对应用型本科高校的转型发展和构建现代职业教育体系的愿望不断增强。2013年初，地方本科高校转型发展和应用技术大学改革试点的战略研究工作由教育部启动，吸纳了13个省（市、自治区）33所地方本科院校及多个科研院所参与此项研究，应用技术大学（学院）联盟、地方高校转型发展研究中心由此成立。该联盟的成立使我国应用技术类大学拥有话语权的同时，宣告了我国大力推动应用技术类大学发展与变革的开始。这既是对我国当时经济发展与产业结构调整的回应，又是高等教育进入大众化进程后地方高校对办学定位的积极探索。与之相呼应，自2013年起，国家下发了"若干意见"就加强和规范高校教师考核评价制度、深化人才评价机制改革提出系列要求，这恰好为"应时而生"的应用型本科高校的教师评价提供了"制度蓝

---

① 贺扬：《公立高校教师和学校的契约关系研究》，博士学位论文，西南大学，2007年，第80—81页。
② 叶芬梅：《当代中国高校教师职称制度改革研究》，中国社会科学出版社2009年版，第150页。

本",为应用型本科高校教师评价制度改革埋下了伏笔。不容置疑,应用型本科高校具有高等教育的一般属性,却又不同于高等教育中研究型、职业型等高校的特质。从当前的形势来看,相对于完善的研究型大学教师评价制度而言,应用型本科高校的教师评价制度建设从评价标准、评价内容、评价方法到组织体系内部的"组织标杆"都还在初步探索与建设中。制度学派的观点认为,组织形式和实践"标准化的根源不是竞争,而是处于支配地位的专业精英散布一种专业规范标准权力之结果;是管理者模仿那些取得了显著成功的组织形式之结果的自然倾向之结果,是政府强制其他组织遵守其要求的权力之结果"①。据此,一个最为可行、最易操作的路径就是,利用组织原型或组织基模为应用型本科高校教师评价提供一个有用的脚本和模板,应用型本科高校教师评价实践提供参与的认知和理解框架。诚然,事实也正是如此。应用型本科高校盲目抄袭学术型高校教师评价政策,并没有因自身的应用型定位和地方高校的性质凸显任何价值判断,并没有从应用型人才培养的特殊目标出发去构建异于研究型大学等普通大学、体现自身特殊需求的评价体系。诸如,制度定位与应用型本科高校定位相背离、教学评价与科研评价相互割裂及评价方法失当等问题屡见不鲜,效率主义与科学主义倾向严重。如此一来,"试卷雷同"的结果将导致其教师评价体系的目标导向与应用型本科高校的建设目标相背离,严重制约应用型本科高校的发展。正如学者所言,"受社会宏观制度体系的影响和高等教育内部治理机制的限制,以及相关制度耦合性等问题的影响,教师聘任制在实际推行过程中出现了一系列问题,与'实质绩效'尚有较大距离"②。因而,应用型本科高校教师评价的"应用逻辑"与"学科逻辑"如何从"排斥性垄断"走向"包容性共生",舍弃政策的惯性,推动两种制度逻辑的包容性发展,是

---

① [美]沃尔特·W. 鲍威尔、保罗·J. 迪马吉奥:《组织分析的新制度主义》,姚伟译,上海人民出版社 2008 年版,第 366 页;转引自姚荣《中国本科高校转型如何走向制度化——基于组织分析的新制度主义视角》,《教育发展研究》2015 年第 3 期。
② 牛凤蕊、张紫薇:《地方高校聘任制改革三十年:回顾、反思与展望》,《中国石油大学学报》(社会科学版)2017 年第 8 期。

应用型本科高校教师评价成功走向制度化的需索与吁求。

正如诺思所述,"制度是一个社会的博弈规则,或者更规范地说,它们是一些人为设计的、型塑人们互动关系的约束"①,是一组约束个人社会行为,调节人与人之间社会关系的规则。据此,从本质上看,高校教师评价制度也是调节人与人之间社会关系的准则。进一步来讲,应用型本科高校教师评价制度同其他社会性制度一样,是政府配置教育资源和管理高校教师的一项公共性政策,其评价体系的制定同样是在利益矛盾冲突条件下的一种公共选择过程。这样一来,不同制度逻辑之间的竞争与矛盾充斥在应用型本科高校教师评价的话语、结构、观念以及制度安排之中,增加了制度建构的复杂性与不确定性。基于此,用社会学的方法回溯我国应用型本科高校教师评价的制度变迁历程,可发现我国教师评价制度经历了从一般到特殊、从特殊到科学的演变过程,可"将我们的注意力从制度本身转向制度的起源、背后的理念和实现方式,并将其教师评价的制度建构置于从近代到当代的历时长久的联系之中"②。

第二节 应用型本科高校教师评价制度演进的历史思考

生成逻辑与动力机制作为应用型本科高校教师评价的理论起点,有助于厘清应用型本科高校教师评价的内涵。本小节将以大学的特质为基点,进而挖掘应用型本科高校教师评价与普通高校教师评价间的本质差异,划清应用型本科高校教师评价独特的研究范畴。

一 应用型本科高校教师评价的现实逻辑

存在于高等教育系统中的不同类型的高等教育形式,在性质、外部

---

① [美]道格拉斯·C. 诺思:《制度、制度变迁与经济绩效》,杭行译,格致出版社2008年版,第3页。
② 缪榕楠:《学术组织中的人——大学教师任用的新制度主义分析》,南京师范大学出版社2008年版,第32页。

环境、内部架构及运行方式上均存在较大的差异。应用型本科高校教师评价作为一项复杂和系统的工程，其间所蕴含的规律绝非仅靠金融家的简单审计就能廓清。如果教师评价的制度进路果真是如此单向度的，那么即使它按照预期取得了成功，也会造成一种糟糕和被动的局面。审视、激活、反思应用型本科高校教师评价的内涵，离不开对其历史逻辑、教育逻辑、实践逻辑及自身逻辑的考量。

（一）大学与社会：应用型本科高校教师评价的历史逻辑

大学是一个神奇的社会组织。之所以谓之神奇，是因为它历经千年狂风暴雨而生生不息，且更加生机蓬勃地活跃在当今时代。当我们回顾大学的变迁历程，重温那渐进和平滑的演进足迹时，不由得让我们细细反思：什么是大学？"一个人如果不理解过去不同时代和地点存在的不同的大学概念，他就不能真正理解大学。"① 进一步说，我们不能逃避知识社会对高等教育的挑战，更不能躲避高等教育与社会的对接。基于此，对应用型本科高校教师评价的审视同样需要把握大学与社会的历史逻辑这条主线。毋庸置疑，大学是社会多重因素诸如政治、经济、文化等同频共振的产物，社会需要和时代发展是大学得以存续的唯一缘由。正如前述，当我们回溯我国应用型本科高校及其教师评价制度变迁史时，政策滞留的惯性告诉我们，应用型本科高校教师评价相关制度、政策的制定难以主动突破"一统性"的机械执行。然而，"如果我们对大学的发展所处的社会现实和时代背景全无所闻，仍然沿用传统普通大学教师评价的典范来设计今天甚至将来应用型本科高校教师评价的宏图，我们就可能会犯'守株待兔'和'刻舟求剑'的错误"②。一方面，应用型本科高校与研究型、职业型大学同型异质。依照联合国教科文组织1997年修订的《国际教育标准分类法》，应用型专业性教育类属5A2型，这就意味着应用型本科高校面向上以行业性为主导，性质上以专业性为主线，类型上以应用型为主体，层次上以教学型为主流，模式上以实践性为主

---

① ［美］伯顿·R. 克拉克：《高等教育新论》，王承绪译，浙江教育出版社1988年版，第45页。
② 王建华：《高等教育的应用型》，《教育研究》2013年第4期。

载，是结合学科和行业分设专业的、培养面向社会一线专业应用型高级专门人才的高校。从这种意义上说，应用型本科高校的性质决定了"专业性应用教育"能够作为最根本、最抽象的起始范畴，揭示其异于侧重学术性、职业性的大学逻辑起点的"最本质规定"[①]。另一方面，应用型本科高校与研究型、职业型大学错位发展。与其他类型高校强调基础性、广博性、普适性、职业性不同的是，应用型本科高校则重视专门性、针对性、实践性、行业性。即是说，应用型本科高校是以行业性为主导、以专业性为主线、以教学型为主流、以实践性为主载、以地方本科院校为主体的高等学校。它不仅强调成熟的学科，更要求有稳定的行业需求和职业岗位为基石，建构以学科带头人为龙头的专业教育团队[②]。据此可以发现，应用型本科高校的教师专业发展具有其自身内在的逻辑与规律，作为外部制度环境的教师评价政策更应对应用型本科高校的教师专业成长提供关照，以保障不同教师个体的发展。唯由此，我们才能洞悉新时代大学与社会的新型关系，明确高校转型和发展的方向，重塑一种与时代相符合、与"应用型"相匹配的教师评价观。

（二）大学与知识：应用型本科高校教师评价的教育逻辑

如前所述，作为子系统的应用型本科高校与作为母系统的社会之间是一种外部关系，这种历史逻辑也是一种外部逻辑。基于此，应用型本科高校作为一个独立的主体，在确定外部关系的同时还需把握教师评价的内在逻辑，即应用型本科高校对知识的传承、创新和应用的"三重螺旋"。可以说，探究应用型本科高校教师评价的自身逻辑，必须以大学与知识的关系为逻辑基点。言说大学与知识作为应用型本科高校教师评价的教育逻辑，所要表明的立场是：其一，大学与知识的关系奠定了大学理性的基础和制度的根基。知识，作为教育活动的衍生品，是教育的核心载体。教育与知识的关系得以日益强化，以至于没有知识的教育无法称之为教育，没有知识的大学更无法成为真正意义上的大学。其二，应

---

① 潘懋元：《应用型人才培养的理论与实践》，厦门大学出版社2011年版，第18页。
② 潘懋元：《应用型人才培养的理论与实践》，厦门大学出版社2011年版，第3—19页。

用型本科高校与知识的关系，必然要经历知识传授、知识创新和知识应用的过程。从学理上讲，应用型本科高校作为打破高等教育系统学术性与职业性传统两级力量的中间状态，调和了学术性与职业性的二元对立，实现了理论与实践、学术性与职业性的交互融合；从实践上看，应用型本科高校是对当前高等教育类型趋同现象的纠偏与理性做法的回归，是对应用性地位的丧失和学术性主宰地位的"失而复得"。①"在知识社会中，高等教育机构既是知识的孵化器，同时也是知识产业化与产业知识化的中介体。"② 循此思路，应用型本科高校在注重理智训练的同时，更加强调应用的研究。这是因为，应用型本科高校以知识为中心向外扩散，知识应用是知识传授、知识创新的自然延伸。甚至可以说，应用型本科高校对知识的传授质量和创新水平，决定了知识应用的质量。据此，知识的"应用性"将成为引领并整合应用型本科高校教师评价自身与外部最深层的、根源性的"世界观"和"方法论"，规定了应用型本科高校教师评价的目标、内容和方法。

（三）使命与职能：应用型本科高校教师评价的实践逻辑

乔治·泰勒认为，"个人的哲学理念是认清自己生活方向的唯一有效的手段"③。大学亦然。不思考大学的使命与职能，教师评价政策的制定就会偏离大学的基本属性和应有方向。在教师评价政策的现实实践中，整体和统一的政策指导思想满足了国家对大学教师整体发展的需求，却忽视了教师所处的特定情境，造成了教师评价观的"脱域"。究其原因，以国家发展为基本理念的教师评价政策的出发点更多的是基于管理的角度进行设计的，这样一来，政策的"一统性"对教师个体发展中的"人本性"和"学术性"则无从关照。④ 故而，若应用型本科高校教师评价政策的制定者并未认真思考过什么是应用型本科高校的使命、未能把握

---

① 潘懋元：《应用型人才培养的理论与实践》，厦门大学出版社2011年版，第3—34页。
② 王建华：《高等教育的应用型》，《教育研究》2013年第4期。
③ 转引自眭依凡《大学的使命与责任》，教育科学出版社2007年版，第3页。
④ 王昕红：《20世纪80年代后我国大学教师发展政策研究》，《教师教育研究》2007年第1期。

应用型本科高校的职能与责任，那么所制定出台的政策将无法恰当地反映应用型本科高校教师的价值诉求，出现政策的"真空"现象。正如前述，就应用型本科高校而言，"知识应用"是理念、是信仰，"知识应用"替代了研究型大学的"知识创新"和教学型大学的"知识传授"，"知识不再是目的本身，而是促进应用型人才培养和服务社会的主要工具和手段"①。这样一来，源于社会需要的"改造世界观"在应用型本科高校中得以充分体现，应用型人才培养和服务社会成为应用型本科高校的主要职能。基于上述认识，教师评价政策应与应用型本科高校的特质相契合，应用型本科高校教师评价政策的制定应始终围绕这两个基点，成为一个无法回避的事实。换言之，应用型本科高校的教师评价需引导和支持教师对自我教学、科研、社会服务等诸多学术生活开展深刻的反思、体验和感受，深化教师对教学和学术生活、人才培养内涵的深刻体验、内在愉悦和专业自信。由此，应用型本科高校教师评价研究，必须顺应这一教师评价维度的新方向，立足于这一教师评价改革的新方位，进而引导评价实践的新转向。

（四）目标与内容：应用型本科高校教师评价的自身逻辑

黑格尔在《逻辑学》中曾提出："逻辑起点是揭示对象的最本质规定，是一门科学或学科发展过程中一切矛盾的'胚芽'，是其赖以建立、展示、演绎的依据和基石，也是一门学科或科学中最基本的范畴，并且是一个起始范畴。"② 进一步说，逻辑起点范畴是人的思维对客观事物普遍本质的概括反映，是人们对客体深刻认识理论水平的表征。然而，逻辑起点不可随人的价值取向的更迭而嬗变。从这种意义上说，明晰应用型本科高校教师评价起点概念的内涵，厘清应用型本科高校教师评价的目标与内容，界定应用型本科高校教师评价的基本特征，形成适切的学术语境和理论导向显得尤为必要。

基于这一认识，作者认为，在爬梳应用型本科高校教师评价自身的

---

① 陆正林：《论新建本科院校转型发展的逻辑》，《职教论坛》2018年第11期。
② ［德］黑格尔：《逻辑学》（上卷），杨一芝译，商务印书馆1977年版，第5页。

逻辑范畴之前，应由最基本、最普遍、最抽象的起始范畴展开，即是说，理解"应用型本科教育"的核心概念，划清"应用型本科高校"的逻辑范畴，层层推演、螺旋上升至内容较具体、内涵较丰富的"应用型本科高校教师评价"的终点范畴，以探寻严谨的范畴体系。循此思路，所谓"应用型本科教育"的内涵主要体现为：一方面，就其性质而言，专业性应用教育是应用型本科教育的"本质规定性"。联合国教科文组织1997年修订的《国际教育标准分类法》规定，与学科型专业性教育不同的是，应用型专业性教育类属5A2型，侧重从事高科技要求的专业性教育。依此标准，"应用型专业性教育恰好是位于学科型教育（5A1）和职业型教育（5B）之间的、以行业性为主导、以专业性为主线、以应用型为主体、以教学型为主流、以实践性为主载的第二类型的专业性应用教育（5A2）"[①]。由此可见，建立在普通教育基础上的本科层次的应用型专业性教育与侧重学科性教育的普通大学教育同型异质，侧重学科与专业相结合的同时，注重培养面向社会一线的技术应用型高级专门人才。可以说，应用型本科教育的性质决定了应用型本科高校教师评价的最基本、最普遍、最抽象的起始范畴。这样一来，应用型本科高校教师评价的特质应紧紧围绕应用型本科人才培养规格、应用型本科高校教师发展取向、应用型本科高校教师的现实条件等定位，从理论层面作出逻辑分析。另一方面，就其价值取向来说，专门性、针对性、实践性和行业性是应用型本科教育的基本价值属性。"高深的专门知识（Expertise）是研究高等教育一切问题、一切现象的逻辑起点"[②]，与侧重基础性、广博性、普适性的学科型专业性教育不同的是，应用型本科教育侧重以行业背景分析和专业走向为基础，强调"既有本科人才的学科教育特征，又有应用人才的职业教育特性"[③]的应用型人才培养，以满足职业岗位群的实际需

---

① 潘懋元：《应用型人才培养的理论与实践》，厦门大学出版社2011年版，第18页。
② ［美］约翰·S. 布鲁贝克：《高等教育哲学》，王承绪等译，浙江教育出版社1987年版，第56—70页。
③ 钱国英等：《高等教育转型与应用型本科人才培养》，浙江大学出版社2007年版，第74页。

要。从这种意义上说,"'应用型本科教育'成为应用型本科高校教师评价的逻辑基项,能够作为应用型本科高校教师评价相关概念范畴得以建立的基础和依据,展示、演绎、发展出一系列的后继概念"①。基于上述分析,我们可以得出,作为应用型本科教育主体的基于异质化发展取向的地方本科高校的内在属性和价值指向。即其"突出强调专门性、针对性、实践性、行业性,定'向'在行业,定'性'在专业,定'型'在应用,定'位'在教学,定'格'在实践"②,以"专业性"为重要特征、以"应用型"为主体类型定位,以"教学型"为主要层级定位。可见,应用型本科高校与侧重学科教育的普通大学教育的异质同型,可以作为逻辑起点,并以其直接的表现形态,在"应用型本科高校教师评价"的源流上凝结为理论叙述起点的逻辑范畴。

正如上述,应用型本科高校旨在培养高素质应用型人才,以专业性为特征、以应用型为主体的高校定位决定了该类型高校的教师发展取向和发展趋势,同样,其教师发展的内涵又成为应用型本科高校教师评价的逻辑主线。循此思路,应用型本科高校教师评价的价值取向、内涵定位均需与其内在属性和价值指向相契合,应充分关照应用型人才培养的特殊性征,充分反映处于学科与专业的二维组织结构节点的应用型本科教师的责任使命与发展诉求,充分体现应用型本科高校的特殊性质,共同架构起与普通大学教育相区别的教师评价制度。

二 应用型本科高校教师评价的动力机制

"人类社会的各种制度和各种规范,说到底都是对利益矛盾和冲突进行协调的产物,利益矛盾和冲突是人类社会发展过程中的一种建设性力量,是人类社会发展的一种不竭动力。"③ 应用型本科高校教师评价既有国家、市场的外部动力因素,也有高校自身的内部动力因素,其动力机

---

① 潘懋元:《应用型人才培养的理论与实践》,厦门大学出版社2011年版,第20页。
② 潘懋元:《应用型人才培养的理论与实践》,厦门大学出版社2011年版,第21页。
③ 张玉堂:《利益论——关于利益冲突与协调问题的研究》,武汉大学出版社2001年版,第1页。

制源于外在动力与内生动力之间的持续规约与相互博弈。外在性动力机制与内生性动力机制表面上彼此维护着"和谐关系",最终表现为"分化中的结合"。

(一)应用型本科高校教师评价的外生动力

毋容置疑,国家在应用型本科高校制度变革中的作用,是任何组织、个人不可取代的。政府是"统治集团实现其统治意志的政治统治机关,它与国家有密切关系"[①]。拥有行政管理权的政府部门,将大学作为公共行政的一部分进行行政管理。"民族国家形成以后建立起来的公立大学,其重要标志就是处于公共行政（Public Administration）的管理之下。"[②] 从这种意义上说,政府与高校之间具备天然的"血缘关系"。一言以蔽之,即使在高等教育体制持续变革、大学自治地位不断增强的今天,政府在大学制度变革中的主导地位仍岿然不动。概而言之,国家干预应用型本科高校教师评价制度变革主要表现为:其一,国家层面上加强和重视高校教师队伍建设与应用型本科高校教师评价制度改革的一系列政策文件,成为制度取向的逻辑表达。对于应用型本科高校而言,为了维护其合法性及在组织域中的合理生存权,必然会对学校教师评价的各参与要素进行结构化控制,发展出一套相应的、合法的评价制度,呈现出一种可识别的稳定模式,表现出对国家政策的严格遵从。其二,应用型本科高校的教师评价制度逃不出传统价值判断的"魔咒"。一般而言,地方政府的教育资源分配是应用型本科高校赖以生存和可持续发展的主要方式。因此,教育资源的稀缺性自然会导致各高校的"争先恐后",这种"争先恐后"也必定会成为政府配置教育资源时决定各高校"多与寡"所秉承的价值判断。由实践层面观之,愈演愈烈的大学排名不就是深受制度逻辑束缚的产物吗?究其原因,大学排名直接关乎大学的声望,直接影响生源质量和资源状况,直接关涉大众对大学教育质量的主观判断。而这其中,大学学术水平的高低则扮演着举足轻重的角色。那么,

---

① 李景鹏:《权力政治学》,黑龙江教育出版社1995年版,第47—48页。
② 王建华:《第三部门视野中的现代大学制度》,《高等教育研究》2007年第1期。

当地方政府仍然延续固有的价值判断，以高校的"身份等级"作为决定各项教育行为的基本依据时，"应用型本科高校只能在原有的、传统的身份认同框架内力争上位"①。从这种意义上说，在应用型本科高校教师评价的制度设计上所呈现出的"高端化""精英化"与"趋同性"也就不足为奇了。

正如 Ian Austin 和 Glen Jones 所言，"全球化背景下的高等教育治理正由政府驱动向市场驱动转变"②。如果说政府为应用型本科高校教师评价构建了足够的发生"场域"，那么，市场则为应用型本科高校教师评价的发生提供了"势能"。随着高等教育改革的进一步深入，"政府部门对于大学的管理愈来愈趋于宏观化，少而精的政策杠杆即可实现对大学的全面策略性控制"③，市场逐渐成为大学资源与机会的另一重要源泉。这是因为，在结构化社会中，教育归属于第三部门，学校已不再是政府的附属机构。这样一来，"市场力量的引入使教育制度的灵活性、多样性和自主性得到了充分的释放，成为教育制度发展的主要驱动力量"④。质言之，应用型本科高校教师的特殊性征使其教师评价必须面向市场、服务于社会。即是说，应用型本科高校教师的教学成果与科研成就自然要与社会公众、市场需要的话语体系相匹配，其职称设置、选拔晋升及考核任用必定会受到社会倾向与市场偏好的影响。具体来说，一方面，由于教师的收入与竞争机制紧密关联，市场由此制造了弱者。面对失败的恐惧，教师要在激烈的竞争中赢得声望，就必须要在课题、论文、获奖等开放式资源的争夺中取胜。另一方面，学术市场也在教师劳动力的调节、配置、评价中举足轻重，表现为正向牵引、中性激励和负向价值。

---

① 曹如军：《制度创新与制度逻辑：新制度主义视野中地方高校的制度变革》，《高教探索》2007 年第 5 期。
② Ian Austin, Glen Jones, *Governance of higher education: Global perspectives, theories, and practices*, New York: Routledge, 2016, p. 218.
③ 马凤岐：《教育中的自由问题》，博士学位论文，华东师范大学，1997 年，第 35—40 页。
④ 周光礼、刘献君：《政府、市场与学校：中国教育法律关系的变革》，《华中师范大学学报》（人文社科版）2006 年第 9 期。

即是说，学术市场在提升学术的研究空间与视野、提高学术共同体的表征性声誉的同时，亦博取了多多益善的形式化符号。按此逻辑，市场机制在提高教师劳动力资源配置效率方面具有优越性，巧妙地将高校教师的职称晋升与考核任用置于其中。如此，竞争机制、供求机制和价格机制之间的差序交互，使高校教师劳动力的合理配置得以实现。

（二）应用型本科高校教师评价的内生动力

正如前述，国家、市场作为应用型本科高校教师评价的外部驱动力，其作用力通过大学自身、教师个体等介质实现。同样重要的是，大学和教师作为具有主体性的特殊介质，对外部驱动力作出不同反应与转化的同时，所迸发出的内在动力则表现为应用型本科高校教师评价的内在驱动力。这首先体现在应用型本科高校中教学与科研的关系上。教学与科研的关系一直以来都是世界大学的根本问题，应用型本科高校也不例外。伯顿·克拉克曾将知识划分为"有形的知识"和"缄默的知识"，"有形的知识"在教学过程中传递，而"缄默的知识"因其不能公开施教与正式界定仅能通过科研发现而习得。[①] 从这种意义上讲，教学与科研的本质是统一的，科学知识的传播与科学知识的创造本就不矛盾，它们共同构成了人类的知识链。进一步说，教师评价作为外部驱动力，其作用力指向教师发展。即是说，教师评价作为上级管理部门和大学组织意志的产物，对教师发展的方向作出了预设与规定。这样一来，上级管理部门的指挥棒挥向何处，学校教师评价政策就倒向何处，教师发展方向就指向何处，相应的教师行为自然被导向何处。诸如，应用型本科高校若一味主动迎合上级管理部门的外部评价，将大学排名指标变相地"嵌入"教师评价指标中，教学与科研的关系就会发生失衡。如此，外力驱动的评价指标中科学研究、社会荣誉等指标就自然嫁接到对教师自身的评价要求上，职称晋升、考核聘任、教师薪酬等也因此有据可依，对教师评价产生了极大的负效应。

---

① ［美］伯顿·R. 克拉克：《探究的场所——现代大学的科研和研究生教育》，王承绪译，浙江教育出版社2001年版，第120—122页。

所谓"负效应",指的是"教师评价的客观后果与评价目的不一致,阻碍了教师发展"①。这是因为,"科研可带来大众可见的国家利益、学校排名和教师声望,适时而显性,教学作用则滞后而隐性"②。科研的"短平快效应"使科研将教学的主体地位所取代,以教学为主要任务的应用型本科高校由此走上了"轻教学、重科研"的"不归路",学校教师评价机制的驱动力造成了教学与科研的"区隔"。在这样的评价体系下,教师看到了科研的显性成效,"教师也不得不动用各种资本去寻求科研以立身"③。恰如丹尼尔·平克所说,"当人们基于特定环境所带来的奖励或惩罚时,内在动机——想要主导自己的人生、学习并创造新事物,通过自己做得更好的内在需求开始起作用"④。循此思路,教师自身的好奇驱动与激励驱动、为获取外部利益、声望驱动与教师之间的竞争驱动等杂糅在一起,共同驱使教师在应用型本科高校这个场域中,追逐着属于自己的位置与利益。

(三) 应用型本科高校教师评价的动力机制分析

从制度逻辑的分析视角来看,事实上,应用型本科高校制度的各种变革就是"一套控制着特定组织域中各种行为的信念系统"⑤ 编程后的结果。这个"结果"承载了不同利益相关者对如何实现利益整合的期望,也蕴含了他们基于不同立场的价值判断与诉求。这样一来,内外部机制所形成的价值判断必定会影响应用型本科高校作出恰切的制度安排。

正如美国学者伯顿·克拉克所提出的"三角形协调模式"⑥,应用型

---

① 周玉容、沈红:《现行教师评价对大学教师发展的效应分析——驱动力的视角》,《清华大学教育研究》2016年第5期。
② 沈红:《论大学教师评价的目的》,《高等教育研究》2012年第11期。
③ 吴洪富:《大学场域变迁中的教学与科研关系》,博士学位论文,华中科技大学,2011年,第6页。
④ [美]丹尼尔·平克:《驱动力》,尹碧天译,中国人民大学出版社2012年版,第4页。
⑤ Scott, W. R., *Institutions and Organizations* (2nd Ed.), London: Sage Publications, Inc, 2001, pp. 47 - 70, 83, 139.
⑥ [美]伯顿·R.克拉克:《高等教育系统——学术组织的跨国研究》,王承绪等译,杭州大学出版社1994年版,第159页。美国学者伯顿·克拉克从宏观角度提出了高等教育系统的国家、市场和学术权威的"三角形协调模式"——三角形的每个角代表一种模式的极端和另两种模式的最低限度,三角形内部的各个位置代表三种成分不同程度的结合;并提出高等教育系统内部的四种协调力量或机制即官僚制的协调、政治协调、专业性协调与市场协调。

本科高校教师评价制度的建立也必定会走这条想绕也绕不出去的"必由之路"。换言之，应用型本科高校教师评价制度的最终建立归于国家、市场和学校（包括教师）这三种相互缠绕共生、相互协调制衡力量的连接重构。

具体而言，其一，政府与高校之间具备天然的"血缘关系"，教师评价制度设计离不开政府的干预和参与。在我国，高度集中的政府管理体制是高等教育管理的主要模式。可以说，高等教育中各项政策的制定和推行都是由中央政府组织实施的。中央政府在发出号令的同时，还会运用大众舆论和宣传教育等手段进行政治动员，调动所有利益相关者对其政策认同、支持、配合。毋庸置疑，教师评价制度是政府为激励教师教育水平与学术能力、筛选与甄别优秀教师、提升高等教育质量的一项公共政策，政府为高校提供了强大的制度供给。不得不说的是，在我国高等教育供给侧结构性改革的大背景下，数百所地方本科高校在办学思路、模式上向应用技术型大学转型。面对目前的转型发展，应用型本科高校更多地希望通过对政府的依赖寻求更多的资源与授权支持。这样一来，高校会严格遵照制度指令，而难以走出"指令式"发展模式，难以摆脱政府的"即时性、共通性政策"对高校的控制。[①] 其二，随着市场话语权的加大，政府与高校的关系逐渐产生了分化，市场的触角开始触及高等教育改革。正如麦克佛森所言，"市场关系是如此地塑造和渗透于所有社会关系，以致于它不仅是一个市场经济，而应当被称作市场社会"[②]。具体表现为，应用型本科高校教师的职称晋升、考核聘任等在受到市场偏好、社会影响的同时，市场也对其教学、科研、社会服务等提出了新的要求。究其原因，市场拥有与政府不同的价值取向，且以独特的运行方式介入到高校教师管理制度——教师评价制度中，对教师行为施以强大而又微妙的制约力量。反观实践，应用型本科高校一方面要在激烈的公共教育资源的争夺中取胜，多多寻求地方政府有益支持的同时，

---

① 别敦荣：《论高等学校发展战略及其制定》，《清华大学教育研究》2008年第2期。
② ［加］C.B. 麦克佛森：《占有性个人主义的政治理论：从霍布斯到洛克》，张传玺译，牛津克兰登出版社1962年版，第48页。

还要回身转向市场,通过探索谋求合作以缓解财政压力与加强人才培养,以此吸引政府、社会、家长、学生对其人才培养和社会服务的更多关注。其三,高校教师和应用型本科高校教师身份的特殊性决定了政府和市场的有限作用。有学者指出,大学教师具有"经济人"和"学术人"的双重属性。[①] 即是说,一方面他们更易为外部利益所驱动,另一方面对知识的好奇与探求也是他们强大的内在驱动力。毋庸置疑,无论是丹尼尔·平克所定义的 X 行为与 I 行为[②],还是学者所说的"受长期的学术训练与熏陶中所生发的学术兴趣与爱好的强烈驱使"[③],在大学这个场域中,教师会试图动用各种资本(经济、文化、社会资本),竞相从事更多的教学与科研工作,以个体化的教学与学术活动来促进应用型人才的培养与发展,提升自己在其中的位置,"在知识人序列中勇争上游"[④]。然而,需要指出的是,基于竞争的利益驱动易滋生教师的短视和急功近利,而使高校走向以学术资本主义为主导逻辑的场域。从长远来看,教师将渐渐失去对学术研究的热情动力,难以产出真正的学术和高质量的成果。从这种意义上说,唯有国家、市场和学校这三种力量相互缠绕、相互协调形成恰切的"制衡点",才能发挥应用型本科高校教师评价制度的功能,实现知识与民主相互融合、理性与科学互相渗透的大学场域。

本章小结

本章着重论述了应用型本科高校教师评价的内涵和应用型本科高校教师评价的历史变迁,细致探讨了应用型本科高校教师评价的生成逻辑

---

① 周玉容、沈红:《现行教师评价对大学教师发展的效应分析——驱动力的视角》,《清华大学教育研究》2016 年第 5 期。
② [美]丹尼尔·平克:《驱动力》,尹碧天译,中国人民大学出版社 2012 年版,第 102—103 页。
③ 周玉容、沈红:《现行教师评价对大学教师发展的效应分析——驱动力的视角》,《清华大学教育研究》2016 年第 5 期。
④ 吴洪富:《大学场域变迁中的教学与科研关系》,博士学位论文,华中科技大学,2011 年,第 6 页。

和动力机制,深度呈现了应用型本科高校教师评价的制度演变,从宏观上对应用型本科高校教师评价进行整体感知和认识。作为应用型本科高校教师评价的理论起点,我们发现,大学与社会、大学与知识、使命与职能、目标与内容是应用型本科高校教师评价的生成逻辑。基于此,国家、市场的外部动力因素与高校自身的内部动力因素共同构成了应用型本科高校教师评价的动力机制。由此,国家、市场、学校三种力量相互缠绕、连接重构,形成应用型本科高校教师评价制度的"制衡点",以恰切发挥教师评价制度的良性功能。同时,我们关注的应用型本科高校教师评价的制度演变,让我们了解了制度的起源、背后的理念和实现方式,从历史的视角揭示了应用型本科高校教师评价的"内在规定性"。应用型本科高校是我国高等学校的重要组成部分,它既与其他类型大学一样具有共性的特征,又处处体现出其"应用"的特性。同样,应用型本科高校的教师评价既要遵循大学教师评价的一般规律,又要彰显出其自身的特殊要求。[①] 基于上述认识,作者将以应用型本科高校教师评价的基本内涵与历史嬗变为基点,在理论与实践的有机结合中,去探求应用型本科高校教师评价的现实样态。

---

① 曹如军:《应用型本科教师评价研究》,吉林大学出版社2013年版,第80页。

第二章

应用型本科高校教师评价的个案考察

纵观我国应用型本科高校教师评价的政策变迁，其评价政策的执行图景鲜活地阐明了政治、经济、社会等宏观环境对教师评价制度的深层次建构。同时表明，我国现有的应用型本科高校教师评价制度与应用型本科高校定位、地方高校性质不相匹配，与制度预期效应仍存在较大距离。基于此，本章将从应用型本科高校教师评价的历史呈现转向应用型本科高校教师评价的现实挖掘。即采用问卷法和访谈法，对 S 省 J 市 N 大学教师评价现状进行调查，以期从微观行动层面探求现实场域中应用型本科高校教师评价实践。

第一节 研究的设计与实施

本节将整体呈现研究设计、研究对象、研究工具和研究方法。本研究采用混合式研究方法：定性方法和定量方法相结合。"混合研究方法的目标是克服单一方法的不足，以使其缺陷与失误相互弥补，并最大程度减少单一研究方法的缺点。"[①] 作者认为，仅定量研究将无法捕获教师评价制度运行的细节及教师与管理者对教师评价制度的态度与行为，采取定性的深度访谈作为数据收集的补充方式是尤为必要的。

---

① Johnson, R., & Onwuegbuzie, S., "Mixed Methods Research: A Research Paradigm Whose Time has Come", *Educational Researcher*, No. 7, 2004.

故而，作者在运用调查问卷收集数据的同时，也对样本一线教师和参与教师评价的部分管理者进行了访谈，以尽可能减少单一研究的缺陷，"拓展理解和证实的广度与深度"①。接下来，作者将对研究对象的选择、问卷及访谈的前期准备与实施过程进行详细说明。其中，问卷调查部分主要包括问卷的编制程序、预试、问卷发放及数据收集等方面。访谈调查部分主要囊括访谈程序和访谈问题的设置、访谈对象的选择及相关资料的处理。

一 研究场域

始建于1956年的N高校位于S省的省会城市J市，到2019年，已有63年的办学历史。这所原本具有"部属"血统的高校，在近半个世纪的办学历程中，其隶属关系几经更迭，其办学形式也几经辗转。到了21世纪初，乘着高校扩招的东风，它由一所专科类院校升格为培养应用型人才的地方本科高校。其隶属关系也由部署划转S省，实行中央与地方共建的管理体制，实现了历史的跨越。如今，学校占地面积3000余亩，分为4个校区办学，全日制在校学生25000余人，在职教职工1500余人。学校设有19个二级学院（系部），开设土木工程、航海技术、飞行器制造工程、飞行技术、轨道交通信号与控制、机器人工程、数据科学与大数据技术等59个本科专业，交通运输工程、船舶与海洋工程2个工程硕士专业学位领域，涵盖工、理、经、管、文、艺、法七大学科门类，拥有4个省级重点学科、1个省级特色重点学科、2个国家级特色专业、7个省级特色专业和5个省级高水平应用型重点建设专业（群），近年来强化应用型本科高校办学定位，力争成为S省10所应用型高校重点建设单位。②

选择N高校作为案例学校，原因有三：首先，其极具"代表性"。它是全国46所应用技术大学（学院）联盟理事单位之一，为教育部

---

① 转引自［美］约翰·W. 克雷斯维尔、薇姬·L. 查克《混合方法研究：设计与实施》，游宇等译，重庆大学出版社2017年版。
② 具体参见S省N高校官方网站，http：//www.sdjtu.edu.cn/xygk/xyjj.htm。

"应用科技大学改革试点战略研究"项目首批试点院校,是"S省高等教育应用型人才培养特色名校工程"首批立项建设单位,近五年"校友会"全国大学排行榜中位列S省应用型本科高校第一位,具有较强的影响力,具有较高的代表性。其次,其极具"典型性"。近年来,N高校积极响应国家高校教师职称制度改革,在S省率先开展教师评价改革,取消年度例行的职称晋升制度,转而建立评聘结合的教师评价制度。该制度打破了原有评审制度,将全体教师专业技术职务"重新卧倒式"洗牌,以力求教科研成果大幅跃升。其大刀阔斧式的改革也被民间戏称为"全国首批职称改革"的典型。最后,其极具"现场性"。作者在N高校工作19个年头,一直从事教学、管理、教学督导工作,身处第一现场,深刻掌握其教师评价制度运行的历史和现状,能以"熟悉的陌生人"身份在实地研究现场获得第一手资料,确保研究工作顺利推进。[①]

二 问卷调查

作者将对调查问卷的设计过程、问卷维度和指标设定、调查对象选择、问卷调查实施及信效度检验等方面作详细说明。

(一)问卷的设计过程

第一阶段:问卷编制。

"要设计一份调查问卷,第一步工作并不是马上动手去列所要调查的问题,而是要先做一些探索性工作。"[②] 一方面,作者根据本研究的研究目的,围绕所要调查的问题,通过自然、随意地与案例高校教师和管理人员交谈,留心观察他们交流时的态度、反应及行为,有效规避了问卷中含糊不清式问题的出现,并为答案的精确设计奠定了基础。另一方面,作者查阅了大量国内外相关文献,借鉴相关教师评价量表,结合国内外

[①] 需要说明的是,本研究的实证调研数据取得时间为2018年9月至2019年5月,主要针对N高校2015年改革后的教师首次评聘制度开展的研究。截至该部分行文之前,N高校于2019年12月对教师评聘制度进行了再次改革,但基本是对首次评聘制度的延续。关于二次评聘制度的主要变化,作者将在本书第三章和第四章中有所论述。

[②] 风笑天:《社会调查原理与方法》,首都经济贸易大学出版社2008年版,第99页。

高校教师评价存在的差异性，从我国应用型本科高校教师评价的实际出发，瞄准应用型本科高校教师评价运行现状，从职称晋升、教学评价、科研评价、年度考核等四个维度，编制《应用型本科高校教师评价研究调查问卷》（见附录一）。第一部分是人口统计学变量，主要包括教师个人的基本信息：性别、年龄、教龄、毕业院校、最高学位、所属学科、职称、岗位、工作重心及工作兴趣等10个测度项；第二部分为"职称晋升"，由合理性、公平性、适切性、有效性四个维度16个测度项组成；第三部分为"教学评价"，由有效性、合法性等两个维度7个测度项组成；第四部分为"科研评价"，由有效性、合法性等两个维度7个测度项组成；第五部分为"年度考核"，由合理性、回应性、合法性等三个维度12个测度项组成。题项包括单选、多选和填空等三种。其中52道单项选择题，采用李克特五级计分法，其中"非常不同意"计为1分，"不同意"计为2分，"中立"计为3分，"同意"计为4分，"非常同意"计为5分。

第二阶段：问卷的初步验证。

问卷编制完成后，作者邀请了3位教育学领域量化专长的专家、5位教育学相关专业的教师（教授2人、副教授3人）共同进行问卷评议，对问卷问题的题项设置、问题的提问方式、语言表达等方面提出修改意见，删除重复、歧义题项，增加必要题项，关注答案的穷尽性与互斥性，使问卷编制更加科学、合理。随后，作者邀请8位案例学校教师（涵盖不同年龄、不同职称）进行问卷试做，从中发现概念抽象、问题含糊、问题倾向性等问题缺陷并做针对性修改，根据试做者反馈的意见再次修改问卷（删除题目数15题）。

第三阶段：问卷的预试。

考虑到该问卷为自编问卷，为保证其信度、效度，本研究分别在案例学校采取非随机抽样的方式抽取30名被试进行试测，对问卷的题目、信度和效度进行分析，以保证本问卷符合测量学指标；此外邀请心理学、统计学专家等6人，根据数据分析结果再次对问卷编制的科学性与合理性进行评议，形成最终问卷。

1. 项目分析

项目分析旨在检验已编制问卷题目的可靠程度，通过对预试的问卷进行项目分析，能够对个别题项进行筛选和修改，从而为正式问卷题目提供依据。本研究主要通过极端组法和同质性检验法对问卷进行项目分析。极端组法即通过维度分划分出高分组和低分组，进而对高低分组的被试进行差异性检验；同质性检验法则是通过各题项与维度分的相关性，从而判断问卷题项是否在测量相同的构念。

（1）极端组法

首先计算各维度分，将维度分进行高低排序，将低于27%的被试作为低分组、高于73%的被试作为高分组，通过对高低分组的被试进行独立样本T检验，从而判别问卷题项是否具有区分度。结果显示，除T4、T6、T7、T27外，各维度中各题项在高低分组上均达到显著性水平（$P < 0.001$）。

（2）同质性检验法

计算各维度内题项与该维度分的相关性，如果相关系数不高于0.4或未达到显著性水平，则说明维度内题项的相关性或同质性不高，则应删除。结果显示，T19的题相关系数（$r = 0.315$）未达到0.4的标准，则删除该题目。

表2-1 应用型本科高校教师评价各维度的独立样本T检验和题总相关系数

题项	t	r	题项	t	r
T1	-6.198***	0.901***	T20	-4.267***	0.645***
T2	-4.709***	0.868***	T21	-4.363***	0.704***
T3	-3.112***	0.739***	T22	-5.082***	0.925***
T4	-1.338		T23	-5.447***	0.907***
T5	-2.648***	0.678***	T24	-7.62***	0.849***
T6	0.66		T25	-11.461***	0.891***
T7	-1.474		T26	-8.832***	0.803***
T8	-3.871***	0.668***	T27	-2.485	

续表

题项	t	r	题项	t	r
T9	-6.508***	0.799***	T28	-4.641***	0.613***
T10	-3.633***	0.711***	T29	-3.821***	0.620***
T11	-3.524*	0.737***	T30	-4.58***	0.634***
T12	-2.748*	0.609***	T31	-3.307***	0.616***
T13	-6.292*	0.422*	T32	-3.895***	0.575**
T14	-2.001***	0.484*	T33	-10.505***	0.679***
T15	-7.271***	0.693***	T34	-3.568***	0.590**
T16	-5.485***	0.766***	T35	-4.577***	0.827***
T17	-5.872***	0.726***	T36	-4.949***	0.777***
T18	-3.386***	0.825***	T37	-6.033***	0.484**
T19	-4.949*	0.315			

注：*** $P<0.001$，** $P<0.01$，* $P<0.05$。

2. 探索性因素分析

对 4 个维度共计 33 道题项进行探索性因素分析，各维度统计学指标均表明数据适合做因素分析，研究表明，职称晋升的 KMO 值为 0.606，Bartlett 球形检验的 $X^2 = 283.864$，df = 55，P = 0.000 < 0.001，达到显著性水平；教学评价的 KMO 值为 0.681，Bartlett 球形检验的 $X^2 = 69.243$，df = 10，P = 0.000 < 0.001，达到显著性水平；科研评价的 KMO 值为 0.795，Bartlett 球形检验的 $X^2 = 128.314$，df = 10，P = 0.000 < 0.001，达到显著性水平；年度考核的 KMO 值为 0.566，Bartlett 球形检验的 $X^2 = 238.349$，df = 66，P = 0.000 < 0.001，达到显著性水平；各维度 KMO 值表明各维度内题目间具有较多的共同因素，Bartlett 球形检验结果也均达到显著性水平。采用主成分分析法，利用正交旋转，将职称晋升、年度考核的因子数固定为 3 个，在保证每个因子的题项数不少于 3 个，因子载荷大于 0.45 的标准基础上，最终确定 33 道题目（见表 2-2）。

表2−2 应用型本科高校教师评价各维度的探索性因素分析结果（n=30）

题项	职称晋升			教学评价	科研评价	年终考核		
	F1	F2	F3			F1	F2	F3
T1	0.842							
T2	0.874							
T3	0.76							
T8		0.487						
T9		0.612						
T10		0.713						
T11			0.896					
T12			0.805					
T13			0.718					
T14			0.563					
T15			0.94					
T16				0.814				
T17				0.788				
T18				0.851				
T19				0.575				
T20				0.627				
T21					0.932			
T22					0.913			
T23					0.845			
T24					0.894			
T25					0.790			
T26						0.742		
T5						0.716		
T28						0.882		
T29							0.632	
T30							0.791	
T31							0.548	
T32							0.463	
T33								0.803

续表

题项	职称晋升			教学评价	科研评价	年终考核		
	F1	F2	F3			F1	F2	F3
T34								0.681
T35								0.488
T36								0.834
T37								0.569
累计方差解释率	52.945	65.561	75.941	54.637	76.797	40.659	59.689	73.484

根据各因子所包含的题目，结合本研究的理论构架，将职称晋升中的F1命名为职称晋升的合理性，指教师对职称晋升合理性、科学性、标准规范性的认可或同意的程度；将F2命名为职称晋升的适切性，指职称晋升过程中是否考虑不同学科、年龄和岗位的差异性；将F3命名为职称晋升的有效性，指主要涉及对职称晋升评价方式和过程中的有效性，即教师对职称晋升评价方式的认可程度；将年度考核的F1命名为年度考核的合理性，指二级学院在制定年度考核政策时能充分考虑教师利益、体现民主性和合理性；将F2命名为年度考核的回应性，指教师对从事教学和科研工作的目的性及其给教师带来的影响；将F3命名为年度考核的合法性，指年度考核中对教学、科研等工作量的制定及其公平公正性。

3. 信度分析

对预试样本进行信度分析，即内部一致性检验，各维度内部一致性系数（Crobach's α 系数）在 0.775—0.920 之间，说明教师评价的各维度内部题目之间具有较高的内部一致性。

4. 效度分析

本研究通过分析维度与维度间的相关性作为检验本问卷结构效度的指标。研究结果显示，教师评价各维度之间的相关系数在 0.42—0.69 之间，表明该问卷的结构效度相对较好。

（二）问卷的维度及指标

本研究主要从理论层面和实践层面对《应用型本科高校教师评价研

究调查问卷》进行维度划分与指标设定。

1. 理论依据

承如前述,通过对"应用型本科高校教师评价"的相关概念探讨与国内外相关文献的梳理,我们可以发现,国内外相关研究多是从研究型大学等普通大学入手,从教师评价的目的、内容、方法等方面构建教师评价体系或模型。具体体现在:其一,使用问卷调查对高校教师评价展开研究的学者为数不多。这其中,Michael S. Garet 等学者将教师基本情况、教学经验、学习方式作为问卷的三个维度,运用线性回归模型对全国高校教师样本的性别、学校、任教年级、教学经验、集体参与、主动学习等因素与教师职业发展的关系作相关性分析,提出集体参与和主动学习是改善教师职业发展的有效方式。[1] Pedro Reyes 等学者围绕教师评价从教师对工作环境的态度、教师忠诚度和教师工作满意度三个维度构建问卷,揭示了教师工作量的公平度与教师对工作环境的态度、教师忠诚度和教师工作满意度的关系,对改进教师评价提出对策建议。[2] 李宝斌围绕"高校教师的人性假设"从教师基本情况、教师工作与生活情况和教师需求信息等三个维度构架了《高校教师需求问卷》,并对教师需求的相关因素进行因子分析,重建高校教师评价的人性假设,探寻通往教育自觉的高校教师评价标准。[3] 沈红研究团队从教师发展现状、教师关注热点、教师发展需要及教师评价满意度等维度构建了《教师评价问卷》,对全国13个省88所四年制本科院校5186位教师展开调查,采用多元线性回归测度了各因素对教师职业发展需要和教师评价满意度的影

---

[1] Michael S. Garet, Andrew C. Porter, Laura Desimone, Beatrice F. Birman, Kwang Suk Yoon, "What Makes Professional Development Effective? Results From a National Sample of Teachers", *American Educational Research Journal*, Vol. 38, No. 4, 2001.

[2] Pedro Reyes, Michael Imber, "Teachers' Perceptions of the Fairness of Their Workload and Their Commitment, Job Satisfaction, and Morale: Implications for Teacher Evaluation", *Journal of Personnel Evaluation in Education*, 1992, pp. 291–302.

[3] 李宝斌:《转型时期通往教育自觉的高校教师评价》,博士学位论文,华中科技大学,2012年,第181—182页。

响程度，提出对策与改进建议。① 其二，正如前述，多数学者均从理论层面分析和论述高校教师评价对于教师专业发展的意义，针对高校教师评价目的、内容、方法等提出相应对策。基于以上两方面，综合已有研究和研究工具，结合本研究实际，作者确定了本研究调查问卷的维度。具体而言，本研究基于对"应用型本科高校教师评价"的理解，从高校定位、人才培养目标等出发，以应用型本科高校教师评价的两种制度主体：职称晋升与年度考核为主线，借鉴相关文献，将问卷划分为四个维度：职称晋升、教学评价、科研评价和年度考核。职称晋升指评价主体对教师在任期内的教学、科研等工作任务的综合评价，是对从事专业技术工作的教师业务知识与水平的一种认可与认定，具备相应职称条件的教师可授予相应的专业技术职务。教学评价指评价主体对教师的教学准备、教学过程、教学效果及教学成果等作出价值判断的过程。科研评价指评价主体对教师的科研工作质量、学术水平、实际应用及成熟程度作出客观、具体、恰当的价值判断的过程。年度考核指高校对教师的工作任务完成情况、工作职责履行情况等作出评价的过程。

问卷中"个人基本情况"部分涉及被试者"性别""年龄""教龄""毕业院校""最高学位""所属学科""职称""岗位""工作重心"及"工作兴趣"等，旨在发现被试者基于不同人口学背景对教师评价的认知，探求不同类别的被试者对教师评价的认知是否存有差异性。问卷的客观信息题还包括"职称晋升""教学评价""科研评价""年度考核"，其中，"教学评价""科研评价"涉及单选、多选、填空三种题项，旨在减少理论假设产生的误差。问卷的主观态度题包括"对教学工作评价的改进意见""对科研工作评价的改进意见""教学、科研、社会服务在教师评价中权重的合理百分比"等。依此，问卷中的题型包括被试者个人背景信息、客观事实题和主观态度题。其中，客观事实题以单选和多选的双重形式出现，以更加详尽地了解案例学校教师评价现状；主观态度

---

① 李爱萍、沈红：《大学教师晋升时间影响因素的实证分析——基于"2014大学教师调查"》，《复旦教育论坛》2017年第1期。

题的设置则旨在探求案例学校教师对教师评价的真实态度与现实想法。问卷的问题设置聚焦基本的信息、事实、态度及建议，与研究问题紧密相关（具体理论来源详见表2-3）。

表2-3 《应用型本科高校教师评价研究调查问卷》维度指标题项来源

维度	指标	测量题项	来源或依据
1. 人口统计学变量	个人基本情况	1. 您的性别 2. 您的年龄 3. 您的教龄 4. 您最高学历毕业的院校 5. 您的最高学位 6. 您所在的学科 7. 您的职称 8. 您是否担任行政职务	王光彦（2009）①； 沈红、王建慧（2017）②
2. 职称晋升	合理性	1. 贵校的职称晋升政策合理 2. 贵校的职称晋升政策具有科学性	Pedro Reyes（1992）③； Arp, Jeb-Stuart Bennett（2013）④； Goe, L., Bell, C., & Little, O.（2008）⑤
	公平性	3. 贵校的每位教师都有公平晋升的机会 4. 贵校的教师在职称晋升上主要取决于教师的科研表现 5. 贵校的教师在职称晋升上主要取决于教师的教学表现	王斌华（2005）⑥； 毛利丹（2015）⑦； 沈红（2012）⑧

---

① 王光彦：《大学教师绩效评价研究——基于教师自主发展的探索》，博士学位论文，华东师范大学，2009年，第30—35页。

② 沈红、王建慧：《大学教师评价的学科差异——对美国一所公立研究型大学的质性研究》，《复旦教育论坛》2017年第3期。

③ Pedro Reyes, Michael Imber, "Teachers' Perceptions of the Fairness of Their Workload and Their Commitment, Job Satisfaction, and Morale: Implications for Teacher Evaluation", *Journal of Personnel Evaluation in Education*, Vol. 5, No. 3, 1992.

④ Arp, Jeb-Stuart Bennett, *Case studies of teacher satisfaction with three plans for evaluation and supervision*, The University of Alabama, 2013, pp. 39-45.

⑤ Goe, L., Bell, C., & Little, O., *Approaches to evaluating teacher effectiveness: A research synthesis*, Washington, DC: National Comprehensive Center for Teacher Quality, 2008, pp. 10-20.

⑥ 王斌华：《教师评价：绩效考评法》，《全球教育展望》2005年第5期。

⑦ 毛利丹：《中小学教师评价研究——基于教师的视角》，博士学位论文，华东师范大学，2016年，第30—50页。

⑧ 沈红：《论大学教师评价的目的》，《高等教育研究》2012年第11期。

续表

维度	指标	测量题项	来源或依据
2. 职称晋升	适切性	6. 贵校当前的职称晋升政策充分考虑了不同学科之间的差异性 7. 贵校当前的职称晋升政策充分考虑了不同年龄的差异性 8. 贵校当前的职称晋升政策充分考虑了不同岗位（教学、科研）的差异性	Pedro Reyes（1992）①； Moore（2002）②； 沈红（2012）③
	有效性	9. 您认可贵校当前的职称晋升政策中的教学工作的评价方式 10. 您认可贵校当前的职称晋升政策中的科研工作的评价方式 11. 您认可贵校当前的职称晋升政策中的其他工作的评价方式 12. 您会根据职称晋升的具体条件确定工作优先顺序和重点	沈红（2012）④； Pedro Reyes（1992）⑤
3. 教学评价	有效性	1. 您认为贵校对教师教学评价的标准比较合理 2. 您认为贵校对教师教学评价促进了教学工作 3. 您认为贵校对教师教学评价促进了教师们的团结 4. 您认为贵校教学评价政策对教师造成了较大压力 5. 职称晋升压力使您不得不从事超负荷教学	Michael S. Garet, Andrew C. Porter, Laura Desimone, Beatrice F. Birman, Kwang Suk Yoon（2001）⑥； John M. Malouff, Jackie Reid, Janelle Wilkes, and Ashley J. Emmerton（2015）⑦

① Pedro Reyes, Michael Imber, "Teachers' Perceptions of the Fairness of Their Workload and Their Commitment, Job Satisfaction, and Morale: Implications for Teacher Evaluation", *Journal of Personnel Evaluation in Education*, Vol. 5, No. 3, 1992.

② Moore, L., *A study of the perceptions of teachers and administrators concerning the NJ Professional Development for Teachers' Initiative*, South Orange, NJ: Seton Hall University, 2002, pp. 37 – 48.

③ 沈红：《论大学教师评价的目的》，《高等教育研究》2012 年第 11 期。

④ 沈红：《论大学教师评价的目的》，《高等教育研究》2012 年第 11 期。

⑤ Pedro Reyes, Michael Imber, "Teachers' Perceptions of the Fairness of Their Workload and Their Commitment, Job Satisfaction, and Morale: Implications for Teacher Evaluation", *Journal of Personnel Evaluation in Education*, Vol. 5, No. 3, 1992.

⑥ Michael S. Garet, Andrew C. Porter, Laura Desimone, Beatrice F. Birman, Kwang Suk Yoon, "What Makes Professional Development Effective? Results From a National Sample of Teachers", *American Educational Research Journal*, Vol. 38, No. 4, 2001.

⑦ John M. Malouff, Jackie Reid, Janelle Wilkes, and Ashley J. Emmerton, "Using the Results of Teaching Evaluations to Improve Teaching: A Case Study of a New Systematic Process", *College Teaching*, Vol. 63, No. 1, 2015.

续表

维度	指标	测量题项	来源或依据
3. 教学评价	合法性	6. 您认为贵校对教师教学评价的重大政策都会征求所有教师的意见	Peterson, K.（2004）①；李爱萍、沈红（2017）②
4. 科研评价	有效性	1. 您认为贵校对教师科研评价的标准比较合理 2. 您认为贵校对教师的科研评价促进了科研工作 3. 您认为贵校对教师的科研评价促进了教师们的团结 4. 您认为贵校科研评价政策对教师造成了较大压力	李宝斌（2012）③；Peterson, K.（2004）④
	合法性	5. 您认为贵校对教师科研评价的重大政策都会征求所有教师的意见	Toch, Thomas, Rothman, Robert（2008）⑤；Toch, T.（2008）⑥
		6. 您认为贵校教师对科研评价有关政策有决定权	李爱萍、沈红（2017）⑦
5. 年度考核	合理性	1. 学院在年度考核决策时能够考虑教师的切身利益 2. 学院不断调整年度考核评价政策，让评价政策向更合理方向发展	王光彦（2012）⑧；沈红（2012）⑨；Pedro Reyes, Michael Imber（1992）⑩

---

① Peterson, K., "Research on school teacher evaluation", *National Association of Secondary School Principals*, No. 6, 2004.

② 李爱萍、沈红：《社会阶层背景与大学教师的就职选择——基于"2014 中国大学教师"调查的分析》，《教师教育研究》2017 年第 4 期。

③ 李宝斌：《转型时期通往教育自觉的高校教师评价》，博士学位论文，华中科技大学，2012 年，第 67—75 页。

④ Peterson, K., "Research on school teacher evaluation", *National Association of Secondary School Principals*, No. 6, 2004.

⑤ Toch, Thomas, Rothman, Robert, "Rush to Judgment: Teacher Evaluation in Public Education", *Education Sector Reports*, No. 1, 2008.

⑥ Toch, T., "Fixing teacher evaluation", *Educational Leadership*, Vol. 66, No. 2, 2008.

⑦ 李爱萍、沈红：《社会阶层背景与大学教师的就职选择——基于"2014 中国大学教师"调查的分析》，《教师教育研究》2017 年第 4 期。

⑧ 王光彦：《大学教师绩效评价研究——基于教师自主发展的探索》，博士学位论文，华东师范大学，2009 年，第 35—40 页。

⑨ 沈红：《论大学教师评价的目的》，《高等教育研究》2012 年第 11 期。

⑩ Pedro Reyes, Michael Imber, "Teachers' Perceptions of the Fairness of Their Workload and Their Commitment, Job Satisfaction, and Morale: Implications for Teacher Evaluation", *Journal of Personnel Evaluation in Education*, Vol. 5, No. 3, 1992.

续表

维度	指标	测量题项	来源或依据
5. 年度考核	回应性	3. 您从事科研是为了科研收入和科研奖励 4. 您从事超负荷教学是为了教学收入和教学奖励 5. 科研考核使您不得不从事科研 6. 教学考核使您不得不从事超负荷教学	Derek Anderson, Abby Cameron, Bethney (2019)①
	合法性	7. 您可以接受绩效考核中对学生评教的规定 8. 您可以接受绩效考核中规定的教学工作量 9. 您可以接受绩效考核中规定的科研工作量 10. 您认为绩效考核公开公正公平	Bergh, Sharon Bohjanen (2019)②

资料来源：作者整理。

2. 实践依据

教师评价内容繁杂，但均与教师个人利益联系紧密，涉及教师的直接利益，与工资福利、职称职位等密切相关。在实践层面，本研究从与应用型本科高校一线教师和管理者的访谈中深度挖掘教师评价存在的实际问题，进一步调整编制调查问卷所需信息，最终确定调查问卷的维度指标和具体题项。

表2-4 《应用型本科高校教师评价研究调查问卷》4个一级维度及内涵

一级维度	二级指标	对应题目
1. 职称晋升	①合理性（1—3）	1. 贵校的职称晋升政策合理 2. 贵校的职称晋升政策具有科学性 3. 贵校的晋升标准都非常明确、客观

---

① Derek Anderson, Abby Cameron, Bethney, "Teacher Evaluation and Its Impact on Wellbeing: Perceptions of Michigan Teachers and Administrators", *Education*, Vol. 134, No. 3, 2019.

② Bergh, Sharon Bohjanen, "Teacher Evaluation and Its Impact on Wellbeing: Perceptions of Michigan Teachers and Administrators", *Education*, Vol. 139, No. 3, 2019.

续表

一级维度	二级指标	对应题目
1. 职称晋升	②适切性（4—6）	4. 贵校当前的职称晋升政策充分考虑了不同学科之间的差异性 5. 贵校当前的职称晋升政策充分考虑了不同年龄的差异性 6. 贵校当前的职称晋升政策充分考虑了不同岗位（教学、科研）的差异性
	③有效性（7—11）	7. 您认可贵校当前的职称晋升政策中的教学工作的评价方式 8. 您认可贵校当前的职称晋升政策中的科研工作的评价方式 9. 您认可贵校当前的职称晋升政策中的其他工作的评价方式 10. 贵校当前的职称晋升政策造成了同事之间的紧张关系 11. 您会根据职称晋升的具体条件确定工作优先顺序和重点
2. 教学评价	有效性（1—5）	1. 您认为贵校对教师教学评价的标准比较合理 2. 您认为贵校对教师的教学评价促进了教学工作 3. 您认为贵校对教师的教学评价促进了教师们的团结 4. 您认为贵校教学评价政策对教师造成了较大压力 5. 职称晋升压力使您不得不从事超负荷教学
3. 科研评价	有效性（1—5）	1. 您认为贵校对教师科研评价的标准比较合理 2. 您认为贵校对教师的科研评价促进了科研工作 3. 您认为贵校对教师的科研评价促进了教师们的团结 4. 您认为贵校科研评价政策对教师造成了较大压力 5. 职称晋升压力使您不得不从事科研
4. 年度考核	①合理性（1—3）	1. 学院在年度考核决策时能够考虑教师的切身利益 2. 学院不断调整年度考核评价政策，让评价政策向更合理方向发展 3. 院领导能够积极和教职员工沟通
	②回应性（4—7）	4. 您从事科研是为了科研收入和科研奖励 5. 您从事超负荷教学是为了教学收入和教学奖励 6. 科研考核使您不得不从事科研 7. 教学考核使您不得不从事超负荷教学
	③合法性（8—12）	8. 您可以接受年度考核中对学生评教的规定 9. 您可以接受年度考核中规定的教学工作量 10. 您可以接受年度考核中规定的科研工作量 11. 您可以接受年度考核中规定的其他工作量 12. 您认为年度考核公开公正公平

（三）调查对象的选择

本研究以 N 高校全体在校在职教师为研究总体，即包括具有专业技术职务的一线教师、教学行政人员等。通过采用分层随机抽样方法，将学校作为总体，将二级学院作为层，在各层中使用相同的抽样比例。本研究以二级学院为单位，在学院内采取随机抽样的方法，抽取各学院教师数量的 60% 作为样本，共抽取教师 700 人。

（四）问卷调查的实施

为了解应用型本科高校教师评价的现状，对 N 高校教师进行问卷发放，发放问卷 700 份，共计回收问卷 657 份，问卷回收率为 93.9%；其中有效问卷 612 份，有效问卷回收率为 93.2%。

表 2-5　　　　问卷调查对象人口统计学信息（n=612）

类别		频率	百分比（%）	累计百分比（%）
性别	男	291	47.5	47.5
	女	321	52.5	100
年龄	30 岁及以下	59	9.7	9.7
	31—40 岁	226	37	46.7
	41—50 岁	203	33.3	80
	51—60 岁	99	16.2	96.2
	61 岁及以上	23	3.8	100
教龄	5 年及以下	124	20.3	20.3
	6—15 年	234	38.2	58.5
	16—25 年	166	27.1	85.6
	26 年及以上	88	14.4	100
毕业院校	"985" 院校	222	36.3	36.3
	"211" 院校	202	33	69.3
	一般本科院校	167	27.3	96.6
	国外院校	21	3.4	100
最高学位	学士	34	5.6	5.6
	硕士	396	64.7	70.3
	博士	182	29.7	100

续表

	类别	频率	百分比（%）	累计百分比（%）
所在学科	哲学	7	1.1	1.1
	经济学	22	3.6	4.7
	法学	35	5.7	10.5
	教育学	33	5.4	15.8
	文学	104	17	32.8
	历史学	14	2.3	35.1
	理学	81	13.2	48.4
	工学	165	27	75.3
	农学	2	0.3	75.7
	管理学	94	15.4	91
	艺术学	51	8.3	99.3
	军事学	4	0.7	100
职称	教授：二级	9	1.5	1.5
	教授：三级	27	4.4	5.9
	教授：四级	52	8.5	14.4
	副教授：五级	46	7.5	21.9
	副教授：六级	69	11.3	33.2
	副教授：七级	119	19.4	52.6
	讲师：八级	66	10.8	63.4
	讲师：九级	54	8.8	72.2
	讲师：十级	101	16.5	88.7
	助教：十一级	69	11.3	100
工作重心	主要是教学	359	58.7	58.7
	主要是研究	41	6.7	65.4
	两者兼有	212	34.6	100
工作兴趣	主要是教学	222	36.3	36.3
	主要是研究	58	9.5	45.8
	两者兼有	332	54.2	100

（五）问卷的信度

本研究问卷的信度分析主要是针对职称晋升、教学评价、科研评价、年度考核等四个维度的五点式计分题型进行信度分析，采用内部一致性系数（α系数）对问卷总体信度、分维度信度和分指标信度进行呈现（具体见表2-6），问卷总体信度及教师评价各维度、各指标信度均在0.8以上，表明该问卷具有较好的信度。

表2-6　　　　　　　　　问卷内部一致性系数

一级维度	维度信度	二级指标	指标信度
问卷总体信度	0.873		
职称晋升	0.953	合理性	0.969
		适切性	0.924
		有效性	0.841
教学评价	0.892		
科研评价	0.890		
年度考核	0.909	合理性	0.868
		回应性	0.878
		合法性	0.824

（六）问卷的效度

"效度指的是测量的标准或所用的指标能够如实反映某一概念真实含义的程度。"[①]《应用型本科高校教师评价研究调查问卷》使用内容效度来测量内容、指标与测量目标之间的适合性与逻辑相符性。相关专家、教授的多轮指导及问卷试测有效地保证了调查问卷的内容效度。

利用维度与维度之间的相关性来考察问卷的结构效度，研究结果显示，教师评价各维度之间的相关系数在0.817—0.852之间，表明该问卷的结构效度相对较好。

---

① 风笑天：《社会调查原理与方法》，首都经济贸易大学出版社2008年版，第7—90页。

三 实地访谈

"访谈是一种带有特定目的和一定规则的研究性交谈,是研究者以口头谈话的方式'寻访''访问'被研究者,以建构第一手资料的研究方法。"① 访谈的目的在于透过受访者的口头叙说,提供个人的经验,以帮助研究者逐步并深入了解个案的发展过程。研究者根据研究目的与参与对象之需要,选择无结构式访谈、半结构式访谈或结构式访谈等方式进行。与书面的问卷调查相比,访谈更加具有弹性,更加适合在微观层面对研究问题进行细致、动态的描述和分析,更加强调从被研究者角度出发了解他们的真实看法、心理状态与意义建构。以下,作者将一一呈现研究中的访谈过程、访谈提纲、访谈对象等。

(一) 访谈过程

本研究的访谈程序分为前期访谈与后期访谈。围绕研究目的,为了解受访者看待研究问题的方式与想法,考虑受访者的个人特点,探究更加深入地研究问题,作者在前期访谈中采用灵活、宽松的无结构式访谈,"为受访者使用自己的语言表达观点留有充分的余地"②。而在后期访谈中,作者采用半结构式访谈。为使访谈过程自然、顺畅、深入,作者按照访谈问题由浅入深、由简入繁的呈现顺序,拟定了访谈提纲,保证问题之间的逻辑关系及提问问题的先后顺序,并在不断审视自己的言语和非言语行为的同时,适时使用受访者自己的语言和概念进行追问。

以下详细说明两个阶段的访谈程序。

前期访谈(2018年10—12月)为深入挖掘应用型本科高校教师评价制度的运行现状,提出科学的研究假设与命题,同时为后续的问卷编制奠定基础,本研究进行了前期访谈,选择3名一线教师和2名管理者进行访谈。即在编制调查问卷之前,作者分别针对案例学校的一线教师、管理者等进行无结构式访谈,了解受访者自认为重要的问题、看待问题

---

① 陈向明:《质的研究方法与社会科学研究》,教育科学出版社2000年版,第1—165页。
② 陈向明:《质的研究方法与社会科学研究》,教育科学出版社2000年版,第1—165页。

的角度、使用的概念及表述方式。开放型访谈内容包括：一线教师及管理者对学校教师评价制度的认知、态度；学校教师评价制度设计与运行情况；一线教师及管理者对现行评价制度的看法、建议等。与此同时，也请受访者对《应用型本科高校教师评价研究调查问卷》的编制提出了修改意见，以使问卷维度与题项设置更加科学合理、更加贴近答卷人的视角。

后期访谈（2019年1—5月）为了对应用型本科高校教师评价制度设计及运行现状作进一步补充与说明，挖掘深层次的原因与问题，作者拟定了访谈提纲，在后期分别进行了两轮访谈。即在前期访谈的基础上，就其中存有疑虑的问题对受访者展开具有较强针对性的深入访谈；在问卷调查和深入访谈的基础上，适时调整了访谈内容与问题呈现顺序，对受访者进行深入访谈。遵循最大差异化原则，第一轮受访者为案例学校的5名一线教师与4名管理者，第二轮受访者为案例学校的4名一线教师与3名管理者。

在访谈前，研究者以先行拜访或以手机信息等向受访者表明意图，请求协助本研究。在得到受访者同意后，约定日期及具体时间进行访谈。另外，研究者在访谈之前会以邮件或信息的方式将访谈大纲及重要名词解释发送给受访者，使其有充分的准备时间。访谈时间控制在每次1—1.5小时，访谈地点选择在一线教师或管理者办公室、会议室或教室。访谈开始前，作者坦诚介绍访谈的目的与用途，征得受访者同意后录音。访谈开始由研究者根据访谈大纲的结构进行系列性访问，以保证访谈的聚焦。随着访谈的进程陆续出现开放性问题及相关信息，允许受访者抒发己见。如此，在访谈的双向过程中，提供受访者需要的信息，以此互动的访谈过程扩展资料的深度和广度。此外，在访谈过程中，研究者保持相当敏感性，注意研究者本身的身份及研究过程中的角色[①]，根据受访者特质与当时的情境对访谈问题及顺序作出灵活、恰当的调整，以获

[①] Merriam, S. B., *Case Study Research in Education: A Qualitative Approach*, San Francisco: Jossey-Bass Publishers, 1988, pp. 67-70; Stake, R. E., *The Art of Case Study Research*, London: Sage, 1995, p. 110.

得更有价值的资料。每次访谈结束后,作者及时撰写访谈小结,及时记录数据要点与感想,完成录音资料的文字转换工作,为接下来的数据分析做好准备。①

(二) 访谈提纲

在前人的研究基础上,配合本研究的研究目的与问题,借鉴国内外相关文献,作者归纳并拟定了访谈提纲。本研究依据研究主题与研究目标,根据不同的访谈对象设计不同的访谈提纲:第一,针对一线教师设计访谈提纲,访谈内容包括一线教师对教师评价的认识与看法;第二,针对管理者设计访谈提纲,访谈内容包括管理者对教师评价的认识与看法(见附录二)。

在前期访谈中,问题涉及范围较广,具有较大的随机性。与之不同的是,后期访谈中的问题呈半开放型,问题更加聚焦与深入,重点围绕研究目标,重点关注受访者普遍关心的问题,依据问卷调查数据的分析和作者在前期访谈中尚存的疑虑进行追问,包括教师评价制度的运行现状、教师评价制度的合理性、合法性、有效性及具体背景与问题的细节性描述。在后期访谈阶段,作者在实际操作层面仍保留较大的弹性,欢迎、鼓励受访者在研究问题的范围内各抒己见,开拓了作者的研究视野。

(三) 访谈对象

本研究的访谈对象均为案例学校的一线教师和管理者。作者根据受访者的可接近性、非障碍性与被许可程度等一般性原则②选取访谈对象。

1. 前期访谈

在前期访谈阶段,本研究采用方便抽样③与机遇式抽样方法④,随机选取了案例学校的 3 名一线教师与 2 名管理者,共计 5 名受访者接受访谈(见表 2-7)。

---

① Merriam, S. B., *Case Study Research in Education: A Qualitative Approach*, San Francisco: Jossey-Bass Publishers, 1988, pp. 67-70; Stake, R. E., *The Art of Case Study Research*, London: Sage, 1995, p. 110.
② Spradley, J. P., *Participant Orlando*, Holt, Rinehart & Winston, 1980, pp. 47-50.
③ 陈向明:《质的研究方法与社会科学研究》,教育科学出版社 2000 年版,第 110 页。
④ 陈向明:《质的研究方法与社会科学研究》,教育科学出版社 2000 年版,第 111 页。

表 2-7　　　　　　　　前期访谈受访者基本情况

访谈对象代码	性别	年龄（岁）	教龄（年）	学历	职位	职称	学科	访谈时间
1E-C-B-B-A-F-J	女	35	8	硕士研究生	无	讲师	文学	2018.10.11
1B-B-B-B-B-M-J	男	41	10	博士研究生	无	副教授	经济学	2018.10.12
1G-B-C-C-A-F-J	女	49	18	硕士研究生	无	副教授	理学	2018.10.13
1H-A-D-D-B-M-G5	男	55	39	博士研究生	校长	教授	工学	2018.12.26
1K-A-D-D-B-F-G3	女	52	35	博士研究生	处长	教授	管理学	2018.12.28

2. 后期访谈

基于调查样本的科学性、代表性与可行性，为了深化访谈主题和增加访谈深度，挖掘背后深层次的背景与问题，研究者对案例学校进行了后期访谈。研究者同样分别设计了一线教师与管理者的访谈提纲，内容涉及教师评价中科研评价与教学评价的具体运行现状、存在问题及深层原因。同时，配合调查问卷的数据分析，进行了两轮后期访谈。访谈对象的选取由研究者通过抽样的教师样本群进行联络，同时也通过教师推荐，即由熟悉案例学校教师评价的教师向研究者推荐可提供丰富且有意义的资料的一线教师或管理者。遵循最大差异化原则，第一轮受访者为案例学校的 5 名一线教师与 3 名管理者，第二轮受访者为案例学校的 6 名一线教师与 2 名管理者（见表 2-8）。

表 2-8　　　　　　　　后期访谈受访者基本情况

	访谈对象代码	性别	年龄（岁）	教龄（年）	学历	职位	职称	学科	访谈时间
第一轮访谈	2E-D-B-A-A-F-J	女	32	4	硕士研究生	无	助教	文学	2019.1.6
	2C-B-B-B-B-M-J	男	38	13	博士研究生	无	副教授	法学	2019.1.12
	2B-B-D-D-A-F-J	女	55	30	硕士研究生	无	副教授	经济学	2019.2.13
	2G-A-C-B-B-F-J	女	47	15	博士研究生	无	副教授	理学	2019.2.13
	2H-C-B-B-A-M-J	男	35	6	硕士研究生	无	讲师	工学	2019.3.10
	2H-A-D-D-A-M-G3	男	55	37	硕士研究生	处长	教授	工学	2019.3.26
	2E-C-B-B-A-F-G1	女	36	10	硕士研究生	主任科员	讲师	文学	2019.3.26
	2G-A-D-D-A-F-G3	女	52	34	硕士研究生	处长	教授	理学	2019.3.28

续表

	访谈对象代码	性别	年龄(岁)	教龄(年)	学历	职位	职称	学科	访谈时间
第二轮访谈	3H-A-E-D-A-M-J	男	61	30	硕士研究生	无	教授	工学	2019.4.5
	3K-D-A-A-A-F-J	女	28	2	硕士研究生	无	助教	管理学	2019.4.10
	3A-D-B-A-B-M-J	男	34	1	博士研究生	无	助教	哲学	2019.4.20
	3G-B-B-C-A-F-J	女	38	16	硕士研究生	无	副教授	理学	2019.4.5
	3G-C-B-A-A-M-J	男	35	6	硕士研究生	无	讲师	理学	2019.5.4
	3L-A-C-C-B-F-G2	女	45	20	博士研究生	副院长	教授	艺术学	2019.4.7
	3F-A-C-C-A-M-J	男	49	18	硕士研究生	无	副教授	历史学	2019.4.8
	3H-A-D-C-A-M-G4	男	52	25	硕士研究生	院长	教授	工学	2019.5.15

（四）资料的处理

资料的整理是一个重要的分析过程。"在概念上，整理资料和分析资料似乎可以分开进行，但实际上，它们不可能截然分成两个相互独立的部分，它们之间相互循环、相互制约。"① 为尊重研究伦理与个人隐私，作者根据访谈阶段及个人信息，对受访者进行编码。访谈资料的编码规则为：教师编码共有七码，第一码为受访者所属学科代码和访谈阶段，学科代码以英文代码 A—M 呈现，与数字（访谈阶段1、2、3）组合共同构成第一码；第二码为受访者职称：以 A 为教授，B 为副教授，C 为讲师，D 为助教；第三码则为受访者年龄代码，A 为 30 岁及以下，B 为 31—40 岁，C 为 41—50 岁，D 为 51—60 岁，E 为 61 岁及以上；第四码为受访者教龄，以 A 为 5 年及以下，B 为 6—15 年，C 为 16—25 年，D 为 26 年及以上；第五码为受访者学历，A 为硕士研究生，B 为博士研究生；第六码为 M/F 代表性别，第七码为一线教师为 J，管理者为 G，其中主任科员、副院长、处长、院长、校长分别以数字 1、2、3、4、5 表示。本研究实际访谈人数为 21 人，其中一线教师 14 人，管理者 7 人。若以性别分类，男性受访者为 10 人，女性受访者为 11 人。若以所属学科分类，哲学 1 人，历史学 1 人，艺术学 1 人，法学 1 人，经济学 2 人，

---

① 陈向明：《质的研究方法与社会科学研究》，教育科学出版社2000年版，第270页。

管理学 2 人，文学 3 人，理学 5 人，工学 5 人。若以职称分类，教授 7 人，副教授 7 人，讲师 4 人，助教 3 人。受访者年龄在 30 岁及以下为 1 人，31—40 岁为 8 人，41—50 岁为 5 人，51—60 岁为 6 人。受访者教龄在 5 年及以下为 3 人，多数教师教龄在 6—15 年或 16—25 年，分别为 8 人和 6 人，26 年及以上为 4 人。例如，"3K - D - A - A - A - F - J"代表的含义是在后期访谈第二轮接受访谈的年龄 28 岁、教龄 2 年、职称为助教、管理学科的一线女教师。

（五）研究质量与研究伦理

1. 研究者角色

在质的研究中，作为研究工具的研究者本人，其灵敏度、精确度、严谨程度均对研究的质量至关重要。即是说，研究者个人在从事研究时所反映出来的主体意识会对研究的设计、实施、结果产生重要影响。反省研究者的主体性可以使研究者客观审视"主体"和"客体"之间的"主体间性"，以此为研究结果的可靠性提供"事实"依据。① 在本研究中，研究者与受访者同属"局内人"，也是教师评价制度的受评者，针对研究者的个人因素与受访者关系的影响作出适当处理。就研究者自身而言，其一，研究者在案例学校中属于未兼行政职务的一线教师，可排除上级对下级敏感问题回避的顾虑。② 其二，在访谈过程中，由于研究者与受访者具有较多"共享经验"，研究者能迅速把握与理解受访者观点与看法，能以受访者角度对研究结果进行解释。同时，研究者也应时刻提醒自己，注意与受访者保持适当的距离感，注意自身言行，保持研究的敏感度。其三，由于研究者实际经历过案例学校的教师评价，不断检视、反思、批判自己也是十分必要的，切忌把个人感受带入研究场域而对研究结果产生偏见。

与此同时，研究者与受访者的关系还应考虑到：第一，"熟人"。为利于研究的进展，研究者会将多年熟悉的同事当作受访对象的可能性较

---

① 陈向明：《质的研究方法与社会科学研究》，教育科学出版社 2000 年版，第 297 页。
② Seidman, I. E., *Interviewing as qualitative research: A guide for researchers in education and the social sciences*, New York: Teachers College Press, 1991, pp. 89 - 90.

大，这样一来，"受访者宁愿向陌生人吐露心声也不愿与熟悉的朋友透露个人隐私"①，研究者此时应在访谈前表明研究的性质与结果的运用，明确说明研究结果对受访者不具威胁性，以利于丰富、真实的访谈资料的获取。第二，"守门人"②。由于研究者所在学科与其他学科的差异，研究者在对其他所在学科专业的一线教师进行访谈时，必会遇到"守门人"的境况，不乐意接受访谈而使研究陷入困境。此时研究者应充分做好事前沟通，通过熟人介绍并尊重受访者意愿，向受访者提供足够、充分的研究性质与研究结果的说明与解释，尽力打消受访者疑虑，以保证访谈的顺利进行。

2. 信度与效度

与量的研究不同的是，"质的研究不强调证实事物，不认为其可以完全同样的方式重复发生，因而，在质的研究中不讨论信度问题"③。"效度是量的研究的判定标准之一，旨在通过客观的测量推导出普遍的法则。"④ 与量的研究思维范式不同的是，"质的研究更加关注对社会事实的建构和在特定社会文化情境中的人的经验和解释"⑤。据此，研究者在研究设计、资料收集和数据分析阶段时常追问：我的研究结果是真实的吗？在研究过程中我容易犯哪些错误？怎样减少和规避这些错误？如何使别人信服我的研究结果？……这些问题不断提醒自己，促使研究者在研究过程中不断反思，有意寻找资料中相互矛盾之处，寻找反例并借助相关检验手段从不同角度对研究结果进行验证，以回应质性研究的反省效度。本研究还希望通过以下方法提高研究的效度：

（1）三角检验。本研究注重收集不同的资料来源，包括官方文件、网络信息等，访谈不同的受访者（一线教师、管理者），采用多样的资

---

① 陈向明：《质的研究方法与社会科学研究》，教育科学出版社2000年版，第297页。
② "守门人"是指拥有某种正式或非正式的权威来掌控他人能否进入田野地点的人。参见［美］劳伦斯·纽曼《社会研究方法》，郝大海译，中国人民大学出版社2007年版，第472页。
③ 陈向明：《质的研究方法与社会科学研究》，教育科学出版社2000年版，第297页。
④ Merriam, S. B., *Qualitative Research: A Guide to Design and Implementation* (2nd ed), San Francisco: Jossey-Bas, 2009, p.170.
⑤ 陈向明：《质的研究方法与社会科学研究》，教育科学出版社2000年版，第297页。

料收集方法（访谈、非正式讨论、现场观察），"使所得的结果相互验证，减少单一方法所致的研究偏见"①。

（2）受访者核验。在访谈过程中，研究者可就重述问题与受访者进一步探询确认，是否有要点遗漏及进一步厘清疑点问题；将访谈录音资料转换成文字稿之后可与受访者再次确认访谈内容，尽量使访谈资料丰富且完整。②

（3）学者反馈。邀请有经验的学者，如研究者导师，与其讨论研究发现，听取意见与建议，帮助研究者从不同视角澄清研究问题，避免主观偏误，以多元视角探究研究问题。

（4）丰富的资料。个案研究过程中，将访谈资料逐字誊录，以详细的描述方式记下充足的资料和具体的事件，提高研究效度。

3. 研究伦理

"质的研究有自己'坚硬的'道德原则与伦理规范。"③ 遵守研究伦理可以使研究者在研究过程中时刻保持谨慎与敏感，提高研究的质量。本研究在开展过程中主要遵循以下伦理原则：

（1）提前告知研究目的。研究者在访谈前会与受访者沟通，提前告知研究目的及研究结果的应用，消除受访者的疑虑与不安。

（2）尊重个人隐私与保密原则。"尊重受访者的隐私权与保密原则，告知受访者不会在任何情况下暴露他们的身份、姓名与访谈资料，一切与其有关的人名、地名等都将使用匿名，必要时删除敏感资料。"④

（3）公平回报原则。研究者为对参与访谈的受访者表达感激之情，在物质上给予少量回报（给每一位受访者准备一份小礼物），从研究者对他们的关注中找到自尊，帮助他们在访谈过程中打开心扉，丰富与充实访谈资料。

---

① ［美］约瑟夫·A. 马克斯威尔：《质的研究设计：一种互动的取向》，朱光明译，重庆大学出版社 2007 年版，第 72 页。
② ［美］约瑟夫·A. 马克斯威尔：《质的研究设计：一种互动的取向》，朱光明译，重庆大学出版社 2007 年版，第 86 页。
③ 陈向明：《质的研究方法与社会科学研究》，教育科学出版社 2000 年版，第 297 页。
④ 陈向明：《质的研究方法与社会科学研究》，教育科学出版社 2000 年版，第 432 页。

（4）坚持自愿、优先原则。研究者遵守自愿原则，在说明访谈目的后由受访者自行决定是否接受访谈。研究者坚持优先原则，访谈时间安排与地点确定优先考虑受访者，尽量不给受访者增加负担。现场观察与文件资料等搜集时也同样遵循此项原则。

第二节　N 高校教师评价的制度建设

"制度的发展变化必定促进教育活动的发展变化，分析制度历史有利于深入挖掘教育活动发展变化的根源。"[①] 在本节中，研究者将对案例学校 N 高校的教师评价制度背景、教师评价制度改革的推动历程一一说明，结合文献探讨、文件资料分析结果及访谈数据分析结果等对 N 高校教师评价制度的背景和变革的价值取向予以揭示。

一　N 高校教师评价制度的背景

"任何类型的大学都是遗传与环境的产物。"[②] 大学的发展路径与命运指向，既受到成立之初所附带"基因"的影响，同时也与其生存发展的环境密切相关。始建于 1956 年的 N 高校，到 2019 年，已有 63 年的办学历史。这所原本具有"部属"血统的高校，在近半个世纪的办学历程中，其隶属关系几经更迭。到了 21 世纪初，乘着高校扩招的东风，它也由一所专科类院校升格为培养应用型人才的全日制本科高校。"扩招""（合并）升格""建设高水平大学"等目标，成为它乃至全国高校在 21 世纪头十年里致力于实现的"宏伟蓝图"。不过，后来的实践业已证明，高等教育办学的同质化倾向也愈发明显。院校之间，尤其是新上地方本科院校之间，在经历了近十年的高速扩张之后，开始思考如何在院校竞争中谋得一席之地。

[①] 刘国艳：《制度分析视野中的学校变革》，吉林大学出版社 2010 年版，第 17 页。
[②] ［英］阿什比：《科技发达时代的大学教育》，滕大春等译，人民教育出版社 1983 年版，第 7 页。

（一）初露锋芒

教师专业行为发展是反映与揭示应用型本科高校现实发展状况的一个关键指标点。进一步说，"学校办学的决定性力量是教师的专业行为，而教师专业行为的调适则取决于教师评价制度的设计"①。毋庸置疑，教师评价是一个融综合性和实践性于一体的概念，似乎不比其他问题更简单，在应用型本科高校中表现尤为复杂。从这种意义上说，作为教师发展内在动力机制保障的教师评价政策可以成为窥视应用型本科高校现实发展窘境的一面镜子。这一时期 N 高校的教师评价呈现出两种样态：一是 2002 年至 2010 年的单一化评价方式；二是 2011 年绩效考核推行后的双重评价方式。

1. 单一化评价

截至 2010 年，2002 年升本的新建地方本科院校 N 高校，一直延续着以国家发展为基本思想的教师评价政策。究其原因，这与其生存发展的环境密切相关。一方面，它总认为，"大学的变革力量必须来自于外部，必须依靠政府。这种典型的责任转移与完全的体制依赖导致其忘却了自己的责任"②。另一方面，作为新建地方本科高校的 N 高校，地位处于我国高校层级结构体系中的最低层次，仅高于高职高专院校。"它们办学历史短、社会声誉不高，主要通过行政性机制从政府那里获取有限的办学资源，改革发展左右为难。"③ 在这种意义上说，它对政府的高度依赖性成为学校寻求发展的内在规定性。这样一来，在 2002 年至 2010 年的近十年间，一统性的教师评价政策具体到 N 高校，主要体现在每年一度的教师专业技术职务评审。"论资排辈""因人设岗""有岗无责"是那一时期教师评价的鲜明特征，"身份"成为它的代名词。

---

① 曹如军：《地方高校教师评价制度设计：问题及变革思路》，《重庆科技学院学报》（社会科学版）2017 年第 1 期。
② 眭依凡：《大学的使命与责任》，教育科学出版社 2007 年版，第 133 页。
③ 张应强：《从政府与大学的关系看地方本科高校转型发展》，《江苏高教》2014 年第 6 期。

之前学校对我们老师的评价就只有每年一次的评职称嘛！每个人到了年头都可以当讲师、当副教授、当教授，只要任期届满到了年限就可以上。当然，这里面还有很大一部分人情因素，看人脉了。(3G－B－B－C－A－F－J)

那时的职称实际上就是一种职务了，因为你一旦晋升上去，就跟待遇挂钩了，而且这个待遇是终身制的。(2B－B－D－D－A－F－J)

现在我还依稀记得，当年轰轰烈烈的报职称的场面，可以说每年那个时候是学校最热闹的时候。评上职称了不存在聘不聘的问题，因为评上就等于聘上了，而且可以聘到退休。(1B－B－B－B－M－J)

那时我刚进校工作，我所在的教研室一共8位老师，教授2个，副教授4个，讲师和助教分别1个。当时我就想，我得什么时候才能排上号啊？(1G－B－C－C－A－F－J)

从这种意义上说，一统性的教师评价政策与岗位职责严重脱节，极大挫伤了优秀中青年教师的积极性，导致教育科学研究成果产出后期动力不足。据科研处"近五年教科研成果统计（2011年）"数据显示，2007年至2011年，副教授以上职称的人员，三年以上没有任何教学科研成果的竟达到50%以上。

职称到手，压力全无，他们永远躺在自己之前的功劳簿上。(1H－A－D－D－B－M－G5)

2. 双重评价

2010年，教育部先后推出的《国家中长期教育改革和发展规划纲要（2010—2020）》和《国务院办公厅关于开展国家教育体制改革试点的通知》，分别从顶层设计和制度建构上对建设现代大学制度和深化高等教育综合改革进行了设计和安排，规划了改革的路线图。这一系列举措的出台，目的是实现高等教育的发展由"量的扩张"到"质的提升"。由此，我国高等院校进入了以创新为发展导向、以绩效为评价方式的新阶段，并直接促发了高校教师内部评价制度改革的新进展。2011年N高校绩效考核管理模式的推出，正是这一背景下的产物。同年，N高校下发《关于实行校系（院）两级管理体制的意见》《N高校校院（部）两级管理实施办法（试行）》。作为学校内部的办学主体，二级学院（部、系）是基于学科或专业性质而设置的基层组织单位，兼具行政与学术双重职能，是人才培养、学生研究、社会服务和学生教育等工作的实践者与落实者。与此相对应，机关处室的设置是根据其在为实现学校目标的过程中所承担的任务不同而设置的，如教务处承担教学管理、后勤处则为学校师生提供食宿保障等。可以说，大学二级学院和机关处室的绩效，"不仅是大学绩效的重要组成部分，更是大学战略实现的关键要素"，它们运行绩效的优劣"决定着大学整体办学质量水平的高低"①。"工欲善其事者，必先利其器。"为了保证和促进绩效考核的顺利实施，学校不仅成立了独立于其他被考核部门的绩效考核办公室，同时又先后出台了一系列绩效考核文件，构建了立体化的考核指标体系，实现了对全校各项工作的全覆盖。截至2012年底，科研经费到账数额由2010年的321万元变成了1293万元，财务收入也由2010年的2.5亿元变成了2.9亿元。事实证明，推行绩效考核管理和实施校院部两级管理体制改革，是深化高等学校内部治理体系和提升治理能力现代化建设的主要举措。可以说，权力的下放的确使得沉闷有余而活力不足的二级学院释放了更多的办学潜能。为了在年度考核时获得物质与精神层面的"双丰收"，二级学院使出了浑身解数，对照学校考核指标有针对性地开展各项工作。给善于从事科学研究的教师增加科研任务，让擅长课堂教学的教师提高知识的受众度。这样一来，教师个人既发挥了自身优势或特长，也为二级学院挣得了获取理想考核结果的砝码。于是，年度考核评价与一统性的专业技术职务

---

① 徐向龙、李文杰：《基于核心竞争力的大学院系绩效管理研究》，《人力资源管理》2013年第12期。

评审制度一起，共同构成了这一时期 N 高校的教师评价方式。

（二）审时度势

"变革是一个过程，不是一个事件。"① 高等教育大众化的迅速推进，使得地方高校在盲目扩张的同时，忽视了自身内涵式建设与特色发展。对研究型大学的极力追赶，导致出现了"办学趋同性""发展同质化"的现象与问题。调整高等教育结构，培养适应社会发展与市场需求的高技能人才势在必行，地方高校转型由此成为突破口。"学校内部制度安排与社会制度环境共同构成了学校变革发展的基础。"② 在此节点，N 高校正面临人才培养与社会需求脱节、师资队伍结构不合理等地方高校发展的共性问题。学校改革的方向在哪儿？一时众说纷纭。继续向研究型大学学习还是蹚出自己的特色发展之路？学校领导班子经过全面调研，达成了共识：要改革，就要顺应高等教育改革大势，就要彰显学校自己的办学特色。2013 年 1 月，教育部为促进地方高校转型、探索应用型人才培养模式，设立了"应用科技大学改革试点战略研究"的重点项目，N 高校积极申报，后经教育厅推荐，作为 S 省唯一一所公立地方本科高校成功入围。同年 6 月，为落实《国家中长期教育改革与发展规划纲要（2010—2020）》的要求，"中国应用技术大学（学院）联盟"成立，N 高校也顺利成为第一批联盟高校理事单位。与此同时，S 省为解决省内高校同质化办学倾向显著等问题，在省内地方高校中开展人才培养特色名校立项建设遴选活动。N 高校领导班子认真研究了文件精神，决定以人才培养特色名校建设为契机，明确提出要将学校建成"以工科为主、交通特色更加鲜明的高水平应用型本科高校"，以"优化学科专业结构、突出学科专业特色，举全校之力提高应用型人才培养质量"为目标开展了调研、规划、实施、反馈的人才培养方式改革系列活动，并于同年年底顺利通过答辩，成为 S 省高等教育名校建设工程立项建设单位中的"应用型人才培养特色名校"。

---

① ［加］迈克尔·富兰：《教育变革新意义》（第 3 版），赵中建等译，教育科学出版社 2005 年版，第 54 页。

② 刘国艳：《制度分析视野中的学校变革》，吉林大学出版社 2011 年版，第 7 页。

与此同时，国家、省陆续下发了《关于进一步加强和规范高校人才引进工作的若干意见》《关于引导部分地方普通本科高校向应用型转变的指导意见》《S省高等职业学校教师水平评价基本标准条件（试行）》等"若干意见"，对加强"双师双能型"教师队伍建设作出要求，明确提出"通过教学评价、绩效考核、职务（职称）评聘、薪酬激励、校企交流等制度改革，增强教师提高实践能力的主动性、积极性"。

就在师生们还沉浸在N高校转型应用型本科高校的讨论与质疑中时，N高校领导班子成员已开始分期分批奔赴全国多省份高校，对教师职称晋升评价、绩效考核评价等进行调研。由此，N高校教师评价制度改革全面启动，加强师资队伍建设也成为N高校的年度重点工作。截至2015年，N高校45岁以下青年教师732人，占专任教师（1008人）的72.6%；其中硕士512人，占45岁以下专任教师的69.9%，占专任教师的50.79%。针对师资队伍现状与存在的问题，2015年3月，N高校专门成立人才工作领导小组，以做好各类教师培养、教师评价等工作。2015年4月，N高校出台《N高校党委关于进一步加强人才队伍建设的意见》《N高校中青年教师成长计划》《N高校教师队伍建设与发展规划》等系列文件，指出人才队伍建设的重点是要与学科建设、实验室建设、学位点建设紧密结合起来，通过学科建设，吸引、培养和支持一批学术基础扎实、具有突出创新能力和发展潜力的学术带头人，形成一批优秀学术创新团队。提出争取用三至五年时间，培养10名左右在省内外有影响的知名专家、学者，带动学校部分学科率先提高水平；对有发展潜力的中青年教师重点扶持；培养30名左右具有较高水平的中青年专家、学者队伍，采取重点培养措施，使其成为各学科的带头人和学术骨干；培养引进100名左右具有博士学位的优秀中青年教师，创造条件，加大培养力度，使他们尽快成为学校教学科研的骨干力量。2015年5月，N高校下发《关于印发教师培养提升计划实施方案的通知》："根据S省应用型人才培养特色名校和应用型大学建设的需要，实现学校应用型人才培养的目标，加速学校教师队伍建设"，并结合学校教师队伍实际状况，制定《N高校教师培养提升计划》，"加快双师型师资队伍建设，有效改善师资队伍学历（学位）结构，提升教师队伍的国际化水平，要求人事处会同教务处、科研处、外事处、高教研究室等部门做好各类培养计划入选教师的监督和追踪服务工作，并及时进行汇总总结，定期向学校人才工作领导小组汇报"。在该计划中，"通过发挥职称评审的导向作用加速教师队伍建设"的字眼格外醒目。

与此同时，N高校下发了《关于印发〈N高校岗位津贴实施办法〉的通知》（以下称《通知》），决定在全员定编定岗的基础上进行分配制度改革：1. 建立考核奖惩机制，激励教职工提高教学科研水平；2. 强化系（院）管理职能，扩大系（院）分配的自主性。《通知》要求，岗位津贴由基础津贴和综合奖励两块组成：基础津贴占岗位津贴的60%，在完成所任岗位基本工作量基础上按月考勤考核发放；综合奖励占岗位津贴的40%，根据年度考核结果发放。文件还对岗位津贴中的综合奖励发放作出特别说明，明确由各二级学院（系、部）详细制定本单位年度考核具体办法，具体负责本单位教师综合奖励的发放。

2015年9月，S省人力资源和社会保障厅、教育厅联合下发了《关于深化高等学校教师职称制度改革的实施意见》（人社发〔2015〕51号），明确提出："坚持政府宏观管理，下放高校用人自主权，由高校自主评聘，建立能上能下的竞争机制，弱化资历年限，强化业绩导向，已取得相应专业技术职务资格和未取得相应专业技术职务资格的教师均可参加竞聘，以进一步激发教师积极性和创造性"[①]，就加强和规范高校教师考核评价制度、深化人才评价机制改革提出系列要求。系列文件的出台恰好为"应时而生"的应用型本科高校的教师评价提供了"制度蓝本"，为N高校教师评价制度改革提供了一个最理想的起点。

（三）革故鼎新

为明确发展方向和发展定位，稳步推进学校可持续发展，N高校早在2012年就制定了五年中长期发展规划，实施"三步走"战略。一是成功获

---

① 《关于深化高等学校教师职称制度改革的实施意见》（人社发〔2015〕51号），2019年10月12日，http://hrss.shandong.gov.cn/articles/ch00370/201510/54700.shtml。

批 S 省应用型人才培养特色名校;二是顺利通过教育部本科教学审核评估;三是成功获批硕士学位授予立项建设单位。截至 2015 年,N 高校的第一步和第二步发展目标均已实现,学校接下来的任务就是要争取啃下硕士学位授予立项建设单位这块硬骨头。迈克尔·富兰认为,"教育改革的成败取决于教师的所思所为,事实是如此简单,也是如此复杂"①。面对学位委员会提出的要求,其中"聚力高水平科研成果"和"造就高水平学术队伍"对标"师资队伍与水平"这项指标,是必须拿下的硬任务。基于集中力量、整合资源的申报原则,学校领导班子提出:全校所有专业要"补齐短板、加速发展、提高水平"。"真正的教育变革只能产生于学校,而不是来自国家一级颁布的决定。"② 进一步讲,学校变革离不开学校组织自身对变革的呼唤。时间紧,任务重。N 高校连续几天召开党委会,开会研讨商定寻找突破口。会后,领导班子下了死命令,要求人事处会同科研处、教务处、绩效考核办公室等机关处室,共同研讨教师职称晋升制度与绩效考核制度改革,力图通过制度变革打赢这一仗。

2015 年 10 月 26 日,人事处在历经三个月后连续发布了《N 高校首次聘任教师系列专业技术岗位任职竞聘条件》《N 高校首次聘任教师系列各级岗位设置方案》《N 高校首次聘用实施意见》《关于印发"三定"工作总体方案的通知》等一系列文件,并宣布将于 2015 年 11 月开始启动第一次岗位聘用工作。相关文件的陆续出台与聘用工作的仓促启动,一时让老师们感到措手不及。

    这都是一些什么文件,有没有考虑到老师们的利益?有没有来问过我们的建议,就这样直接公布了?(2C - B - B - B - B - M - J)
    这么短的时间,文件就出来了?怎么出来的? (2H - C - B - B - A - M - J)

---

  ① [加]迈克尔·富兰:《教育变革新意义》(第 3 版),赵中建等译,教育科学出版社 2005 年版,第 121 页。
  ② 钱民辉:《教育变革动因研究:一种社会学的取向》,《清华大学教育研究》1998 年第 3 期,转引自刘国艳《制度分析视野中的学校变革》,吉林大学出版社 2010 年版,第 28 页。

本来是一年就可以评一次的，怎么现在是四年才能评一次！什么时候才能出头啊？（3A－D－B－A－B－M－J）

请问一个学校的制度出台不需要按照规定的程序吗？短短三个月就把文件给发布了，是"文件"，还不是"征求意见稿"啊？这是要干什么啊？（3K－D－A－A－A－F－J）

应该是人事处草拟办法，然后党委会通过后，公布、实施。（2E－C－B－B－A－F－G1）

不确定，应该是人事处参考各个学校的版本确定的吧。（2G－A－C－B－B－F－J）

当初人事处在设计指标与分数时，学校的其他部门少有介入，人事处只能参考别的学校的办法，以孤军奋斗的方式，先把办法拿出来。（2G－A－D－D－A－F－G3）

学校对于高等教育这一块做得很少，可以去咨询的部门几乎没有，只能跑到校外去看人家的评价办法。听说主要参考的是M大学，人家又不是应用型高校，只注重以名校为范本了，却忽略了咱们自己学校是跟他们有不同的发展脉络的，我们是有我们自己的特色的，这不明摆着给我们老师们造成困扰吗？（3L－A－C－C－B－F－G2）

……

一时间，学校的老师们炸了锅。批评声、质疑声迅速涌入学校领导层。很快，学校领导班子意识到了问题的严重性，对于学校工作不周全、征求意见不全面、民主程序不到位等向老师们多次表示歉意。

确实因为工作不周，对很多问题的理解、估计不足，没有想到一个政策出台或者哪一项具体规定会给大家甚至每一个人带来什么样的影响。这些问题都是工作不周造成的，但是大的方向是正确的。（1H－A－D－D－B－M－G5）

自文件公布之日起，各二级学院不同学科不同专业的一线教师们，通过各种渠道（电话、站内信、面对面）对第一次聘用政策提出意见、建议。各种意见像滚雪球似的越滚越多，学校领导班子也向老师们承诺，会认真研究这些意见。

> 适当的调整是为了更好地完善。学校从党委成员到领导小组全体成员，都是这样一个观点，不能认为定了的内容发了文就不能动。严肃性要讲，文件的严肃性、党委决定的严肃性，但是那是基于文件的规定符合实际情况。在坚持大的原则不变的基础上，不能单纯固守严肃性。适当的调整不是否定，而是为了完善，并不是说开始定错了，只是说在现在这个阶段，大家的思想观念或接受程度还跟不上那么快的发展，只能说我们前期的一些规定，步子快了点、大了点，大家还不能接受，我们只能再往回撤一点。（1H－A－D－D－B－M－G5）

学校领导班子决定，发起聘用制度大讨论。由学校领导带头，人事处人员分头、分组、分批进二级学院主动征求意见，就聘用政策的具体内容与老师们进行面对面交流与解读。

> 我们要求所有的二级学院院长、书记把这些材料发放给每一个人，大家也履行了这个职责，主动听取教职工的意见，发动每一个教职工都参与讨论。包括学校领导到二级学院（部、系）面对面地跟大家交流，很有必要。（会议记录）

> 进行了各种各样的交流、征求意见，书面的、当面的、若干个会议、大会。咱们都参加的大会有两次，分党委书记会、院长会前后七八次，领导小组的会更是不计其数，上午开、下午开，有时候周末还在开，确实是非常慎重地来考虑如何进行调整，并不是说大家提一个意见就改，几次改动都经过了非常慎重的研究。（会议记录）

自文件公布之日起 50 天内，学校对这次聘用政策的具体内容做了多次调整，发布了多次公告，最终确定了《N 高校首次聘用实施意见（修订稿）》，并决定临时召开专题教职工代表大会。在大会上，党委书记代表领导班子成员，重申了首次聘用工作的意义，并对老师们进行了情绪安抚，号召大家"再聚合力"。

1. 首聘工作是实现身份管理向岗位管理转变的一个开端，这是符合上级文件精神的。
2. 这是从集体激励向集体与个人双向激励的转变。以前讲绩效考核，大排队。这次首聘，提出了个人竞争上岗这样一种激励机制。这是一种双激励的开端。
3. 这是一次增量改革。这是我们学校改革的一个创新点。
4. 有利于历练大家的竞争精神。通过竞争上岗，让大家动起来。这是上级文件提出的，也是整个经济社会发展的趋势。市场经济就是要讲竞争。

到现在为止大家还有一些比较分散的意见，这些意见有可能是个人的，也有可能是几个人的，也可能是一个群体的。学校没有完全吸收所有的意见，也希望大家能够理解。从学校角度上来说希望每个人都在改革当中受益，但是受益的覆盖面、比例，每个人体会到的受益方面、受益程度，很难是一样的，也不可能是一样的，任何改革都是如此。从学校来说，不想损害、也不想牺牲哪一部分人的利益，没有为了让一部分人获益而牺牲另一部分人这样一个概念，只是客观上造成了某一部分人在比较中觉得没有被照顾到。

没有我们的合力就没有学校未来的发展，就没有我们共同的希望。奶酪也好，蛋糕也好，只有我们把蛋糕做大，才能去分。我们要共同把学校建设好，这是我们的责任，大家也应该是这么想的。希望大家站得高一点、看得远一点，多想大局，把精气神、把积极性再调动起来，把过程当中的不愉快、不满意化为前进的动力。

（作者根据会议录音整理）

最终，在教师并不完全认同的情况下，在 2015 年 12 月 20 日 N 高校专题教职工代表大会以 86.8%（到会代表 304 人、11 人不同意、29 人弃权）的票数通过了首次聘用制度的综合性文件，《N 高校首次聘用实施意见》等系列文件正式出台。

教师职称晋升制度改革余温未减，同时并行的还有绩效考核制度改革。各二级学院（系、部）纷纷针对自身实际，对教师在教学、科研、社会服务等应达到的目标作出了明确、具体的要求，出台了《N 高校××学院绩效考核管理办法》。至此，N 高校通过双管齐下的教师评价制度改革，希求通过构建科学的评价机制，进一步激发学校教师的工作热情，力争多出成果、出好成果。

二　N 高校教师评价制度变革的价值取向

"制度是组织赖以维系其存在的基石。学校制度作为学校内在的制约法则，规范着学校存在和发展的根本方向。"[①] 一言以蔽之，学校变革发展的动力正是制度。比较与分析 N 高校不同时期沿用的教师评价制度文本，有助于我们明晰制度变革与学校发展的内在脉络，有助于我们探察制度环境或制度安排对制度变革价值取向的选择。以 N 高校教师职称晋升政策文本、年度考核制度文本及教师发展相关政策文本为例，发现其教师评价制度呈现以下变革要点：

（一）评价理念由"身份"转向"岗位"

诺思认为，"制度变迁决定了社会演进的方式"[②]。进一步说，社会制度环境与学校内部制度环境共同促成了学校制度变革的发生。以 N 高校教师职称晋升为例，在这次改革中，其打破了传统的"身份评审"和"名额晋升"，实现了真正意义上的"岗位聘用"和"自主评聘"。这表现在：其一，由"身份管理"走向"岗位管理"，是 N 高校

---

① 刘国艳：《制度分析视野中的学校变革》，吉林大学出版社 2010 年版，第 6 页。
② ［美］诺思：《制度、制度变迁与经济绩效》，刘守英译，上海三联书店 1994 年版，第 3 页。

教师职称晋升改革中释放出的最强信号。《N高校关于印发首次岗位聘用实施意见的通知》中的聘用原则十分明确："岗位管理，按岗聘用。在上级部门对我校核准的岗位总量内，按照类别、等级、数量，实行竞聘上岗、按岗聘用。"其二，自主制定岗位设置方案、自主设置岗位结构比例、自主设置岗位标准、自主决定聘用人员。学校层面负责组织实施教师系列教授的竞聘工作，各二级学院（部、系）负责组织实施教师系列副教授及以下岗位人员的竞聘工作，由学校审定其推荐结果。由上观之，无论是"岗位聘用"还是"自主评聘"，均是对国家、省进一步深化教师职称制度改革的回应，也是对学校教师队伍现实状况考量后作出的最佳选择。

表2－9　　　　　　　教师职称晋升政策新旧条文对比

原条文	修改后条文
评审推荐数额：省教育厅下达我校职称评审推荐名额为：教授×名，副教授×名，其他系列副高×名	（一）岗位管理，按岗聘用。在上级部门对我校核准的岗位总量内，按照类别、等级、数量，实行竞聘上岗、按岗聘用。 （二）综合评价，择优聘用。坚持以师德、能力、水平、贡献为导向，综合评价、择优聘用，进一步推进我校从身份管理向岗位管理，从固定用人向合同用人，能上能下、岗变薪变的用人机制建设

（二）评价制度由"一统"转向"开放"

学校作为一种社会机构和教育组织，在受到外力和内力的推动时会发生组织生态、运行机制上的更新或改造。正如制度经济学理论所言，在应对重大发展需要和复杂环境时，可通过强有力的激进式变迁解决难题，以推动新制度的实行。N高校教师职称晋升政策的出台过程就是很好的证明。在评价制度层面，N高校做出了诸多"颠覆性"改革。这表现在：第一，申报条件。改革后的新办法打破了原有的资格申报条件，规定"在学校核定的岗位设置类别、等级、数量内，已取得相应专业技术职务资格的人员符合任职（竞聘）条件的基本条件、未取得相应专业技术职务资格的人员符合任职（竞聘）条件，均可以通过岗位综合评价方式参与相应岗位的竞聘，学校根据竞聘结果、按岗聘用"。第二，申报人员。新办法明确规定："选择竞聘专业技术岗者，不得兼任管理岗（包括校级领导、处级干部），两者必择其一"，取消管理岗所有人员的专业技术职务，让位于教师系列岗位。第三，评聘周期。新办法不再沿用"一年一评审"，改为"聘用期限为 4 年"，并实行重大成果直聘制度："符合任职（竞聘）条件的基本条件，取得省部级及以上重大成果的专业技术人员，由学校直接聘用至相应层级专业技术岗位。"第四，评聘方式。新办法对参加竞聘的所有人员"重新洗牌"，建立"能上能下"的岗位聘用制度。即采用将竞聘人员原有专业技术职务"卧倒式"排序，根据竞聘结果排名确定专业技术职务相应等级；聘期内实行非目标考核制的"盲跑制"；下一聘期聘用将依据"盲跑"结果重新排名确定相应等级。第五，适用人群。新办法采取"新人新办法、老人老办法"原则，制定了适用不同年龄竞聘者的聘期考核办法。由上观之，学校自身渴求发展的强烈欲望是其制度变革的强大内在动力，同时，国家逻辑与社会逻辑也无不充斥其中，共同推动了 N 高校教师评价制度的变革。①

表 2–10　　　　　　　　　　新旧条文对比

	原条文	修改后条文
申报条件	国家颁发的专业技术职务条例（含试行条例）或等级标准中规定的任职条件；不具备规定学历或任职资历，但确有真才实学，任现职以来业绩显著、贡献突出的专业技术人员，允许破格申报高级专业技术职务任职资格	在学校核定的岗位设置类别、等级、数量内，满足基本条件和业绩条件者，已取得相应专业技术职务资格的人员符合任职（竞聘）条件的基本条件、未取得相应专业技术职务资格的人员符合任职（竞聘）条件，均可以通过岗位综合评价方式参与相应岗位的竞聘，学校根据竞聘结果，按岗聘用
申报人员	凡满足申报条件者均可申报	除管理岗人员均可申报
评聘周期	一年	四年（重大成果直聘者除外）

---

① 朱鹏宇、马永红、白丽新：《新中国成立 70 年来研究生招生制度变迁逻辑：回顾与展望》，《中国高教研究》2019 年第 11 期。

续表

	原条文	修改后条文
评聘方式	获得相应专业技术职务后无须考核	期满量化考核晋升。聘期结束后，按照岗位综合评价量化考核结果，决定是否晋升
适用人群	不同年龄申报者均参照统一文本制度执行	50岁及以上人员可按照另行制定的聘期目标进行考核

（三）评价内容由"单一"转向"多维"

评价内容即评价准则。"评价准则是一定时期人们价值观念的反映，也是人们对教育活动客观规律认识的产物，它规定了评价活动评什么和不评什么。"① 在这个意义上，教师评价制度中的评价内容是一种实质性要求，引导着教师的努力方向，决定了教师在教育实践中重视什么和忽视什么。在评价内容方面，N高校大大拓展了评价维度，已不仅仅聚焦教学、科研两方面的评价，而重视从多角度、多层面、多指标对教师的教育教学及科研进行评价，这在教师职称晋升制度和年度考核制度上均有所体现。表现在：第一，设置差异评价。差异评价即针对不同专业技术岗位，设置不同的评价指标，赋予不同的权重，制定不同的综合评价办法。具体到N高校，由学校层面制定并出台副教授及以上专业技术岗位评价办法，各二级学院制定讲师及以下专业技术岗位评价办法。第二，增加师德评价。各岗位一级考核指标中增设"师德及合作意识"考核指标，并赋权重10%，重在考察教师师德及教师团结协作意识。将师德考核贯穿于日常教学、科研和社会服务的全过程，是对《教育部关于深化高校教师考核评价制度改革的指导意见》将师德考核放在教师考核首位的回应。第三，增加学生能力评价。将"学生能力评价"并入"科研教研工作"成为一级考核指标，设立"学生科技指导"为二级考核指标，赋权重7%，将指导学生参加各级各类创新创业训练立项项目、学术科技竞赛等，指导学生申请并获得国家专利等纳入考核指标。第四，细化

---

① 陈玉琨：《中国高等教育评价论》，广东高等教育出版社1993年版，第89页。

评价指标。教学工作评价、科研工作评价指标等由粗放型转向精细化，如在二级指标"科研成果"一项中，N高校在学术论文、学术著作、艺术作品、授权专利等指标上均呈现出细节化的发展特征，对作品级别、作品影响力及作品形式等方面赋予区别性的价值判断。第五，校本化评价指标凸显。N高校在教师评价中作出一些校本性的规定，彰显了其在教学、科研等方面的发展定位与方向。例如，在N高校"科研成果"的"学术著作"认定制度中，学校参照省内大多数高校的通常做法将其分为"学术专著""学术编著""译著"和其他著作。若著作出版社名列目录其中①，即可界定为"学术专著"，未列入目录者即可界定为"其他著作"。另外，在一级考核指标"其他"中也可寻到校本化规定的痕迹，"学历提升""国内外访学""辅导员工作经历"及"实践锻炼"等均被赋予了不同分数的价值判断，赋权重10%（见表2–11）。

表2–11 2015年版专业技术岗位综合评价办法（以教授、副教授为例）

考核指标	教师职务		考核点
	教授	副教授	
A. 师德及合作意识	10%	10%	A1. 师德 A2. 团结协作
B. 教学工作	30%	35%	B1. 教学成果 B2. 教学工作量 B3. 教学质量与效果 B4. 学科专业建设 B5. 实践教学 B6. 教材建设
C. 科研教研工作与学生能力培养	50%	45%	C1. 科研成果 C2. 科研项目立项、科研团队、科研平台建设、项目到账经费 C3. 教育教学研究 C4. 教育教学研究经费 C5. 教研获奖 C6. 学生科技指导

---

① 《N高校科研处"全国出版社分类参考目录"》（2015 4号）文中所列一级A类出版社（36种）、一级B类出版社（31种）、一级C类出版社（40种）。

续表

考核指标	教师职务		考核点
	教授	副教授	
D. 其他	10%	10%	D1. 学历 D2. 国内外访学 D3. 辅导员工作经历 D4. 实践锻炼
合计	100%	100%	

（四）评价类型由"划一"转向"多元"

近几年，应用型本科高校招生规模逐年扩张，生师比急速上升。为达到申硕要求，N高校加大人才引进力度，师资队伍的数量、质量和结构日趋复杂与多样。随着社会对人才需求的变化和学科的发展，一批又一批的新生学科、新上专业改变了当前应用型本科高校的学科体系与专业体系。这样一来，N高校的内部环境发生了巨大的变化。由此，传统划一的评价制度被打破，N高校的教师评价制度呈现出多元化态势。如前所述，N高校首先于2015年12月出台《首次岗位聘用实施意见》，对教师职称晋升制度改革提出新举措。

第一，建立了教学质量监控体系。为规范教学管理，全面提高应用型人才培养质量，N高校于2016年3月下发《教学督导工作管理办法》，通过开展督导工作，对全校的教学秩序、教学质量、教学管理进行监督、评估和指导（课堂教学质量评价表详见表2-12）。

表2-12　　　　　**N高校课堂教学质量评价表**

[院（部）同行、学校专家督导用]

（　—　学年第　学期）

学生班级		学生考勤情况		应到人数：		实到人数：	
任课教师		课程名称					
教师所属部门		教师类别		专职/兼职/外聘		地点	
评价项目		评价指标及其内涵		评价等级			
				优秀	良好	合格	不合格

续表

师德及教学态度（20分）	爱岗敬业，学风正派，治学严谨，为人师表，富有热情，精神饱满	5	4	3	2
	教书育人，严格要求，关心学生成长，注重意识形态教育	5	4	3	2
	有规范的教案、讲稿或多媒体课件	5	4	3	2
	备课充分，讲授熟练	5	4	3	2
教学内容（30分）	符合课程质量标准和实施计划，重点突出，难点分散	8	7	6	5
	注重理论与实际的结合，处理得当	6	5	4	3
	观点正确，内容丰富、新颖，信息量大，注重吸收学科新成果，反映学科新思想、新概念	8	7	6	5
	有效引导学生自主性学习	8	7	6	5
教学方法（30分）	对问题阐述深入浅出，注意启发学生思维，调动学生积极性	8	7	6	5
	使用普通话，语言简练准确，思路清晰	7	6	5	4
	能给予学生思考、联想、创新的启迪，有效培养学生创新、实践等能力	8	7	6	5
	合理使用教具、慕课、现代化技术等教学手段；板书板画规范、合理；教材选用适当	7	6	5	4
教学效果（20分）	有效管理课堂秩序，学生听课注意力集中，课堂气氛热烈、有序	7	6	5	4
	学生了解课程质量标准，并且达到预期学习实施计划，反映良好	7	6	5	4
	学生分析、解决问题的能力得到培养	6	5	4	3
总体评价分					
学生状态（打√）	优（　） 良（　） 中（　） 差（　）				
对课堂内容以及其他方面的具体意见或建议					
听课人签名		听课人单位			

注：请在相应分值栏内画"√"，并填写"总成绩"一栏。　　时间：　年　月　日

第二，进一步加强科研评价。为实现科研工作的跨越发展，激励教师科研积极性，保障学校科研规划任务、目标的顺利完成和实现，N高校于2016年4月下发《科研奖励办法》进一步推进学校科研工作。该办

法规定，对各级有资科研项目、科研平台基地、获奖科研成果、学术论文（著作、专利）均给予一定比例的资助。例如，获得国家级有资经费的科研项目，学校按到账经费的30%对项目组予以奖励（奖励最高限额20万元）；获得省部级有资经费的科研项目，学校按到账经费的20%对项目组予以奖励（奖励最高限额10万元）；学校对横向项目按照实际到账经费的4%对项目组予以奖励（见表2-13）。

表2-13　　　　　　　　　科研奖励办法

科研项目	国家项目（有资）		奖励到账经费的30%（奖励最高限额20万元）	
	省部级项目（有资）		奖励到账经费的20%（奖励最高限额10万元）	
	横向项目		奖励到账经费的4%	
平台基地	国家级科研平台基地		20万元	
	省部级科研平台基地		6万元	
获奖科研成果	国家级政府奖	特等奖	理工类（万元）	人文社科类（万元）
			200	入选《国家哲学社会科学成果文库》参照国家级一等奖奖励
		一等奖	150	
		二等奖	100	
	全国高等学校科学研究优秀成果奖	特等奖	50	30
		一等奖	30	20
		二等奖	20	10
		三等奖	/	5
		青年科学奖	10	/
	省部级政府奖	一等奖	20	10
		二等奖	10	5
		三等奖	5	3
	科技部登记备案的社会力量奖	一等奖	10	5
		二等奖	5	3
		三等奖	2	1

续表

	理工类论文	奖励数额（万元）	社科类论文	奖励数额（万元）
学术论文（第一单位、第一作者）	Science、Nature、Cell	25	《中国社会科学》	25
	SCI 收录 1 区	5	CSSCI 前 10%、SSCI 一区、《新华文摘》	4
	SCI 收录 2 区	2	《中国社会科学文摘》《高等学校文科学术文摘》全文转载	3
	SCI 收录 3 区	1.2	CSSCI 前 11%—40%、SSCI 二区和三区、A&HCI	1
	EI 期刊	0.6	《新华文摘》《中国社会科学文摘》《高等学校文科学术文摘》论点摘编、《人大复印报刊资料》全文收录	1
	EI 收录会议论文	0.3	CSSCI 排名后 40%、SSCI 四区、《人民日报》《光明日报》理论版 3000 字以上	0.5
	CPCI—S 收录	0.1	CPCI－SSH	0.1
	中文核心	0.1	中文核心	0.1
著作（第一单位、第一作者 18 万字以上）	A 类	1.5	A 类	1.5
	B 类（译著）	0.8	B 类（译著）	0.8
	C 类	0.4	C 类	0.4
专利	美国、欧盟、日本 PCT 授权	2	美国、欧盟、日本 PCT 授权	2
	国内发明专利	0.8	国内发明专利	0.8
	实用新型专利、外观设计专利、软件著作权	0.06	实用新型专利、外观设计专利、软件著作权	0.06
智库成果	党和国家领导人批示、政府部门采纳	4	党和国家领导人批示、政府部门采纳	4
	《成果要报》《专家建议》	1	《成果要报》《专家建议》	1
	省委、省政府批示、政府部门采纳	1	省委、省政府批示、政府部门采纳	1

第三，修订绩效考核办法。2016 年 1 月，学校召开各二级学院（系部）负责人会议，布置绩效考核办法修订工作。会议要求，要以人才培养方案的改革为切入点，以申请硕士授予单位为契机，构建全方面、多层级的绩效考核评价体系（以×学院为例，详见表 2 - 14）。

表 2 - 14　×学院绩效考核办法（2016 年版）修订前后对照

职称	额定教学工作量（含教学工作量与横向课题经费）	纵向课题	论文、教材、著作（编著、译著、专著等）	获奖	项目申报	津贴发放标准（参考学校各职档比例）
助教	360 学时/年　到账课题经费：6000 元	参与校级课题 1 项	省级及以上刊物发表论文 1 篇	校级及以上教学、教科研、微课、慕课、多媒体课件获奖	主持申报校级及以上课题 1 次，通过院学术委员会形式审核	完成额定教学工作量和其中一项科研任务全额发放：17000—17900 元
讲师 1 档	360 学时/年　到账课题经费：12000 元	主持校级及以上课题 1 项/参与市厅级课题 1 项（只计前 3 位）/参与省级课题 1 项（只计前 5 位）/参与国家级课题（只计前 7 位）	参与编写著作/教材（只计前 5 位）、省级及以上刊物发表论文 1 篇（限知网和万方数据库收录期刊）	校级及以上教学、教科研、微课、慕课、多媒体课件获奖（校级首位，市厅级前 3 位，省级前 5 位，国家级前 7 位）	主持申报市厅级及以上课题 1 次，通过院学术委员会形式审核	完成额定教学工作量和其中一项科研任务全额发放：19000—20800 元（女教师满 50 周岁，男教师满 55 周岁的，完成额定教学工作量并完成学院安排的其他任务的全额发放）
讲师 2 档	360 学时/年　到账课题经费：12000 元	主持校级及以上课题 1 项/参与市厅级课题 1 项（参与课题只计前 3 位）/参与省级课题 1 项（只计前 5 位）/参与国家级课题（只计前 7 位）	参与编写著作/教材（只计前 3 位）、省级及以上刊物发表论文 1 篇（限知网和万方数据库收录期刊）	校级及以上教学、教科研、微课、慕课、多媒体课件获奖（校级首位，市厅级前 3 位，省级前 5 位，国家级前 7 位）	主持申报市厅级及以上课题 1 次，通过院学术委员会形式审核	完成额定教学工作量和其中两项科研任务全额发放：21000—22800 元

续表

职称	额定教学工作量（含教学工作量与横向课题经费）	纵向课题	论文、教材、著作（编著、译著、专著等）	获奖	项目申报	津贴发放标准（参考学校各职档比例）
副高1档	360学时/年 到账课题经费：18000元					只限副高职称女教师满50周岁，男教师满55周岁的，完成额定教学工作量并完成学院安排的其他任务的全额发放：25000—27700元
副高2档	360学时/年 到账课题经费：18000元	主持市厅级及以上课题1项/参与省部级课题1项（参与课题只计前3位）/参与国家级课题（只计前5位）	以第一作者身份出版著作（含译著和编著）/教材/外文正刊/中文核心及以上级别论文1篇	市厅级及以上教学、教科研、微课、慕课、多媒体课件获奖（市厅级前3位，省级前5位，国家级前7位）	主持申报省部级课题1次，通过院学术委员会形式审核或申报系统形式审核	完成额定教学工作量和其中一项科研任务全额发放：28000—30700元
副高3档	360学时/年 到账课题经费：18000元	主持市厅级及以上课题1项/参与省部级课题1项（参与课题只计前3位）/参与国家级课题（只计前5位）	以第一作者身份出版著作（含译著和编著）/教材/外文正刊/中文核心及以上级别论文1篇	市厅级及以上教学、教科研、微课、慕课、多媒体课件获奖（市厅级前3位，省级前5位，国家级前7位）	主持申报省部级课题1次，通过院学术委员会形式审核或申报系统形式审核	完成额定教学工作量和其中两项科研任务全额发放：30000—32700元
正高1档	240学时/年 到账课题经费：24000元	主持省部级及以上课题1项	以第一作者身份在国家级一级出版社出版著作/省级以上规划教材、CSSCI及以上级别论文1篇	省级及以上教学、教科研、微课、慕课、多媒体课件获奖（省级前5位，国家级前7位）	主持申报国家级课题1次，通过学校形式审核	完成额定教学工作量和其中一项科研任务全额发放：31000—34600元
正高2档	240学时/年 到账课题经费：24000元	主持省部级及以上课题1项	以第一作者身份在国家级一级出版社出版著作/省级以上规划教材、CSSCI及以上级别论文1篇	省级及以上教学、教科研、微课、慕课、多媒体课件获奖（省级前5位，国家级前7位）	主持申报国家级课题1次，通过学校形式审核	完成额定教学工作量和其中两项科研任务全额发放：34000—37600元

续表

职称	额定教学工作量（含教学工作量与横向课题经费）	纵向课题	论文、教材、著作（编著、译著、专著等）	获奖	项目申报	津贴发放标准（参考学校各职档比例）
正高3档	240学时/年 到账课题经费：24000元	主持省部级及以上课题1项	以第一作者身份在国家级一级出版社出版著作/省级以上规划教材、CSSCI及以上级别论文1篇	省级及以上教学、教科研、微课、慕课、多媒体课件获奖（省级前5位，国家级前7位）	主持申报国家级课题1次，通过学校形式审核	完成额定教学工作量和全部科研任务全额发放：37000—40600元

（五）评价方法由"主观"转向"量化"

以N高校早期的评价制度为例，教师职称晋升、任职均建立在"关系"基础之上，"人情""关系"成为那一时期的评价标准，教师个人的成绩、能力则归属于次要因素。然而，改革后的教师评价方式呈现出"重数量""重物质奖励"的数字性特征。诚如克拉克·科尔所言，"现代大学已不是单一的社群，而是多个权力中心共同制衡的机构"①。作为知识生产活动的大学教师劳动，是多方利益参与者协作的结果。在此背景下，为保证知识生产的效率，一套极具操作性、规范化与理性化的定量评价体系应时而生。这套摆脱了"主观化""随意性""人情性"羁绊的评价方式同样体现在N高校的评价制度文本中。以职称晋升政策为例，从一级指标、二级指标到具体的考核点，均被赋予了不同的价值判断。例如，科研成果指标点明确标示了学术论文的评价标准："发表在Nature/Science上的论文，赋分1000分/篇；发表在中国科学/中国社会科学的论文，赋分300分/篇；SCI收录1区、2区、3区、4区分别为：200分、75分、60分、50分/篇；SSCI收录：50分/篇；EI/AHCI等收录期刊论文、《新华文摘》全文转载论文、《人大复印报刊资料》全文转载论文、CSSCI收录：40分/篇；中文核心期刊（北京大学出版社）：30分/篇；EI收录会议论文：20分/篇；以外文发表在国（境）外学术期刊：15分/篇；ISTP/ISSHP收录论文10分/篇；有刊号的其他刊物：3分/

---

① [美] Clark Kerr：《大学的功用》，陈学飞等译，江西教育出版社1993年版，第96页。

篇。"显然,评价制度通过一个尺度将教师的知识生产得以"客观化"。由此,它不仅为教师的知识生产创设了评价标准,同时也为教师劳动的货币化提供了温床。在 N 高校教师评价制度的实际运行中,具有交换价值的"分数"又通过一定的分配机制和奖励机制,以科研奖励、绩效奖励、年终奖等形式回报给了教师个人,成为衡量教师个人能力的手段、待遇多少的标尺,为教师劳动提供了强大的竞争动力。

第三节 N 高校教师评价的实证研究

本研究主要采用 SPSS19.0 for Windows 对问卷调查数据进行统计分析,同时对访谈数据进行编码。在本节中,作者将对问卷调查与访谈调查的总体结果特征、不同维度的结果以及人口统计变量与教师评价各维度之间的差异性进行详细介绍。

一 N 高校教师评价的总体结果特征

教师评价问卷采用李克特式五点计分,从"非常不同意"到"非常同意"分别计 1—5 分。数据分析结果显示,教师评价的四个维度:职称晋升得分均值为 2.42 分、教学评价得分均值为 2.38 分、科研评价得分均值为 2.25 分、年度考核得分均值为 2.77 分。相比较,年度考核得分较高,科研评价得分较低。具体到二级指标,年度考核的合理性指标高于中等水平(均值>3),而职称晋升的合理性、职称晋升的适切性、职称晋升的有效性、教学评价的有效性、科研评价的有效性、年度考核的回应性、年度考核的合法性等指标则低于中等水平(见表 2 – 15)。

表 2 – 15　　教师评价的描述性统计结果 (n = 612)

一级维度	具体指标	均值	标准差
	职称晋升的合理性	2.39	1.21
职称晋升	职称晋升的适切性	2.27	1.11
	职称晋升的有效性	2.60	0.91

续表

一级维度	具体指标	均值	标准差
教学评价	教学评价的有效性	2.38	0.96
科研评价	科研评价的有效性	2.25	0.97
年度考核	年度考核的合理性	3.01	0.97
	年度考核的回应性	2.33	1.03
	年度考核的合法性	2.95	0.86

二 N高校教师评价的不同维度结果

在问卷调查总体结果特征的基础上,分别从职称晋升、教学评价、科研评价和年度考核等维度出发,对问卷与访谈调查结果进行分析。

（一）职称晋升

职称晋升这一维度主要包括三个指标:合理性、适切性和有效性。下面分别对这三个指标的描述性统计结果进行说明。

1. 合理性

职称晋升的合理性主要涉及教师对职称晋升合理性、科学性、标准规范性的认可或同意的程度。通过对具体项目的分析发现,在职称晋升的合理性上,约有一半的教师持"非常不同意"或"不同意"的态度。

项目	非常同意	同意	中立	不同意	非常不同意
贵校的晋升标准都非常明确、客观	4.9	19.8	27.9	12.3	35.1
贵校的职称晋升政策具有科学性	3.3	17.5	27.3	15.5	36.4
贵校的职称晋升政策合理	3.3	16.2	29.1	13.4	38.1

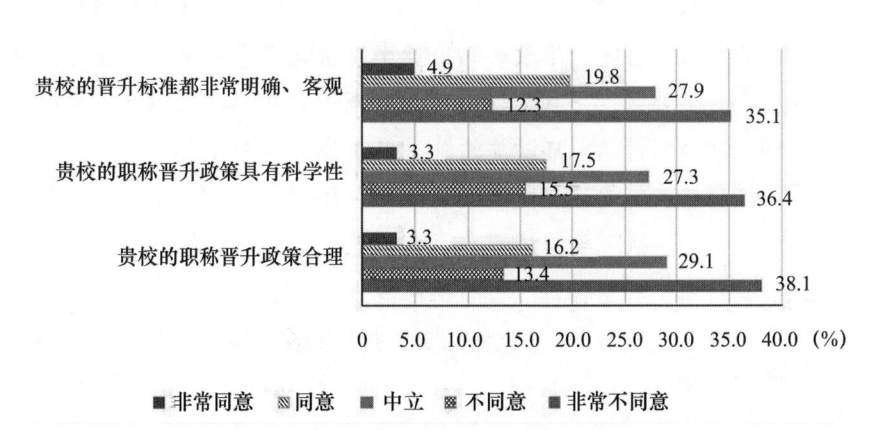

图2-1 职称晋升合理性的比例分布

调查结果表明,超过 1/3 的教师认为职称晋升政策在"标准的明确、客观"上持"非常不同意"的态度,如 38.1% 的教师在"职称晋升政策合理"上持"非常不同意"的态度,36.4% 的教师在"职称晋升政策具有科学性"上持"非常不同意"的态度,35.1% 的教师在"晋升标准明确、客观"上持"非常不同意"的态度;仅有 19.5%—24.7% 的教师在"职称晋升政策合理"上持"非常同意"和"同意"的态度。

进一步讲,被试者认为职称晋升政策并不合理,缺乏明确、客观的晋升标准和科学性。数据显示,对"晋升标准的明确性、客观性"的分析结果是,"同意"和"非常同意"的比例之和是 24.7%;对"晋升政策的科学性"的分析结果是,"同意"和"非常同意"的比例之和是 20.8%;对"晋升政策的合理性"的分析结果是,"同意"和"非常同意"的比例之和是 19.5%。

在访谈调查中,受访教师也普遍认为,改革之后的职称晋升政策缺乏合理性。

> 评聘结合的评价制度我还是头一次听说,本来明年我就有机会参加评高级职称,现在要求 4 年一个聘期,我要等 4 年之后才有机会再去申报,4 年啊,这不耽误我评职称了吗!(2C-B-B-B-B-M-J)
>
> 我觉得吧,学校想激励我们多出科研成果是好事,但是你总要设立个目标吧!什么目标也没有,大家一起在起跑线出发,目的地在哪儿?请问,我们可以加油跑,但我们得跑到什么程度才能在下一聘期保住我们的现有岗位?(1E-C-B-B-A-F-J)
>
> 我绝对不认可学校的职称评审政策。我干得好好的副教授,干嘛让我重新参加竞聘啊?我的副教授也是评上的,我也是靠我的成果评上的,凭什么不继续保留我的副教授资格,重新参加竞聘?(1G-B-C-C-A-F-J)

2. 适切性

职称晋升的适切性主要涉及职称晋升过程中是否考虑不同学科、年龄和岗位的差异性。通过对具体项目分析，在职称晋升的适切性上，约有 2/3 的教师对此持"非常不同意"和"不同意"的态度。

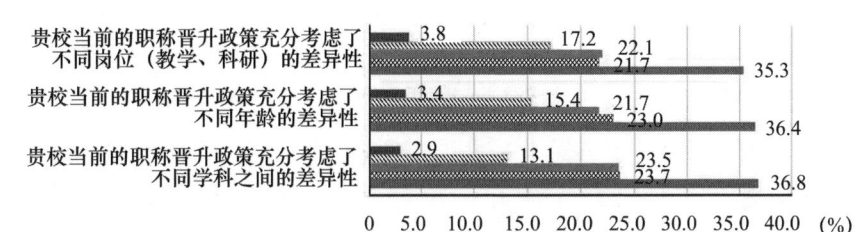

项目	非常同意	同意	中立	不同意	非常不同意
贵校当前的职称晋升政策充分考虑了不同岗位（教学、科研）的差异性	3.8	17.2	22.1	21.7	35.3
贵校当前的职称晋升政策充分考虑了不同年龄的差异性	3.4	15.4	21.7	23.0	36.4
贵校当前的职称晋升政策充分考虑了不同学科之间的差异性	2.9	13.1	23.5	23.7	36.8

图 2-2 职称晋升适切性的比例分布

调查结果显示，在"当前的职称晋升政策充分考虑了不同学科之间的差异性"方面，约有 60.5% 的教师持不同意的态度，约有 23.5% 的教师持中立态度，仅有 16.0% 的教师持同意态度；在"当前的职称晋升政策充分考虑了不同年龄的差异性"方面，约有 59.5% 的教师持不同意的态度，约有 21.7% 的教师持中立态度，仅有 18.8% 的教师持同意态度；在"当前的职称晋升政策充分考虑了不同岗位（教学、科研）的差异性"方面，约有 57.0% 的教师持不同意的态度，约有 22.1% 的教师持中立态度，仅有 21.0% 的教师持同意态度。

据此可以发现，被试者并不认可当前晋升政策的适切性，大部分被试教师认为当前的职称晋升政策并未考虑到不同岗位、年龄和学科等因素的差异性。数据显示，对"晋升政策考虑了不同岗位的差异性"的分析结果是，"同意"和"非常同意"的比例之和是 21.0%；对"晋升政策考虑了年龄的差异性"的分析结果是，"同意"和"非常同意"的比例之和是 18.8%；对"晋升政策考虑了不同学科之间的差异性"的分析结果是，"同意"和"非常同意"的比例之和是 16.0%。这在访谈调查中进一步得到了验证。

这个政策一出台，给我的最大感触就是，一个应用型本科高校的主要任务是教学啊，为什么你的评价机制要侧重科研呢？而且占了这么大

比例。并不是所有老师都擅长科研啊！(2E-D-B-A-A-F-J)

我觉得这个政策是不合理的，为什么说它不合理呢？你看，我今年55岁了，学校还让我在聘期内完成那么多的成果。女性到了50多岁哪还有精力去完成啊，若完成不了我干了一辈子老师，退休前又给我降成讲师了，哪有这种事啊?!(2B-B-D-D-A-F-J)

综合评价办法一点也不合理，拿一个统一的框框来约束所有人。不要忘记每个人的所在学科是不同的啊，我们人文社科和理工科的评价标准应该是不同的啊，为什么没有区分？我们跟他们站在同一起跑线上，还没出发就输了。(1E-C-B-B-A-F-J)

3. 有效性

职称晋升的有效性主要涉及职称晋升评价方式和过程中的有效性，即调查教师对职称晋升评价方式的认可程度。通过对具体项目的分析，在职称晋升的有效性上，约有一半的教师对教学工作、科研工作和其他工作的评价方式持不认可的态度；约有一半的教师认为职称晋升造成了同事之间的紧张关系。

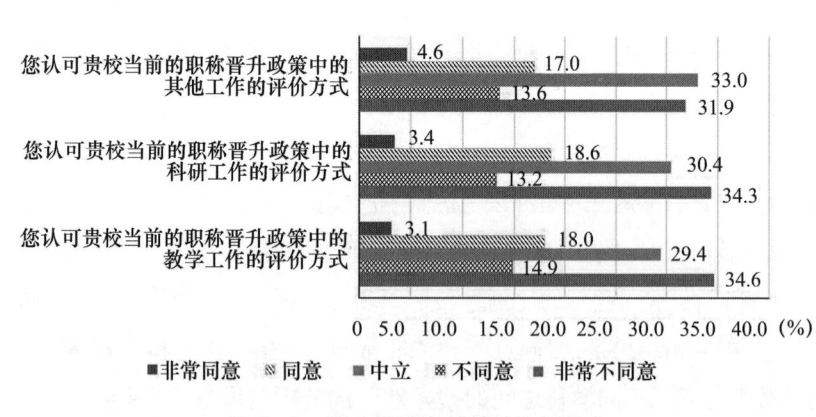

项目	非常同意	同意	中立	不同意	非常不同意
您认可贵校当前的职称晋升政策中的其他工作的评价方式	4.6	17.0	33.0	13.6	31.9
您认可贵校当前的职称晋升政策中的科研工作的评价方式	3.4	18.6	30.4	13.2	34.3
您认可贵校当前的职称晋升政策中的教学工作的评价方式	3.1	18.0	29.4	14.9	34.6

图2-3 职称晋升有效性的比例分布

调查结果显示，在职称晋升中的教学工作、科研工作和其他工作的评价方式方面，分别约有49.5%、47.5%和45.5%的教师持不认可、不同意的态度，约有21.1%、22.0%、21.6%的教师持认可、同意的态度；在"当前职称晋升政策造成同事之间的紧张关系"方面，约有56.1%的教师持同意态度，仅有19.8%的教师认为并没有造成紧张关系；此外，39.7%的教师会根据"职称晋升的具体条件确定工作优先顺序和重点"，但也有11.9%的教师并不会根据职称晋升的具体条件进行工作安排。

由此，被试者并不认可职称晋升的有效性。在访谈中，受访者就职称晋升的评价方式及效果发表了看法。

> 我不同意职称晋升政策中的完全量化，这不成了与农村集体经济组织实行的"工分制"一样了吗？根据我们所赚的工分来衡量是否具备晋升资格，太没有科学道理了。(1K – A – D – D – B – F – G3)

> 现在的职称晋升评价体系是对教师的"全方位"的评价体系，这就要求你得是全才、全能，只有某一方面分数高还是不能排在前面。这样一来，所有老师都得以"全能型"为目标，教学得有东西，科研也得有成果，学生工作还要有建树……得有教材、专著、高水平论文、学生获奖、荣誉称号、评教率等等都成为评价你的标准了。这年头当个老师怎么这么不容易啊！(3G – C – B – A – A – M – J)

> 这个评价政策中我最不认可的一点就是，它根本不是"目标考核"。也就是说，它并没有给我们设定目标，比如，教授要达到什么目标、完成哪些任务，副教授要达到什么目标、完成什么任务，等等，完全没有目标啊。这就好比让大家一起出发跑步，跑多少米、终点在哪，概不知道。请问老师们得有多大的劲头一直跑下去！(3F – A – C – C – A – M – J)

> 我们学院某教研室的老师之前关系都不错，自从出台了这个政策，老师之间突然变得不坦诚了。平时报什么项目课题也是遮遮掩掩。尤其是一块竞争教授、副教授的老师，关系更是"惨淡"，有的甚至相互为敌了。(3H – A – D – C – A – M – G4)

为了晋升高一级的职称，很多老师仔细研究了评价体系的赋分标准，什么分数多就搞什么成果，对教学上心很少，都关注到分数比例大的科研上了。(3H – A – E – D – A – M – J)

（二）教学评价
· 有效性

教学评价的有效性主要涉及评价标准的合理性、评价工作对教学和教师团体与个体带来的影响等方面。通过对具体项目进行分析，在"评价标准的合理性"上，约有一半的教师认为当前标准欠合理；在"教学评价对教学工作的影响"上，约有1/4的教师认为教学评价促进了教学工作；在"教学评价对教师团体的影响"上，约有一半的教师并不认同教学评价能促进教师的团结；在"教学评价对教师个体的影响"上，约有2/3的教师认为教学评价给教师带来了一定的负担和压力。

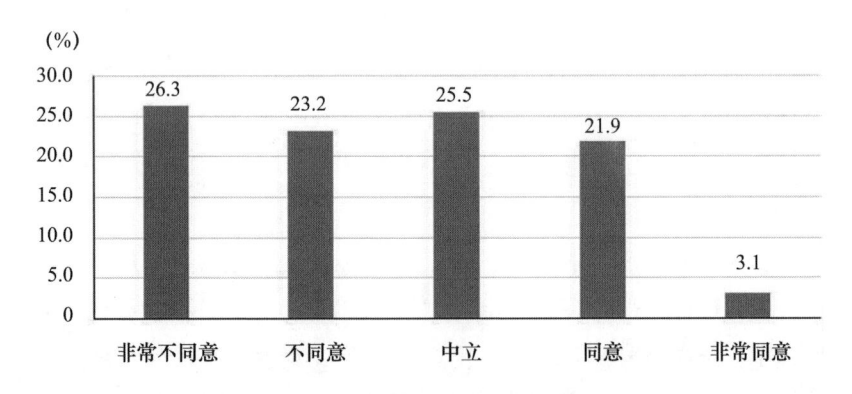

态度	非常不同意	不同意	中立	同意	非常同意
百分比(%)	26.3	23.2	25.5	21.9	3.1

图 2 – 4 教学评价标准的合理性

调查结果显示，在教学评价标准方面，3.1%的教师"非常同意"学校教师教学评价标准比较合理，21.9%的教师持"同意"态度，25.5%的教师持"中立"态度，23.2%的教师持"不同意"的态度，26.3%的教师持"非常不同意"的态度。在教学评价对教学工作的影响上，约有24.9%的教师同意"对教师的教学评价促进了教学工作"，有

22.7%的教师持中立态度，52.5%的教师不同意对教学工作的促进作用。在教学评价对教师团体的影响上，教师对"教学评价促进了教师们的团结"的态度上，53.4%的教师持不同意的态度，28.8%的教师持中立态度，27.8%的教师持同意态度。在教学评价对教师个体的影响上，分别约有64.0%和59.1%的教师认为教学评价政策给教师造成了较大压力，使教师不得不迫于压力从事超负荷教学。

作者在就"教学评价"进行访谈时，受访者中除管理人员外，均对"有效性"提出质疑。

当前对老师们的教学评价，包括学生评价、同行评价和督导评价。看起来是合理的，但在实际操作中并不是这样。首先，学生评价的方式就是不合理的。老师给学生辛辛苦苦上了一学期的课，可能就因为你没给某几个学生及格让自己的评教分数一落千丈。学生对任课老师的恶意评价是不可避免的。再就是，同行评价的分数是从何而来的。据我所知，我所在的学院赋予老师们的同行评教分数是把按照评教率的排名依次赋分，这样的结果怎能让人信服呢！最后说说这个督导评价。我是从事大学英语教学的，但是据我所知，我们学校的督导中只有2位来自英语专业，谁能保证一定是他们给我打的分数。反过来说，别的督导给我打的分数能让人信服吗？(1E－C－B－B－A－F－J)

我发现，我的学生评教率时高时低，比如，给专业的小班学生授课评教率就高，给合堂班或公共课的大班授课评教率就偏低。其他老师也有同感。这样一来，老师们在排课时候，如果有可能，都会争相去抢专业课，而不乐意去上合堂班或公共课的大课。我们教研室就有两位老师，因为争抢授课课程而吵架，都闹到院长那里了。(3G－C－B－A－A－M－J)

我所在学院的政策规定，每位老师的年均工作必须达到360个学时，学院才会给老师们发放教学津贴。一年360个学时啊，每周基本天天都有课，上课上得筋疲力尽，哪有时间去搞科研啊！可是，

```
职称晋升压力使您不得不从事超负荷教学    34.8
                                    24.3
                                    22.9
                                    15.5
                                    2.5

您认为贵校教学评价政策对教师造成了       37.7
              较大压力                 26.3
                                    22.4
                                    10.9
                                    2.6

       0  5.0 10.0 15.0 20.0 25.0 30.0 35.0 40.0 (%)
```

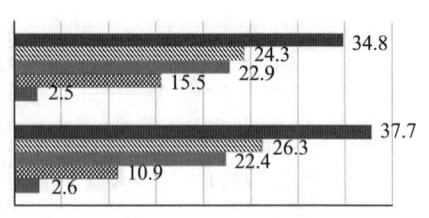

■非常同意 ▨同意 ■中立 ▨不同意 ■非常不同意

图 2-5　教师评价政策对教师个体的影响

如果达不到360个学时，我们是没有津贴的。我们也要养家糊口啊！(2E-D-B-A-A-F-J)

我们学校是教学型的高校，教学工作量大可以理解。可是，学校评价老师的时候、晋升职称的时候怎么就不重视教学了呢？让我们上了超负荷的课，但反映在评价政策、体系、指标上，教学工作量只占"教学工作评价指标"的25.0%。而难以实现的教学成果奖、精品课程等教学成果则占到了"教学工作评价指标"的32.0%。这样的评价体系真的让我们一线教师喘不过气来！(2C-B-B-B-B-M-J)

（三）科研评价

· 有效性

科研评价的有效性主要涉及评价标准的合理性、评价工作对科研和教师团体与个体带来的影响等方面。通过对具体项目进行分析，在评价标准的合理性上，约有一半的教师认为当前标准欠合理；在科研评价对科研工作的影响上，约有1/3的教师认为科研评价促进了科研工作；在科研评价对教师团体的影响上，约有一半的教师并不认同科研评价能促进教师的团结；在科研评价对教师个体的影响上，约有3/4的教师认为科研评价给教师带来了一定的负担和压力。

调查结果显示，在科研评价标准方面，3.1%的教师"非常同意"学校教师科研评价标准比较合理，19.6%的教师持"同意"态度，

第二章 应用型本科高校教师评价的个案考察

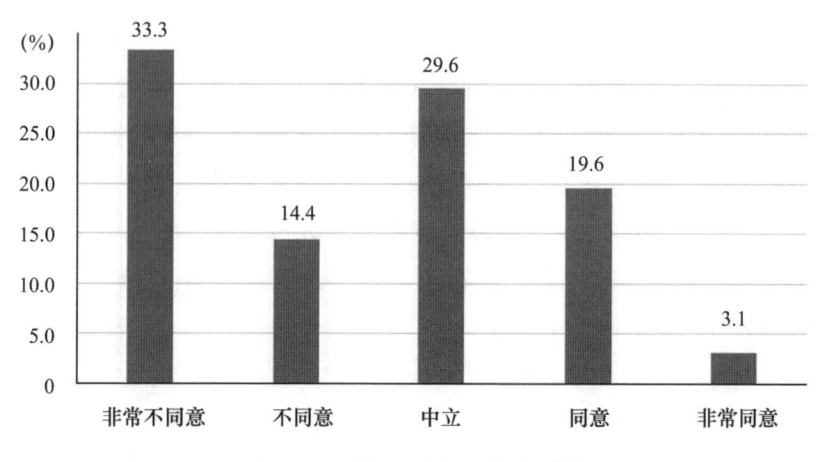

```
(%)
33.3  14.4  29.6  19.6  3.1
非常不同意  不同意  中立  同意  非常同意
```

图 2-6 科研评价标准的合理性

29.6%的教师保持"中立"态度，14.4%的教师持"不同意"的态度，33.3%的教师持"非常不同意"的态度。在科研评价对科研工作的影响上，约有31.4%的教师同意"对教师的科研评价促进了科研工作"，有22.9%的教师持中立态度，45.8%的教师不同意对科研工作的促进作用。在科研评价对教师团体的影响上，教师对"科研评价促进了教师们的团结"的态度上，55.6%的教师持不同意的态度，28.3%的教师持中立态度，16.1%的教师持同意态度。在科研评价对教师个体的影响上，分别约有72.4%和73.0%的教师认为科研评价政策给教师造成了较大压力，使教师不得不迫于压力从事科研。

访谈调查结果表明，受访者对科研评价的满意度低于对教学评价的满意度，认为当前的科研评价政策对教师造成了较大压力。

> 现在的科研评价体系与之前相比有太多不同了，它在对所有科研成果都进行了量化的同时，过分强调数量了，这样一来，"重数量轻质量"成为一大趋势，科研评价标准不合理。(3L-A-C-C-E-F-G2)
> 先不说量化的评价方式，就看科研成果赋分表吧，全都是清一色的高级期刊、高端化的出版社，这些标准都是如何出台的，我们一概不知。(3K-D-A-A-A-F-J)

咱们学校是应用型本科高校,那你对老师的科研要求是不是也得偏应用啊?为什么现在的科研评价都是偏重理论而忽视应用呢?评价政策、评价标准都与学校的定位不一致,这能称之为一个科学合理的评价政策吗?(2H-A-D-D-A-M-G3)

真不明白这些成果的赋分分值是怎么出来的,用几个人拍脑袋想出来的东西来考核和评价老师吗?这些成果等级的分类不公正。(3G-B-B-C-A-F-J)

我觉得咱们的科研评价政策给每一个人都上了紧箍咒。如果你想晋升高一级职称,你就得按照这个标准来,还得要求高水平成果。一边是超额的教学工作量,一边是高要求的科研评价标准,我们不是神仙!这让我们何去何从!(1G-B-C-C-A-F-J)

(四)年度考核

据前文可知,N 高校将年度考核工作分解到各二级学院,年度考核政策条文的制定、年度考核的具体实施等均由各二级学院负责组织和实施。"年度考核"这一维度主要包括三个指标:制定过程的合理性、回应性和合法性。下面分别对这三个指标的描述性统计结果进行说明。

1. 合理性

合理性主要涉及二级学院在制定年度考核政策时能充分考虑教师利益、体现民主性和合理性。通过对项目的具体分析,约有 2/5 的教师对政策制定过程的合理性持同意态度,认为二级学院对教师年度考核政策的制定过程较为合理。

调查结果显示,在"学院在年度考核决策时能考虑教师的切身利益"上,36.6% 的教师持同意态度,22.4% 的教师持中立态度,41.0% 的教师持不同意态度;在"学院不断调整年度考核评价政策,让评价政策向更合理方向发展"上,40.0% 的教师持同意态度,41.7% 的教师持中立态度,18.3% 的教师持不同意的态度。在"院领导能够积极和教职员工沟通"上,39.0% 的教师持同意态度,22.4% 的教师持中立态度,38.6% 的教师持不同意态度。

第二章 应用型本科高校教师评价的个案考察

院领导能够积极和教职员工沟通 7.0 14.7 22.4 32.0
学院不断调整年终考核评价政策，让评价政策向更合理方向发展 5.7 23.9 34.3 41.7
  3.8
学院在年终考核决策时能够考虑教师的切身利益 5.1 14.5 22.4 31.5 36.8
  4.2

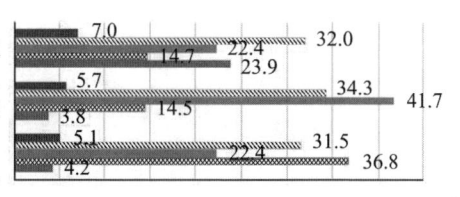

0 5.0 10.0 15.0 20.0 25.0 30.0 35.0 40.0 45.0 (%)

■非常同意　▨同意　▥中立　▦不同意　▩非常不同意

图 2-7　年度考核合理性

数据显示，被试者对年度考核合理性的认可度远远高于其对职称晋升合理性的认可度。这从一定程度上说明，各二级学院在制定年度考核政策的过程中，能够做到与教师积极沟通，能够基于教师利益对政策予以改进，不断促进其合理化。但作者在访谈过程中，部分受访者也提出了当前年度考核政策制定过程中存在的问题。

> 我们学院属于文科学院，在应用型本科高校里比较稀罕，也属于弱势学科。据我所知，二级学院年度考核政策的制定是对标学校对各二级学院的考核指标来制定的。也就是说，我们学院年度考核政策既要遵守学校绩效考核目标，又要尽量照顾到每一位老师的利益，制定这个政策难以做到让每位老师满意。(3L-A-C-C-B-F-G2)

> 学校对二级学院的考核相当严格，学校会根据学院的各项工作予以打分、排名，并以此来决定学院一学年来工作的有效性，来决定学院领导的奖金，来决定学院每位教师的奖金。作为学院行政负责人，我十分重视这项工作。在政策制定出台前前后后，与学院老师们进行过多轮沟通，多方多渠道收集与反馈各种意见，最后召开全院教师大会投票才予以通过。整个过程还是很民主的。(3H-A-D-C-A-M-G4)

> 在制定具体条文时，能感受到学院领导对我们一线教师利益的照顾。可是，有一个问题，学校对二级学院的考核要求过于苛刻，以至于学院是在遵循学校考核要求的前提下，再来考虑我们的利益，我们

的利益诉求就所剩无几了，只能跟着学校的指挥棒走了。(3A – D – B – A – B – M – J)

2. 回应性

回应性主要涉及教师对从事教学和科研工作的目的性及其给教师带来的影响。通过对项目的具体分析，约有一半的教师从事教学和科研主要基于物质性目的；超过 2/3 的教师迫于压力从事教学和科研工作。

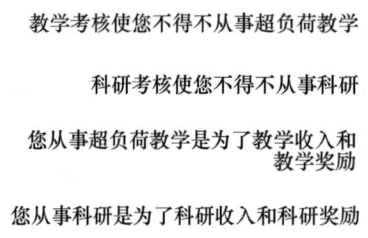

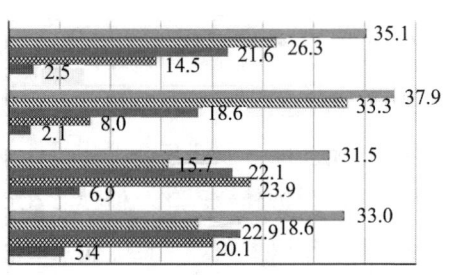

```
教学考核使您不得不从事超负荷教学      2.5  14.5  21.6  26.3      35.1
科研考核使您不得不从事科研            2.1  8.0   18.6        33.3  37.9
您从事超负荷教学是为了教学收入和
            教学奖励                6.9  15.7  22.1  23.9   31.5
您从事科研是为了科研收入和科研奖励    5.4  20.1  22.9  18.6        33.0
                                0   5.0  10.0 15.0 20.0 25.0 30.0 35.0 40.0 (%)
            ■非常同意  ▨同意  ■中立  ▨不同意  ■非常不同意
```

图 2-8　年度考核回应性

调查结果显示，在从事科研和教学工作的目的性方面，约有 51.6% 的教师"从事科研是为了科研收入和科研奖励"，22.9% 的教师持中立态度，25.5% 的教师持不同意态度；约有 47.2% 的教师"从事超负荷教学是为了教学收入和教学奖励"，22.1% 的教师持中立态度，30.8% 的教师持不同意态度。在科研和教学压力方面，71.2% 的教师认为"科研考核使其不得不从事科研"，18.6% 的教师持中立态度，10.1% 的教师持不同意态度；61.4% 的教师同意"教学考核使其不得不从事超负荷教学"，21.6% 的教师持中立态度，17.0% 的教师持不同意态度。

在访谈中，作者也能亲身感受到，教师正在面对科研与教学带给他们的极大压力。

学院制定的年度考核政策中，教学任务和科研任务是大头。学院为不同职称的老师列出标准，老师们只有达到这个标准之后才能有权利得到平时教学工作应得的津贴，才能有权利参加最终的年终分配。之前有老师不在乎这些，我达不到你的标准，我不要奖金就是了，结果还出现了往学院倒贴钱的事。所以，现在的情况是，为了完成任务而完成任务，我们也要生活啊！(1B－B－B－B－B－M－J)

考核政策里给我们规定的科研任务越来越多，办法一年修订一次，每修订一次就增加不少科研任务，原来的科研任务可以自选。也就是说，你可以完成这个，也可以不完成，至少能保证拿到基本教学津贴。现在是，你必须完成某几项规定的科研任务，否则取消你参与年度考核的资格。(1E－C－B－B－A－F－J)

各个二级学院的年度考核政策里有一项共同的考核要求，那就是每位老师每年度都要完成一定的横向课题经费任务，而且这是必备条件。换句话说，你只有完成了基本教学工作量和横向课题经费任务，才可以有资格获得最低额度的奖金。据我们领导说，是学校将年度科研经费指标任务分解给了各个二级学院，二级学院又来要求我们。现在老师真是不好当啊！(2H－C－B－B－A－M－J)

按理说，我们是应用型本科高校，是注重教学的高校，为什么不把考核重心放在教学工作考核上，反而在科研上给我们增加这么多负担。天天喊着教学是重点，到头来还是要完成科研任务。(2E－D－B－A－A－F－J)

3. 合法性

合法性主要涉及年度考核中对教学、科研等工作量的制定及其公平公正性。通过对具体项目的分析，在年度考核中工作量的规定方面，约有1/3的教师持认可和接受的态度；在考核的公平公正性方面，约有1/3的教师持同意态度。

调查结果显示，在年度考核中工作量的规定方面，39.1%的教师能接受年度考核中规定的教学工作量，有20.0%的教师持不同意、不接受

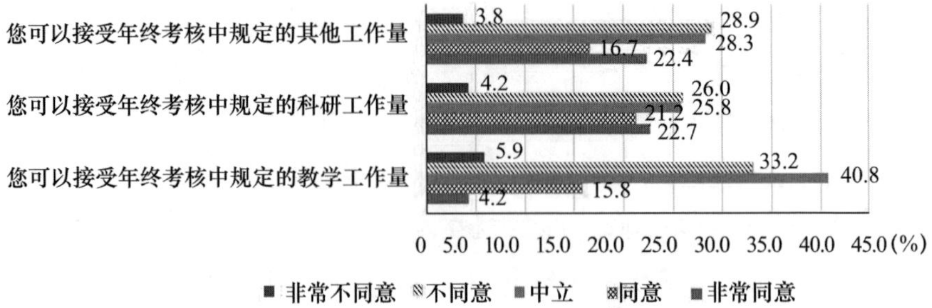

您可以接受年终考核中规定的其他工作量: 3.8, 28.9, 16.7, 22.4, 28.3

您可以接受年终考核中规定的科研工作量: 4.2, 26.0, 21.2, 25.8, 22.7

您可以接受年终考核中规定的教学工作量: 5.9, 33.2, 40.8, 4.2, 15.8

■ 非常不同意　▨ 不同意　■ 中立　▨ 同意　■ 非常同意

图 2-9　年度考核合法性

的态度；30.2% 的教师能接受年度考核中规定的科研工作量，有 43.9% 的教师持不同意、不接受的态度；32.7% 的教师能接受年度考核中规定的其他工作量，有 39.1% 的教师持不同意、不接受的态度。在年度考核中对学生评教的规定，35.3% 的教师能够接受、认可，21.7% 的教师持不同意、不接受的态度。

进一步说，有 64.1% 的教师对年度考核工作量规定的公平性与合理性不予认可，有 60.8% 的教师认为年度考核中规定的其他工作量欠合理。从这种意义上说，虽方法措施层层有，但教师对政策的整体满意度较低，政策的执行效果不太让人满意。

> 就在最近一次修订年度考核办法时，我们学院的好多老师都提出能否降低年度教学工作量。每年 360 个学时的教学任务太重了。老师们忙着天天备课、上课、指导学生论文、辅导学生竞赛，哪里还有足够的时间来满足科研任务要求。家里上有老下有小，忙完上课忙家庭。只有降低教学工作量，我们才会有更充足的时间来搞科研啊。可是学院领导说了，教学工作量规定的少了，会有更多人不愿意上课，造成排课难，因此根本不理会我们的诉求。(1E-C-B-B-A-F-J)
>
> 当前中国的大环境就是这样，国家考核学校，学校考核学院，学院再对教师层层考核。尤其是在科研上面的硬杠杠！科研上没有大成果和高水平项目，就难以完成年度考核工作量要求，更难以达

到职称晋升标准。(1K－A－D－D－B－F－G3)

年度考核办法里除了对教学、科研工作量有要求外,还有对学科、专业、课程建设及教学质量的考核、学生指导和日常管理的考核。作为一名高校老师,不仅要完成这些超负荷的教学、科研任务,还要完成一些额外的工作才能达标。年度考核每年一次,老师们就得用尽力气、变着花样地使出十八般武艺,着实有些吃不消。(3L－A－C－C－B－F－G2)

三 背景变量差异性分析

本研究包括 9 个背景变量,分别为:性别、年龄、教龄、学科、学历、职称、毕业院校、工作重心、工作兴趣。通过独立样本 T 检验和方差分析等分析背景变量和教师评价各维度之间的差异性。下面分别对性别、年龄、教龄、学科、学历、职称、毕业院校、工作重心、工作兴趣与教师评价各维度之间的差异性予以说明。

(一) 性别

1. 教师评价一级维度的差异性

本研究通过独立样本 T 检验对教师性别在职称晋升、教学评价、科研评价、年度考核等一级维度上差异性进行检验。根据 T 检验结果显示,职称晋升（$P=0.959$）、教学评价（$P=0.11$）、科研评价（$P=0.85$）和年度考核（$P=0.296$）在性别上均没有显著差异（$P>0.05$）。这表明性别对教师评价的影响不显著,男教师和女教师对学校教师评价的政策规定、实施过程具有相对一致的感知和态度（见表 2－16）。

表 2－16　**教师评价各维度在性别上的独立样本 T 检验结果**

指标	性别	频数	均值	标准差	T 值	显著性
职称晋升	男	291	2.56	0.82	0.051	0.959
	女	321	2.55	0.72		
教学评价	男	291	2.31	0.98	－1.62	0.11
	女	321	2.44	0.94		

续表

指标	性别	频数	均值	标准差	T值	显著性
科研评价	男	291	2.26	1.04	0.18	0.85
	女	321	2.25	0.91		
年度考核	男	291	2.74	0.82	-1.05	0.296
	女	321	2.80	0.74		

注：*** $P<0.001$，** $P<0.01$，* $P<0.05$。

2. 教师评价二级指标的差异性

具体而言，通过独立样本T检验对教师性别在教师评价二级指标上的差异性进行检验。根据T检验结果显示，教师评价的各指标在性别上并没有显著差异（$P>0.05$）。这表明性别对教师评价各指标之间的影响不显著（见表2-17）。

表2-17　教师评价各指标在性别上的独立样本T检验结果

维度	指标	性别	频数	均值	标准差	T值	显著性
职称晋升	合理性	男	291	2.35	1.26	-0.65	0.52
		女	321	2.42	1.17		
	适切性	男	291	2.33	1.20	1.30	0.19
		女	321	2.21	1.02		
	有效性	男	291	2.53	0.95	-1.67	0.09
		女	321	2.66	0.86		
年度考核	合理性	男	291	2.98	1.00	-0.83	0.41
		女	321	3.04	0.94		
	回应性	男	291	2.28	1.08	-0.98	0.32
		女	321	3.37	0.98		
	合法性	男	291	2.92	0.89	-0.75	0.45
		女	321	2.98	0.82		

注：*** $P<0.001$，** $P<0.01$，* $P<0.05$。

(二）年龄
1. 教师评价一级维度的差异性

本研究通过方差分析对职称晋升、教学评价、科研评价、年度考核的年龄差异进行检验。方差分析结果显示，职称晋升、教学评价、科研评价和年度考核在年龄上均存在显著差异（P<0.05），这说明不同年龄段的教师在教师评价上存在不同的感知和态度倾向性（见表2-18）。

表2-18　　教师评价各维度在年龄上的方差分析结果

		平方和	自由度	F值	显著性
职称晋升	组间	31.093	4.00	14.316	0.000***
	组内	328.515	605.00		
教学评价	组间	53.12	4.00	15.83	0.000***
	组内	507.42	605.00		
科研评价	组间	54.46	4.00	15.71	0.000***
	组内	524.33	605.00		
年度考核	组间	32.208	4.00	14.358	0.000***
	组内	339.286	605.00		

注：*** $P<0.001$，** $P<0.01$，* $P<0.05$。

具体而言，通过 Bonferrooni 对不同年龄段教师在职称晋升、教学评价、科研评价、年度考核的事后多重比较发现，在职称晋升维度上，"30岁及以下"与"51—60岁""61岁及以上"之间，"31—40岁"与"41—50岁""51—60岁""61岁及以上"之间，"41—50岁"与"51—60岁""61岁及以上"之间均存在显著差异；在教学评价维度上，"30岁及以下"与"41—50岁""51—60岁""61岁及以上"之间，"31—40岁"与"41—50岁""51—60岁""61岁及以上"之间，"41—50岁"与"61岁及以上"之间存在显著差异；在科研评价维度上，"30岁及以下"与"51—60岁""61岁及以上"之间，"31—40岁"与"41—50岁""51—60岁""61岁及以上"之间，"41—50岁"与"61岁及以上"之间存在显著差异；在年度考核维度上，"30岁及以下"

与"51—60 岁""61 岁及以上"之间,"31—40 岁"与"41—50 岁""51—60 岁""61 岁及以上"之间,"41—50 岁"与"51—60 岁""61 岁及以上"之间均存在显著差异(见表 2-19)。

表 2-19　　教师评价各指标在年龄上的多重分析结果

		均值	事后检验的显著性				
			30 岁及以下	31—40 岁	41—50 岁	51—60 岁	61 岁及以上
职称晋升	30 岁及以下	2.68		1.000	1.000	0.002**	0.000***
	31—40 岁	2.76	1.000		0.005**	0.000***	0.000***
	41—50 岁	2.52	1.000	0.005**		0.018*	0.002**
	51—60 岁	2.23	0.002**	0.000***	0.018*		0.625
	61 岁及以上	1.92	0.000***	0.000***	0.002**	0.625	
教学评价	30 岁及以下	2.7424		1.000	0.009**	0.000***	0.000***
	31—40 岁	2.6248	1.000		0.002**	0.000***	0.000***
	41—50 岁	2.2897	0.009**	0.002**		0.053	0.007**
	51—60 岁	1.9758	0.000***	0.000***	0.053		0.768
	61 岁及以上	1.6000	0.000***	0.000***	0.007**	0.768	
科研评价	30 岁及以下	2.5559		1.000	0.051	0.000***	0.000***
	31—40 岁	2.5115	1.000		0.002**	0.000***	0.000***
	41—50 岁	2.1685	0.051	0.002**		0.108	0.001**
	51—60 岁	1.8768	0.000***	0.000***	0.108		0.161
	61 岁及以上	1.3565	0.000***	0.000***	0.001**	0.161	
年度考核	30 岁及以下	2.90		1.000	1.000	0.002**	0.000***
	31—40 岁	2.98	1.000		0.021*	0.000***	0.000***
	41—50 岁	2.76	1.000	0.021*		0.007**	0.001**
	51—60 岁	2.44	0.002**	0.000***	0.007**		0.453
	61 岁及以上	2.09	0.000***	0.000***	0.001**	0.453	

注:*** $P<0.001$,** $P<0.01$,* $P<0.05$。

2. 教师评价二级指标的差异性

本研究通过方差分析对年龄和教师评价各指标之间的差异性进行检

验。方差分析结果显示,教师评价各指标均在年龄上存在显著差异（P<0.05），具体见表2-20。

表2-20　　教师评价各指标在年龄上的方差分析结果

		平方和	自由度	F值	显著性
职称晋升合理性	组间	93.59	4.00	17.72	0.000***
	组内	798.66	605.00		
职称晋升适切性	组间	61.84	4.00	13.47	0.000***
	组内	694.20	605.00		
职称晋升有效性	组间	61.06	4.00	20.85	0.000***
	组内	442.97	605.00		
教学评价有效性	组间	53.12	4.00	15.83	0.000***
	组内	507.42	605.00		
科研评价有效性	组间	54.46	4.00	15.71	0.000***
	组内	524.33	605.00		
年度考核合理性	组间	44.05	4.00	12.64	0.000***
	组内	527.20	605.00		
年度考核回应性	组间	40.38	4.00	10.07	0.000***
	组内	606.56	605.00		
年度考核合法性	组间	34.86	4.00	12.80	0.000***
	组内	411.81	605.00		

注：*** P<0.001，** P<0.01，* P<0.05。

通过Bonferrooni对教师年龄在教师评价各指标的事后多重比较发现，在职称晋升合理性指标上，"30岁及以下"和"31—40岁"分别与"41—50岁""51—60岁""61岁及以上"之间存在显著差异；在职称晋升适切性指标上，"30岁及以下"与"51—60岁""61岁及以上"之间存在显著差异；在职称晋升有效性指标上，"30岁及以下"与"51—60岁""61岁及以上"之间，"31—40岁"与"41—50岁""51—60岁""61岁及以上"之间，"41—50岁"与"51—60岁""61岁及以上"之间存在显著差异;在年度考核制定过程合理性指标上,"30 岁及以下"与"51—60 岁""61 岁及以上"之间,"31—40 岁"与"41—50 岁""51—60 岁""61 岁及以上"之间,"41—50 岁"与"51—60 岁""61 岁及以上"之间存在显著差异;在年度考核回应性指标上,"30 岁及以下"与"61 岁及以上"之间,"31—40 岁"与"51—60 岁""61 岁及以上"之间,"41—50 岁"与"51—60 岁""61 岁及以上"之间存在显著差异;在年度考核合法性指标上,"30 岁及以下"与"51—60 岁""61 岁及以上"之间,"31—40 岁"与"41—50 岁""51—60 岁""61 岁及以上"之间,"41—50 岁"与"51—60 岁""61 岁及以上"之间存在显著差异(见表 2 - 21)。

表 2 - 21　　　教师评价各指标在年龄上的多重分析结果

一级维度	二级指标	年龄	均值	事后检验的显著性				
				30 岁及以下	31—40 岁	41—50 岁	51—60 岁	61 岁及以上
职称晋升	合理性	30 岁及以下	2.8136		1.000	0.008**	0.000***	0.000***
		31—40 岁	2.7434	1.000		0.000***	0.000***	0.000***
		41—50 岁	2.2381	0.008**	0.000***		0.051	0.019*
		51—60 岁	1.8418	0.000***	0.000***	0.051		1.000
		61 岁及以上	1.4493	0.000***	0.000***	0.019*	1.000	
	适切性	30 岁及以下	2.5424		1.000	0.304	0.000***	0.000***
		31—40 岁	2.5487	1.000		0.008**	0.000***	0.000***
		41—50 岁	2.1987	0.304	0.008**		0.031*	0.007**
		51—60 岁	1.8081	0.000***	0.000***	0.031*		0.933
		61 岁及以上	1.3913	0.000***	0.000***	0.007**	0.933	
	有效性	30 岁及以下	2.9492		1.000	0.013*	0.000***	0.000***
		31—40 岁	2.8531	1.000		0.002**	0.000***	0.000***
		41—50 岁	2.5389	0.013*	0.002**		0.001**	0.001**
		51—60 岁	2.1152	0.000***	0.000***	0.001**		0.937
		61 岁及以上	1.7826	0.000***	0.000***	0.001**	0.937	

续表

一级维度	二级指标	年龄	均值	事后检验的显著性				
				30 岁及以下	31—40 岁	41—50 岁	51—60 岁	61 岁及以上
年度考核	合理性	30 岁及以下	3.2825		1.000	0.058	0.001 **	0.001 **
		31—40 岁	3.2655	1.000		0.001 **	0.000 ***	0.000 ***
		41—50 岁	2.8998	0.058	0.001 **		0.339	0.074
		51—60 岁	2.6566	0.001 **	0.000 ***	0.339		1.000
		61 岁及以上	2.3478	0.001 **	0.000 ***	0.074	1.000	
	回应性	30 岁及以下	2.2034		0.237	1.000	1.000	0.025 *
		31—40 岁	2.5354	0.237		1.000	0.001 **	0.000 ***
		41—50 岁	2.4027	1.000	1.000		0.009 **	0.000 ***
		51—60 岁	1.9924	1.000	0.001 **	0.009 **		0.125
		61 岁及以上	1.4565	0.025 *	0.000 ***	0.000 ***	0.125	
	合法性	30 岁及以下	3.2246		1.000	0.102	0.000 ***	0.000 ***
		31—40 岁	3.1416	1.000		0.038 *	0.000 ***	0.000 ***
		41—50 岁	2.9101	0.102	0.038 *		0.025 *	0.007 **
		51—60 岁	2.6035	0.000 ***	0.000 ***	0.025 *		1.000
		61 岁及以上	2.2935	0.000 ***	0.000 ***	0.007 **	1.000	

注：*** $P<0.001$，** $P<0.01$，* $P<0.05$。

（三）教龄

1. 教师评价一级维度的差异性

本研究通过方差分析对职称晋升、教学评价、科研评价、年度考核的教龄差异进行检验。方差分析结果显示，职称晋升、教学评价、科研评价、年度考核在教龄上均存在显著差异（$P<0.05$），这说明不同教龄的教师在教师评价上存在不同的感知和态度倾向性（见表 2-22）。

表 2-22　　**教师评价各指标在教龄上的方差分析结果**

		平方和	自由度	F 值	显著性
职称晋升	组间	16.393	3.00	9.676	0.000 ***
	组内	343.337	608.00		

续表

		平方和	自由度	F 值	显著性
教学评价	组间	34.95	3.00	13.473	0.000***
	组内	525.77	608.00		
科研评价	组间	42.77	3.00	16.170	0.000***
	组内	536.10	608.00		
年度考核	组间	13.224	3.00	7.468	0.000***
	组内	358.875	608.00		

注：*** $P<0.001$，** $P<0.01$，* $P<0.05$。

通过 Bonferrooni 对不同教龄教师在教师评价的事后多重比较发现，在职称晋升维度上，"5 年及以下"与"6—15 年""16—25 年""26 年及以上"之间存在显著差异；在教学评价维度上，"5 年及以下"与"6—15 年""16—25 年""26 年及以上"之间存在显著差异；在科研评价维度上，"5 年及以下"与"6—15 年""16—25 年""26 年及以上"之间，"6—15 年"与"16—25 年"之间存在显著差异；在年度考核维度上，"5 年及以下"与"6—15 年""16—25 年"之间存在显著差异（见表 2-23）。

表 2-23　教师评价各维度在教龄上的多重分析结果

		均值	事后检验的显著性			
			5 年及以下	6—15 年	16—25 年	26 年及以上
职称晋升	5 年及以下	2.87		0.000***	0.000***	0.000***
	6—15 年	2.53	0.000***		0.832	1.000
	16—25 年	2.42	0.000***	0.832		1.000
	26 年及以上	2.45	0.000***	1.000	1.000	
教学评价	5 年及以下	2.8242		0.000***	0.000***	0.001**
	6—15 年	2.3427	0.000***		0.179	1.000
	16—25 年	2.1373	0.000***	0.179		0.906
	26 年及以上	2.3136	0.001**	1.000	0.906	

续表

		均值	事后检验的显著性			
			5 年及以下	6—15 年	16—25 年	26 年及以上
科研评价	5 年及以下	2.7129		0.000***	0.000***	0.000***
	6—15 年	2.2650	0.000***		0.005**	1.000
	16—25 年	1.9434	0.000***	0.005**		0.403
	26 年及以上	2.1705	0.000***	1.000	0.403	
年度考核	5 年及以下	3.02		0.019*	0.000***	0.071
	6—15 年	2.78	0.019*		0.138	1.000
	16—25 年	2.60	0.000***	0.138		0.680
	26 年及以上	2.76	0.071	1.000	0.680	

注：*** $P<0.001$，** $P<0.01$，* $P<0.05$。

2. 教师评价二级指标的差异性

本研究通过方差分析对教龄和教师评价各指标之间的差异性进行检验。方差分析结果显示，除年度考核的回应性之外，教师评价其他各指标均在教龄上存在显著差异（$p<0.05$），具体见表 2-24。

表 2-24　　**教师评价各指标在教龄上的方差分析结果**

一级维度	二级指标		平方和	自由度	F 值	显著性
职称晋升	合理性	组间	68.58	3.00	16.872	0.000***
		组内	823.82	608.00		
	适切性	组间	32.22	3.00	9.019	0.000***
		组内	724.05	608.00		
	有效性	组间	39.41	3.00	17.189	0.000***
		组内	464.66	608.00		
年度考核	合理性	组间	27.38	3.00	10.201	0.000***
		组内	543.97	608.00		
	回应性	组间	7.38	3.00	2.334	0.073
		组内	641.428	608.00		
	合法性	组间	21.02	3.00	9.986	0.000***
		组内	426.56	608.00		

注：*** $P<0.001$，** $P<0.01$，* $P<0.05$。

通过 Bonferrooni 对教师工作教龄在教师评价各指标的事后多重比较发现，在职称晋升合理性指标上，"5 年及以下"与"6—15 年""16—25 年""26 年及以上"之间存在显著差异；在职称晋升适切性指标上，"5 年及以下"与"6—15 年""16—25 年""26 年及以上"之间存在显著差异；在职称晋升有效性指标上，"5 年及以下"与"6—15 年""16—25 年""26 年及以上"之间，"6—15 年"与"16—25 年"之间存在显著差异；在年度考核合理性指标上，"5 年及以下"与"6—15 年""16—25 年""26 年及以上"之间存在显著差异；在年度考核合法性指标上，"5 年及以下"与"6—15 年""16—25 年""26 年及以上"之间，"6—15 年"与"16—25 年"之间存在显著差异（见表 2-25）。

表 2-25　　教师评价各指标在教龄上的多重分析结果

一级维度	二级指标	教龄	均值	事后检验的显著性			
				5 年及以下	6—15 年	16—25 年	26 年及以上
职称晋升	合理性	5 年及以下	3.0269		0.000***	0.000***	0.000***
		6—15 年	2.3234	0.000***		0.416	1.000
		16—25 年	2.1084	0.000***	0.416		1.000
		26 年及以上	2.1742	0.000***	1.000	1.000	
	适切性	5 年及以下	2.7016		0.001**	0.000***	0.005**
		6—15 年	2.2222	0.001**		0.725	1.000
		16—25 年	2.0502	0.000***	0.725		1.000
		26 年及以上	2.1894	0.005**	1.000	1.000	
	有效性	5 年及以下	3.0645		0.000***	0.000***	0.000***
		6—15 年	2.5684	0.000***		0.050	1.000
		16—25 年	2.3337	0.000***	0.050		0.715
		26 年及以上	2.5136	0.000***	1.000	0.715	

续表

一级维度	二级指标	教龄	均值	事后检验的显著性			
				5年及以下	6—15年	16—25年	26年及以上
年度考核	合理性	5年及以下	3.4167		0.000***	0.000***	0.002**
		6—15年	2.9587	0.000***		0.917	1.000
		16—25年	2.8213	0.000***	0.917		1.000
		26年及以上	2.9470	0.002**	1.000	1.000	
	合法性	5年及以下	3.2621		0.018*	0.000***	0.001**
		6—15年	2.9850	0.018*		0.025*	0.746
		16—25年	2.7410	0.000***	0.025*		1.000
		26年及以上	2.8239	0.001**	0.746	1.000	

注：*** P＜0.001，** P＜0.01，* P＜0.05。

（四）学科

作者对教师所在学科进行重新编码，其中哲学、经济学、法学、教育学、文学、管理学和历史学重新编码为文科，理学、工学、农学、医学和军事学重新编码为理工科。通过独立样本T检验对教师评价各维度和指标在不同学科分类进行差异性检验。

1. 教师评价一级维度的差异性

本研究通过独立样本T检验对教师所在学科与职称晋升、教学评价、科研评价、年度考核的差异性进行检验。根据T检验结果显示，教师评价在学科上均有显著差异（$P<0.05$），具体见表2-26。

表2-26 **教师评价各维度在学科上的独立样本T检验结果**

指标	学科	频数	均值	标准差	T值	显著性
职称晋升	文科	360	2.41	0.75	-5.70	0.000***
	理工科	252	2.76	0.74		
教学评价	文科	360	2.23	0.97	-1.62	0.000***
	理工科	252	2.60	0.89		

续表

指标	学科	频数	均值	标准差	T值	显著性
科研评价	文科	360	2.07	0.97	-4.94	0.000***
	理工科	252	2.52	0.91		
年度考核	文科	360	2.64	0.81	-5.41	0.000***
	理工科	252	2.97	0.69		

注：*** P<0.001，** P<0.01，* P<0.05。

2. 教师评价二级指标的差异性

本研究通过独立样本T检验对教师所在学科与教师评价各指标的差异性进行检验。根据T检验结果显示，教师评价的各指标在学科类别上存在显著差异（P<0.05），说明文科教师和理工科教师在各指标上具有显著差异，文科教师得分均低于理工科教师（见表2-27）。

表2-27　教师评价各指标在学科上的独立样本T检验结果

指标		文理分科	频数	均值	标准差	T值	显著性
职称晋升	合理性	文科	360	2.21	1.21	-4.44	0.000***
		理工科	252	2.64	1.17		
	适切性	文科	360	2.04	1.07	-6.358	0.000***
		理工科	252	2.60	1.08		
职称晋升	有效性	文科	360	2.42	0.92	-6.05	0.000***
		理工科	252	2.85	0.83		
年度考核	合理性	文科	360	2.87	0.97	-5.88	0.000***
		理工科	252	3.21	0.93		
	回应性	文科	360	2.21	1.10	-4.39	0.000***
		理工科	252	2.50	0.90		
	合法性	文科	360	2.80	0.86	-5.63	0.000***
		理工科	252	3.18	0.79		

注：*** P<0.001，** P<0.01，* P<0.05。

（五）学历

1. 教师评价一级维度的差异性

本研究通过方差分析对职称晋升、教学评价、科研评价、年度考核在不同学历水平的差异性进行检验。方差分析结果显示，职称晋升在不同学历水平上不存在显著差异（P＞0.05）；教学评价、科研评价、年度考核在不同学历水平上存在显著差异（P＜0.05）。这说明不同学历的教师在职称晋升上具有较为一致的态度倾向，在教学评价、科研评价、年度考核上存在不同的倾向性（见表2-28）。

表2-28　　教师评价各维度在学历上的方差分析结果

		平方和	自由度	F值	显著性
职称晋升	组间	1.839	2.00	1.565	0.210
	组内	357.891	609.00		
教学评价	组间	10.53	2.00	5.828	0.003**
	组内	550.19	609.00		
科研评价	组间	5.98	2.00	3.177	0.042*
	组内	572.90	609.00		
年度考核	组间	8.648	2.00	7.245	0.000***
	组内	363.450	609.00		

注：*** P＜0.001，** P＜0.01，* P＜0.05。

通过Bonferrooni对不同学历水平教师在教学评价、科研评价、年度考核的事后多重比较发现，在教学评价指标上，"学士"与"博士"之间、"硕士"与"博士"之间存在显著差异；在科研评价指标上，不同学历之间不存在显著差异；在年度考核上，"学士"和"硕士"之间不存在显著差异，"学士""硕士"与"博士"之间存在显著差异（见表2-29）。

表2-29　　　　教师评价各指标在学历上的多重分析结果

		均值	事后检验的显著性		
			学士	硕士	博士
教学评价	学士	2.6294		0.850	0.040*
	硕士	2.4470	0.850		0.008**
	博士	2.1890	0.040*	0.008**	
科研评价	学士	2.5059		0.669	0.104
	硕士	2.2944	0.669		0.143
	博士	2.1220	0.104	0.143	
年度考核	学士	3.05		0.308	0.007**
	硕士	2.83	0.308		0.005**
	博士	2.61	0.007**	0.005**	

注：*** $P<0.001$，** $P<0.01$，* $P<0.05$。

2. 教师评价二级指标的差异性

具体而言，本研究通过方差分析对学历和教师评价各指标之间的差异性进行检验。方差分析结果显示，除职称晋升适切性、年度考核合法性之外，教师评价其他各指标均在学历上存在显著差异（$P<0.05$），具体见表2-30。

表2-30　　　　教师评价各指标在学历上的方差分析结果

一级维度			平方和	自由度	F值	显著性
职称晋升	合理性	组间	9.79	2.00	3.379	0.035*
		组内	882.61	609.00		
	适切性	组间	5.85	2.00	2.374	0.094
		组内	750.43	609.00		
	有效性	组间	6.70	2.00	4.099	0.017*
		组内	497.38	609.00		

续表

一级维度			平方和	自由度	F 值	显著性
年度考核	合理性	组间	21.23	2.00	11.753	0.000***
		组内	550.12	609.00		
	回应性	组间	13.060	2.00	6.255	0.002**
		组内	635.753	609.00		
	合法性	组间	2.68	2.00	1.837	0.160
		组内	444.89	609.00		

注：*** P＜0.001，** P＜0.01，* P＜0.05。

通过 Bonferrooni 对教师学历在教师评价各指标的事后多重比较发现，在职称晋升合理性指标上，不同学历之间不存在显著差异；在职称晋升有效性指标上，"博士"与"硕士"之间存在显著差异；在年度考核合理性指标上，"学士"与"博士"之间、"硕士"与"博士"之间存在显著差异；在年度考核回应性指标上，"学士"与"博士"之间存在显著差异（见表2-31）。

表2-31　　教师评价各指标在学历上的多重分析结果

一级维度	二级指标	学历	均值	事后检验的显著性		
				学士	硕士	博士
职称晋升	合理性	学士	2.7157		0.578	0.082
		硕士	2.4352	0.578		0.133
		博士	2.2179	0.082	0.133	
	有效性	学士	2.8059		0.995	0.101
		硕士	2.6490	0.995		0.037*
		博士	2.4462	0.101	0.037*	

续表

一级维度	二级指标	学历	均值	事后检验的显著性		
				学士	硕士	博士
年度考核	合理性	学士	2.7574		0.148	0.000***
		硕士	2.3737	0.148		0.000***
		博士	2.1470	0.000***	0.000***	
	回应性	学士	3.2118		0.065	0.004**
		硕士	3.5414	0.065		0.085
		博士	3.6989	0.004**	0.085	

注：*** $P<0.001$，** $P<0.01$，* $P<0.05$。

（六）职称

1. 教师评价一级维度的差异性

本研究通过方差分析对职称晋升、教学评价、科研评价、年度考核的职称差异进行检验。方差分析结果显示，职称晋升、教学评价、科研评价、年度考核在职称上均存在显著差异（$P<0.05$），这说明不同职称的教师在教师评价上存在不同的倾向性（见表2－32）。

表2－32　　教师评价各指标在职称上的方差分析结果

		平方和	自由度	F 值	显著性
职称晋升	组间	40.995	9.00	8.603	0.000***
	组内	318.735	602.00		
教学评价	组间	86.67	9.00	12.229	0.000***
	组内	474.06	602.00		
科研评价	组间	72.17	9.00	9.527	0.000***
	组内	506.71	602.00		
年度考核	组间	45.386	9.00	9.292	0.000***
	组内	326.712	602.00		

注：*** $P<0.001$，** $P<0.01$，* $P<0.05$。

通过 Bonferrooni 对教师职称在职称晋升、年度考核上的事后多重比较发现，在职称晋升维度上，讲师十级与教授三级、助教十一级之间存

表2-33 教师评价各维度在职称上的多重分析结果

		均值	事后检验的显著性									
			教授:二级	教授:三级	教授:四级	副教授:五级	副教授:六级	副教授:七级	讲师:八级	讲师:九级	讲师:十级	助教:十一级
职称晋升	教授:二级	2.01		1.000	1.000	1.000	1.000	1.000	1.000	1.000	0.161	0.001**
	教授:三级	2.19	1.000		1.000	1.000	1.000	0.691	1.000	1.000	0.019*	0.000***
	教授:四级	2.36	1.000	1.000		1.000	1.000	1.000	1.000	1.000	0.072	0.000***
	副教授:五级	2.43	1.000	1.000	1.000		1.000	1.000	1.000	1.000	0.603	0.000***
	副教授:六级	2.41	1.000	0.691	1.000	1.000			1.000	1.000	0.115	0.000***
	副教授:七级	2.50	1.000	1.000	1.000	1.000				1.000	0.501	0.000***
	讲师:八级	2.41	1.000	1.000	1.000	1.000	1.000	1.000		1.000	1.000	0.000***
	讲师:九级	2.49	1.000	1.000	1.000	1.000	1.000	1.000	1.000		0.203	0.000***
	讲师:十级	2.75	0.161	0.019*	0.072	0.603	0.115	0.501	0.127	1.000		0.020*
	助教:十一级	3.15	0.001**	0.000***	0.000***	0.000***	0.000***	0.000***	0.000***	0.000***	0.020*	
教学评价	教授:二级	1.7556		1.000	1.000	1.000	1.000	1.000	1.000	1.000	0.294	0.000***
	教授:三级	2.0889	1.000		1.000	1.000	1.000	1.000	1.000	1.000	0.374	0.000***
	教授:四级	2.0385	1.000	1.000		1.000	1.000	1.000	1.000	1.000	0.011*	0.000***
	副教授:五级	2.1565	1.000	1.000	1.000		1.000	1.000	1.000	1.000	0.240	0.000***
	副教授:六级	2.1391	1.000	1.000	1.000	1.000		1.000	1.000	1.000	0.044*	0.000***
	副教授:七级	2.2723	1.000	1.000	1.000	1.000	1.000				0.308	0.000***
	讲师:八级	2.2061	1.000	1.000	1.000	1.000	1.000	1.000		1.000	0.244	0.000***
	讲师:九级	2.3111	1.000	1.000	1.000	1.000	1.000	1.000	1.000		1.000	0.000***
	讲师:十级	2.5980	0.294	0.374	0.011*	0.240	0.044*	0.308	0.244	1.000		0.000***
	助教:十一级	3.3130	0.000***	0.000***	0.000***	0.000***	0.000***	0.000***	0.000***	0.000***	0.000***	

续表

		均值	事后检验的显著性									
			教授:二级	教授:三级	教授:四级	副教授:五级	副教授:六级	副教授:七级	讲师:八级	讲师:九级	讲师:十级	助教:十一级
科研评价	教授:二级	1.5111										
	教授:三级	1.8148	1.000									0.000***
	教授:四级	1.8231	1.000	1.000							0.049*	0.000***
	副教授:五级	2.1739	1.000		1.000		1.000	1.000	1.000	1.000	0.002**	0.000***
	副教授:六级	2.1043	1.000	1.000	1.000	1.000					1.000	0.000***
	副教授:七级	2.1748	1.000	1.000	1.000	1.000	1.000		1.000	1.000	0.520	0.000***
	讲师:八级	2.1364	1.000	1.000	1.000	1.000	1.000	1.000		1.000	0.844	0.000***
	讲师:九级	2.1815	1.000	1.000	1.000	1.000	1.000	1.000	1.000		1.000	0.000***
	讲师:十级	2.4673	0.128	0.049*	0.002**	1.000	0.520	0.844	1.000	1.000		0.002**
	助教:十一级	3.0522	0.000***	0.000***	0.000***	0.000***	0.000***	0.000***	0.000***	0.000***	0.002**	
年度考核	教授:二级	2.23										
	教授:三级	2.35	1.000		1.000	1.000	1.000	0.908	1.000	0.717	0.104	0.001**
	教授:四级	2.50	1.000	1.000		1.000	1.000	1.000	1.000	1.000	0.001**	0.000***
	副教授:五级	2.65	1.000	1.000	1.000		1.000	1.000	1.000	1.000	0.002**	0.000***
	副教授:六级	2.61	1.000	1.000	1.000	1.000			1.000	1.000	0.226	0.000***
	副教授:七级	2.71	1.000	1.000	1.000	1.000		1.000	1.000	1.000	0.020*	0.000***
	讲师:八级	2.65	1.000	1.000	1.000	1.000	1.000	1.000		1.000	0.107	0.000***
	讲师:九级	2.77	1.000	0.717	1.000	1.000	1.000	1.000	1.000		0.091	0.000***
	讲师:十级	3.02	0.104	0.104	0.001**	0.002**	0.226	0.020*	0.107	0.091		1.000
	助教:十一级	3.36	0.001**	0.001**	0.000***	0.000***	0.000***	0.000***	0.000***	0.000***	0.117	

注: *** $P < 0.001$, ** $P < 0.01$, * $P < 0.05$。

在显著差异，助教与教授（二级、三级、四级）、副教授（五级、六级、七级）、讲师（八级、九级、十级）之间存在显著差异；在教学评价维度上，"讲师十级"与"教授四级""副教授六级"之间，助教与"教授"各级、"副教授"各级、"讲师"各级之间存在显著差异；在科研评价维度上，"讲师十级"与"教授三级""教授四级"之间，"助教"与"教授"各级、"副教授"各级、"讲师"各级之间存在显著差异；在年度考核维度上，讲师十级与教授三级、教授四级、副教授六级之间存在显著差异，助教与教授（二级、三级、四级）、副教授（五级、六级、七级）、讲师（八级、九级）之间存在显著差异（见表2-33）。

2. 教师评价二级指标的差异性

本研究通过方差分析对职称和教师评价各指标之间的差异性进行检验。方差分析结果显示，教师评价各指标均在职称上存在显著差异（$P<0.05$），具体见表2-34。

表2-34　　教师评价各指标在职称上的方差分析结果

一级维度			平方和	自由度	F值	显著性
职称晋升	合理性	组间	138.74	9.00	12.313	0.000***
		组内	753.67	602.00		
	适切性	组间	76.09	9.00	7.482	0.000***
		组内	680.19	602.00		
	有效性	组间	74.38	9.00	11.578	0.000***
		组内	429.70	602.00		
年度考核	合理性	组间	89.18	9.00	12.372	0.000***
		组内	482.17	602.00		
	回应性	组间	35.482	9.00	3.870	0.000***
		组内	613.332	602.00		
	合法性	组间	47.92	9.00	8.020	0.000***
		组内	399.66	602.00		

注：*** $P<0.001$，** $P<0.01$，* $P<0.05$。

表2-35 教师评价各指标在职称上的多重分析结果

		均值	事后检验的显著性									
			教授:二级	教授:三级	教授:四级	副教授:五级	副教授:六级	副教授:七级	讲师:八级	讲师:九级	讲师:十级	助教:十一级
职称晋升合理性	教授:二级	1.7778									0.489	0.001**
	教授:三级	1.7284	1.000								0.001**	0.000***
	教授:四级	1.9872	1.000	1.000							0.002**	0.000***
	副教授:五级	2.0725	1.000	1.000	1.000						0.021*	0.000***
	副教授:六级	2.0338	1.000	0.691	1.000	1.000		1.000	1.000	1.000	0.001**	0.000***
	副教授:七级	2.3081	1.000	1.000	1.000	1.000	1.000		1.000	1.000	0.102	0.000***
	讲师:八级	2.1717	1.000	1.000	1.000	1.000				1.000	0.033*	0.000***
	讲师:九级	2.2346	1.000	1.000	1.000	1.000					0.203	0.000***
	讲师:十级	2.7723	0.489	0.001**	0.002**	0.021*	0.001**	0.102	0.033*	0.203		0.003**
	助教:十一级	3.4783	0.001**	0.000***	0.000***	0.000***	0.000***	0.000***	0.000***	0.000***	0.003**	
职称晋升适切性	教授:二级	1.5185									0.413	0.001**
	教授:三级	1.7901	1.000								0.119	0.000***
	教授:四级	1.9615	1.000	1.000							0.182	0.000***
	副教授:五级	2.0507	1.000	1.000	1.000						0.987	0.000***
	副教授:六级	2.1981	1.000	1.000	1.000	1.000		1.000	1.000	1.000	1.000	0.000***
	副教授:七级	2.1569	1.000	1.000	1.000	1.000	1.000				1.000	0.000***
	讲师:八级	2.0707	1.000	1.000	1.000	1.000					0.632	0.000***
	讲师:九级	2.2099	1.000	1.000	1.000	1.000			0.632	1.000	1.000	0.000***
	讲师:十级	2.4851	0.413	0.119	0.182	0.987	1.000	1.000	0.632	1.000		0.009**
	助教:十一级	3.1063	0.001**	0.000***	0.000***	0.000***	0.000***	0.000***	0.000***	0.000***	0.009**	

续表

		均值	事后检验的显著性									
			教授:二级	教授:三级	教授:四级	副教授:五级	副教授:六级	副教授:七级	讲师:八级	讲师:九级	讲师:十级	助教:十一级
职称晋升有效性	教授:二级	1.9111		1.000	1.000	1.000	1.000	1.000	1.000	1.000	0.082	0.000***
	教授:三级	2.1407	1.000		1.000	1.000	1.000	0.962	1.000	0.965	0.008**	0.000***
	教授:四级	2.2500	1.000	1.000			1.000	1.000	1.000	1.000	0.003**	0.000***
	副教授:五级	2.3217	1.000	1.000			1.000	1.000	1.000	1.000	0.033*	0.000***
	副教授:六级	2.3681	1.000	1.000	1.000			1.000	1.000	1.000	0.021*	0.000***
	副教授:七级	2.5563	1.000	0.962	1.000	1.000	1.000		1.000	1.000	0.733	0.000***
	讲师:八级	2.4606	1.000	1.000	1.000	1.000	1.000	1.000		1.000	0.256	0.000***
	讲师:九级	2.6000	1.000	0.965	1.000	1.000	1.000	1.000	1.000		1.000	0.000***
	讲师:十级	2.8317	0.082	0.008**	0.003**	0.033*	0.021*	0.733	0.256	1.000		0.001**
	助教:十一级	3.3971	0.000***	0.000***	0.000***	0.000***	0.000***	0.000***	0.000***	0.000***	0.001**	
年度考核合理性	教授:二级	2.4444		1.000	1.000	1.000	1.000	1.000	1.000	1.000	0.077	0.001**
	教授:三级	2.4321	1.000		1.000	1.000	1.000	1.000	1.000	0.695	0.000***	0.000***
	教授:四级	2.6923	1.000	1.000			1.000	0.309	1.000	1.000	0.000***	0.000***
	副教授:五级	2.5942	1.000	1.000			1.000	1.000	1.000	1.000	0.000***	0.000***
	副教授:六级	2.7826	1.000	1.000	1.000			1.000	1.000	1.000	0.000***	0.000***
	副教授:七级	2.9496	1.000	1.000	1.000	1.000	1.000		1.000	1.000	0.004**	0.000***
	讲师:八级	2.8485	1.000	1.000	1.000	1.000	1.000	1.000		1.000	0.002**	0.000***
	讲师:九级	2.9444	1.000	0.695	1.000	1.000	1.000	1.000	1.000		0.067	0.000***
	讲师:十级	3.4257	0.077	0.000***	0.000***	0.000***	0.000***	0.004**	0.002**	0.067		0.542
	助教:十一级	3.7778	0.001**	0.000***	0.000***	0.000***	0.000***	0.000***	0.000***	0.000***	0.542	

续表

		均值	事后检验的显著性									
			教授:二级	教授:三级	教授:四级	副教授:五级	副教授:六级	副教授:七级	讲师:八级	讲师:九级	讲师:十级	助教:十一级
年度考核回应性	教授:二级	1.6667		1.000	1.000	0.872	1.000	1.000	1.000	1.000	0.733	0.709
	教授:三级	1.9074	1.000		1.000	0.271	1.000	1.000	1.000	1.000	0.123	0.144
	教授:四级	2.0577	1.000	1.000		0.592	1.000	1.000	1.000	1.000	0.201	0.267
	副教授:五级	2.5272	0.872	0.271	0.592		1.000	1.000	1.000	1.000	1.000	1.000
	副教授:六级	2.1775	1.000	1.000	1.000	1.000		1.000	1.000	1.000	1.000	1.000
	副教授:七级	2.2941	1.000	1.000	1.000	1.000	1.000		1.000	1.000	0.368	0.488
	讲师:八级	2.1288	1.000	1.000	1.000	1.000	1.000	1.000		1.000	1.000	1.000
	讲师:九级	2.2870	1.000	1.000	1.000	1.000	1.000	1.000	0.368		1.000	1.000
	讲师:十级	2.5693	0.733	0.123	0.201	1.000	1.000	1.000	0.488	1.000		1.000
	助教:十一级	2.7246	0.709	0.144	0.267	1.000	1.000	1.000	1.000	1.000	1.000	
年度考核合法性	教授:二级	2.4722		1.000	1.000	1.000	1.000	1.000	1.000	1.000	1.000	0.004**
	教授:三级	2.5278	1.000		1.000	1.000	1.000	1.000	1.000	0.945	0.041*	0.000***
	教授:四级	2.6635	1.000	1.000		1.000	1.000	1.000	1.000	1.000	0.054	0.000***
	副教授:五级	2.7337	1.000	1.000	1.000		1.000	1.000	1.000	1.000	0.383	0.000***
	副教授:六级	2.8297	1.000	1.000	1.000	1.000		1.000	1.000	1.000	1.000	0.000***
	副教授:七级	2.8508	1.000	1.000	1.000	1.000	1.000		1.000	1.000	1.000	0.000***
	讲师:八级	2.9280	1.000	1.000	1.000	1.000	1.000	1.000		1.000	0.734	0.000***
	讲师:九级	2.9722	1.000	0.945	1.000	1.000	1.000	1.000	1.000		1.000	0.001**
	讲师:十级	3.1163	1.000	0.041*	0.054	0.383	1.000	1.000	0.734	1.000		0.006**
	助教:十一级	3.6051	0.004**	0.000***	0.000***	0.000***	0.000***	0.000***	0.000***	0.001**	0.006**	

注:*** $P<0.001$,** $P<0.01$,* $P<0.05$。

通过 Bonferrooni 对教师职称在教师评价各指标的事后多重比较发现，在职称晋升合理性指标上，"讲师十级"与"教授三级""教授四级""副教授五级""副教授六级""讲师八级"之间存在显著差异，"助教"与"教授"各级、"副教授"各级、"讲师"各级之间存在显著差异；在职称晋升适切性指标上，"助教"与"教授"各级、"副教授"各级、"讲师"各级之间存在显著差异；在职称晋升有效性指标上，"讲师十级"与"教授三级""教授四级""副教授五级""副教授六级"之间，"助教"与"教授"各级、"副教授"各级、"讲师"各级之间存在显著差异；在年度考核合理性指标上，"讲师十级"与"教授三级""教授四级""副教授"各级、"讲师八级"之间，"助教"与"教授"各级、"副教授"各级、"讲师八级""讲师九级"之间存在显著差异；在年度考核合法性指标上，"讲师十级"与"教授三级"之间，"助教"与"教授"各级、"副教授"各级、"讲师"各级之间存在显著差异（见表 2-35）。

（七）毕业院校

1. 教师评价一级维度的差异性

本研究通过方差分析对职称晋升、教学评价、科研评价、年度考核在教师不同毕业院校的差异进行检验。方差分析结果显示，职称晋升、教学评价、科研评价、年度考核在不同毕业院校上均存在显著差异（$P<0.05$），这说明不同毕业院校的教师在教师评价上存在不同的倾向性（见表 2-36）。

表 2-36　　**教师评价各指标在毕业院校上的方差分析结果**

		平方和	自由度	F 值	显著性
职称晋升	组间	19.804	3.00	11.808	0.000***
	组内	339.926	608.00		
教学评价	组间	35.53	3.00	13.712	0.000***
	组内	525.19	608.00		
科研评价	组间	32.67	3.00	12.122	0.000***
	组内	546.21	608.00		
年度考核	组间	31.331	3.00	18.634	0.000***
	组内	340.767	608.00		

注：*** $P<0.001$，** $P<0.01$，* $P<0.05$。

通过 Bonferrooni 对不同毕业院校教师在职称晋升、教学评价、科研评价、年度考核的事后多重比较发现，在职称晋升维度上，"'985'院校"与"'211'院校""一般本科院校"之间，"'211'院校"与"一般本科院校""国外院校"之间存在显著差异；在教学评价维度上，"'985'院校"与"一般本科院校"之间、"'985'院校"与"国外院校"之间、"'211'院校"与"一般本科院校"之间、"'211'院校"与"国外院校"之间存在显著差异；在科研评价维度上，"'985'院校"与"一般本科院校"之间、"'985'院校"与"国外院校"之间、"'211'院校"与"一般本科院校"之间、"'211'院校"与"国外院校"之间存在显著差异；在年度考核维度上，"'985'院校"与"'211'院校""一般本科院校"之间、"'211'院校"与"一般本科院校""国外院校"之间存在显著差异（见表2-37）。

表2-37　教师评价各维度在毕业院校上的多重分析结果

		均值	事后检验的显著性			
			"985"院校	"211"院校	一般本科院校	国外院校
职称晋升	"985"院校	2.56		0.013*	0.045*	0.219
	"211"院校	2.34	0.013*		0.000***	0.004**
	一般本科院校	2.77	0.045*	0.000***		1.000
	国外院校	2.92	0.219	0.004**	1.000	
教学评价	"985"院校	2.3432		0.080	0.003**	0.022*
	"211"院校	2.1188	0.080		0.000***	0.001**
	一般本科院校	2.6731	0.003**	0.000***		1.000
	国外院校	2.9619	0.022*	0.001**	1.000	
科研评价	"985"院校	2.2072		0.236	0.006**	0.011*
	"211"院校	2.0168	0.236		0.000***	0.000***
	一般本科院校	2.5269	0.006**	0.000***		0.616
	国外院校	2.8857	0.011*	0.000***	0.616	

续表

		均值	事后检验的显著性			
			"985"院校	"211"院校	一般本科院校	国外院校
年度考核	"985"院校	2.77		0.002**	0.001**	0.147
	"211"院校	2.51	0.002**		0.000***	0.001**
	一般本科院校	3.06	0.001**	0.000***		1.000
	国外院校	2.78	0.147	0.001**	1.000	

注：*** P<0.001，** P<0.01，* P<0.05。

2. 教师评价二级指标的差异性

本研究通过方差分析对毕业院校和教师评价各指标之间的差异性进行检验。方差分析结果显示，教师评价各指标均在毕业院校上存在显著差异（P<0.05），具体见表2-38。

表2-38　教师评价各指标在毕业院校上的方差分析结果

一级维度			平方和	自由度	F值	显著性
职称晋升	合理性	组间	48.39	3.00	11.618	0.000***
		组内	844.02	608.00		
	适切性	组间	32.02	3.00	8.961	0.000***
		组内	724.25	608.00		
	有效性	组间	31.13	3.00	13.341	0.000***
		组内	472.94	608.00		
年度考核	合理性	组间	47.18	3.00	18.243	0.000***
		组内	524.16	608.00		
	回应性	组间	43.179	3.00	14.449	0.000***
		组内	605.634	608.00		
	合法性	组间	20.29	3.00	9.626	0.000***
		组内	427.28	608.00		

注：*** P<0.001，** P<0.01，* P<0.05。

通过Bonferrooni对教师毕业院校在教师评价各指标的事后多重比较发现，在职称晋升合理性指标上，"'985'院校""'211'院校""一般本科院校"三者之间两两存在显著差异,"'211'院校"与"国外院校"之间也存在显著差异;在职称晋升适切性指标上,"'985'院校"与"一般本科院校"之间、"'211'院校"与"一般本科院校"之间存在显著差异;在职称晋升有效性指标上,"'985'院校""'211'院校""一般本科院校"三者之间两两存在显著差异,"'211'院校"与"国外院校"之间也存在显著差异;在年度考核合理性指标上,"'985'院校"与"一般本科院校"之间、"'985'院校"与"国外院校"之间、"'211'院校"与"一般本科院校"之间、"'211'院校"与"国外院校"之间存在显著差异;在年度考核回应性指标上,"'985'院校""'211'院校""一般本科院校"三者之间两两存在显著差异;在年度考核合法性指标上,"'985'院校"与"一般本科院校"之间、"'211'院校"与"一般本科院校"之间、"'211'院校"与"国外院校"之间存在显著差异(见表2-39)。

表2-39 教师评价各指标在毕业院校上的多重分析结果

			均值	事后检验的显著性			
				"985"院校	"211"院校	一般本科院校	国外院校
职称晋升	合理性	"985"院校	2.3709		0.044*	0.027*	0.073
		"211"院校	2.0627	0.044*		0.000***	0.002**
		一般本科院校	2.7146	0.027*	0.000***		1.000
		国外院校	3.0476	0.073	0.002**	1.000	
	适切性	"985"院校	2.2312		0.251	0.008**	1.000
		"211"院校	2.0149	0.251		0.000***	0.254
		一般本科院校	2.5908	0.008**	0.000***		1.000
		国外院校	2.5238	1.000	0.254	1.000	
	有效性	"985"院校	2.5712		0.046*	0.002**	0.226
		"211"院校	2.3416	0.046*		0.000***	0.008**
		一般本科院校	2.8922	0.002**	0.000***		1.000
		国外院校	2.9905	0.226	0.008**	1.000	

续表

			均值	事后检验的显著性			
				"985"院校	"211"院校	一般本科院校	国外院校
年度考核	合理性	"985"院校	2.3559		0.056	0.000***	0.007**
		"211"院校	1.9926	0.056		0.000***	0.000***
		一般本科院校	2.6677	0.000***	0.000***		1.000
		国外院校	2.5476	0.007**	0.000***	1.000	
	回应性	"985"院校	3.5622		0.012*	0.014*	1.000
		"211"院校	3.8000	0.012*		0.000***	0.346
		一般本科院校	3.3162	0.014*	0.000***		1.000
		国外院校	3.4571	1.000	0.346	1.000	
	合法性	"985"院校	2.9392		0.093	0.035*	0.278
		"211"院校	2.7413	0.093		0.000***	0.016*
		一般本科院校	3.1766	0.035*	0.000***		1.000
		国外院校	3.3214	0.278	0.016*	1.000	

注：*** $P<0.001$，** $P<0.01$，* $P<0.05$。

（八）工作重心

1. 教师评价一级维度的差异性

本研究通过方差分析对职称晋升、教学评价、科研评价、年度考核在教师不同工作重心的差异进行检验。方差分析结果显示，职称晋升、教学评价、科研评价、年度考核在工作重心上均存在显著差异（$P<0.05$），这说明不同工作重心的教师在教师评价上存在不同的倾向性（见表2-40）。

表2-40　教师评价各维度在工作重心上的方差分析结果

		平方和	自由度	F值	显著性
职称晋升	组间	54.861	2.00	54.794	0.000***
	组内	304.869	609.00		
教学评价	组间	63.89	2.00	39.156	0.000***
	组内	496.84	609.00		

续表

		平方和	自由度	F 值	显著性
科研评价	组间	65.80	2.00	39.051	0.000***
	组内	513.07	609.00		
年度考核	组间	43.889	2.00	40.729	0.000***
	组内	328.199	609.00		

注：*** $P<0.001$，** $P<0.01$，* $P<0.05$。

通过 Bonferrooni 对不同工作重心的教师在职称晋升、教学评价、科研评价、年度考核上的事后多重比较发现，在职称晋升维度上，"主要是教学"与"两者兼有""主要是研究"之间存在显著差异；在教学评价维度上，"主要是教学"与"主要是研究"之间、"主要是教学"与"两者兼有"之间存在显著差异；在科研评价维度上，"主要是教学"与"主要是研究"之间、"主要是教学"与"两者兼有"之间存在显著差异；在年度考核上，"主要是教学"与"两者兼有""主要是研究"之间存在显著差异（见表 2-41）。

表 2-41　教师评价各指标在工作重心上的多重分析结果

		均值	事后检验的显著性		
			主要是教学	主要是研究	两者兼有
职称晋升	主要是教学	2.31		0.002**	0.000***
	主要是研究	2.71	0.002**		0.166
	两者兼有	2.94	0.000***	0.166	
教学评价	主要是教学	2.1114		0.002**	0.000***
	主要是研究	2.6146	0.002**		0.762
	两者兼有	2.7906	0.000***	0.762	
科研评价	主要是教学	1.9799		0.000***	0.000***
	主要是研究	2.5902	0.000***		1.000
	两者兼有	2.6557	0.000***	1.000	

续表

		均值	事后检验的显著性		
			主要是教学	主要是研究	两者兼有
年度考核	主要是教学	2.55		0.001**	0.000***
	主要是研究	2.99	0.001**		1.000
	两者兼有	3.11	0.000***	1.000	

注：*** P<0.001，** P<0.01，* P<0.05。

2. 教师评价二级指标的差异性

本研究通过方差分析对工作重心和教师评价各指标之间的差异性进行检验。方差分析结果显示，教师评价各指标均在工作重心上存在显著差异（P<0.05），具体见表2-42。

表2-42 教师评价各指标在工作重心上的方差分析结果

一级维度			平方和	自由度	F值	显著性
职称晋升	合理性	组间	130.37	2.00	52.096	0.000***
		组内	762.03	609.00		
	适切性	组间	85.01	2.00	38.560	0.000***
		组内	671.27	609.00		
	有效性	组间	67.40	2.00	46.997	0.000***
		组内	436.68	609.00		
年终考核	合理性	组间	47.73	2.00	27.757	0.000***
		组内	523.62	609.00		
	回应性	组间	41.172	2.00	20.632	0.000***
		组内	607.642	609.00		
	合法性	组间	54.65	2.00	42.355	0.000***
		组内	392.92	609.00		

注：*** P<0.001，** P<0.01，* P<0.05。

通过Bonferrooni对教师工作重心在教师评价各指标的事后多重比较发现，在职称晋升合理性指标上，"主要是教学"与"主要是研究"之间、"主要是教学"与"两者兼有"之间存在显著差异；在职称晋升适切性指标上，

"主要是教学"与"两者兼有"之间存在显著差异;在职称晋升有效性指标上,"主要是教学"与"主要是研究"之间、"主要是教学"与"两者兼有"之间存在显著差异;在年度考核合理性指标上,"主要是教学"与"主要是研究"之间、"主要是教学"与"两者兼有"之间存在显著差异;在年度考核回应性指标上,"主要是教学"与"主要是研究"之间、"主要是教学"与"两者兼有"之间存在显著差异;在年度考核合法性指标上,"主要是教学"与"两者兼有"之间、"主要是研究"与"两者兼有"之间存在显著差异(见表2-43)。

表2-43 教师评价各指标在工作重心上的多重分析结果

一级维度	二级指标	工作重心	均值	事后检验的显著性		
				主要是教学	主要是研究	两者兼有
职称晋升	合理性	主要是教学	2.0019		0.000***	0.000***
		主要是研究	2.7236	0.000***		0.582
		两者兼有	2.9717	0.000***	0.582	
	适切性	主要是教学	1.9656		0.072	0.000***
		主要是研究	2.3577	0.072		0.072
		两者兼有	2.7626	0.000***	0.072	
	有效性	主要是教学	2.3226		0.002**	0.000***
		主要是研究	2.7951	0.002**		0.338
		两者兼有	3.0245	0.000***	0.338	
年度考核	合理性	主要是教学	2.7781		0.001**	0.000***
		主要是研究	3.3415	0.001**		1.000
		两者兼有	3.3459	0.000***	1.000	
	回应性	主要是教学	2.1100		0.009**	0.000***
		主要是研究	2.6707	0.009**		1.000
		两者兼有	2.6297	0.000***	1.000	
	合法性	主要是教学	2.7124		0.142	0.000***
		主要是研究	2.9756	0.142		0.018*
		两者兼有	3.3526	0.000***	0.018*	

注:*** $P<0.001$,** $P<0.01$,* $P<0.05$。

（九）工作兴趣

1. 教师评价一级维度的差异性

本研究通过方差分析对职称晋升、教学评价、科研评价、年度考核在教师不同工作兴趣的差异进行检验。方差分析结果显示，职称晋升、教学评价、科研评价、年度考核在工作兴趣上均存在显著差异（$P < 0.05$），这说明不同工作兴趣的教师在教师评价上存在不同的倾向性（见表2-44）。

表2-44　　教师评价各指标在工作兴趣上的方差分析结果

		平方和	自由度	F值	显著性
职称晋升	组间	9.204	2.00	7.995	0.000***
	组内	350.526	609.00		
教学评价	组间	12.54	2.00	6.967	0.001**
	组内	548.18	609.00		
科研评价	组间	17.38	2.00	9.423	0.000***
	组内	561.50	609.00		
年度考核	组间	14.300	2.00	12.169	0.000***
	组内	357.799	609.00		

注：*** $P < 0.001$，** $P < 0.01$，* $P < 0.05$。

通过Bonferrooni对不同工作兴趣的教师在职称晋升、教学评价、科研评价、年度考核的事后多重比较发现，在职称晋升维度上，"两者兼有"与"主要是教学""主要是研究"之间存在显著差异；在教学评价上，"主要是教学"与"两者兼有"之间、"主要是研究"与"两者兼有"之间存在显著差异；在科研评价上，"主要是教学"与"主要是研究"之间、"主要是研究"与"两者兼有"之间存在显著差异；在年度考核维度上，"两者兼有"与"主要是教学""主要是研究"之间存在显著差异（见表2-45）。

表2-45　教师评价各维度在工作重心上的多重分析结果

		均值	事后检验的显著性		
			主要是教学	主要是研究	两者兼有
职称晋升	主要是教学	2.67		1.000	0.002**
	主要是研究	2.75	1.000		0.015*
	两者兼有	2.44	0.002**	0.015*	
教学评价	主要是教学	2.5135		1.000	0.005**
	主要是研究	2.6103	1.000		0.024*
	两者兼有	2.2512	0.005**	0.024*	
科研评价	主要是教学	2.3234		0.026*	0.065
	主要是研究	2.6966	0.026*		0.000***
	两者兼有	2.1319	0.065	0.000***	
年度考核	主要是教学	2.89		0.001**	0.000***
	主要是研究	3.09	0.001**		1.000
	两者兼有	2.65	0.000***	1.000	

注：*** $P<0.001$，** $P<0.01$，* $P<0.05$。

2. 教师评价二级指标的差异性

具体而言，通过方差分析对工作兴趣和教师评价各指标之间的差异性进行检验。方差分析结果显示，教师评价各指标均在工作兴趣上存在显著差异（$P<0.05$），具体见表2-46。

表2-46　教师评价各指标在工作兴趣上的方差分析结果

一级维度	二级指标		平方和	自由度	F值	显著性
职称晋升	合理性	组间	13.65	2.00	4.731	0.009**
		组内	878.75	609.00		
	适切性	组间	13.69	2.00	5.612	0.004**
		组内	742.59	609.00		
	有效性	组间	8.98	2.00	5.524	0.004**
		组内	495.09	609.00		

续表

一级维度	二级指标		平方和	自由度	F 值	显著性
年度考核	合理性	组间	14.96	2.00	8.187	0.000***
		组内	556.39	609.00		
	回应性	组间	34.376	2.00	17.036	0.000***
		组内	614.438	609.00		
	合法性	组间	7.68	2.00	5.313	0.005**
		组内	439.90	609.00		

注：*** $P<0.001$，** $P<0.01$，* $P<0.05$。

通过 Bonferrooni 对教师工作兴趣在教师评价各指标的事后多重比较发现，在职称晋升合理性指标上，"主要是教学"与"两者兼有"之间存在显著差异；在职称晋升适切性指标上，"主要是教学"与"两者兼有"之间、"主要是研究"与"两者兼有"之间存在显著差异；在职称晋升有效性指标上，"主要是教学"与"两者兼有"之间、"主要是研究"与"两者兼有"之间存在显著差异；在年度考核合理性指标上，"主要是教学"与"两者兼有"之间、"主要是研究"与"两者兼有"之间存在显著差异；在年度考核回应性指标上，"主要是教学"与"两者兼有"之间、"主要是研究"与"两者兼有"之间存在显著差异；在年度考核合法性指标上，"主要是教学"与"主要是研究"之间、"主要是研究"与"两者兼有"之间存在显著差异（见表2-47）。

表2-47　　**教师评价各指标在工作兴趣上的多重分析结果**

一级维度	二级指标	工作兴趣	均值	事后检验的显著性		
				主要是教学	主要是研究	两者兼有
职称晋升	合理性	主要是教学	2.5495		1	0.012*
		主要是研究	2.546	1		0.249
		两者兼有	2.249	0.012*	0.249	

续表

一级维度	二级指标	工作兴趣	均值	事后检验的显著性		
				主要是教学	主要是研究	两者兼有
职称晋升	适切性	主要是教学	2.3769		0.635	0.042*
		主要是研究	2.5805	0.635		0.016*
		两者兼有	2.1406	0.042*	0.016*	
	有效性	主要是教学	2.7018		1.000	0.021*
		主要是研究	2.8138	1.000		0.035*
		两者兼有	2.4898	0.021*	0.035*	
年度考核	合理性	主要是教学	3.1577		1.000	0.002**
		主要是研究	3.2644	1.000		0.012*
		两者兼有	2.8715	0.002**	0.012*	
	回应性	主要是教学	2.5631		1.000	0.000***
		主要是研究	2.6638	1.000		0.003**
		两者兼有	2.1114	0.000***	0.003**	
	合法性	主要是教学	2.9493		0.021*	1.000
		主要是研究	3.2888	0.021*		0.004**
		两者兼有	2.8946	1.000	0.004**	

注：***P<0.001，**P<0.01，*P<0.05。

本章小结

本章是对 N 高校教师评价现状的考察。通过发放问卷、深度访谈等，从不同维度和不同层级（学校领导、职能部门领导、二级学院领导、专业教师）对当前 N 高校教师评价的现实状态做深入探究和剖析。其中，研究从理论层面和实践层面对《应用型本科高校教师评价研究调查问卷》进行维度划分、指标设定和题项设置。基于问卷较好的信度与效度，作者对 N 高校 612 位教师（包括管理者）进行了问卷调查。与此同时，为了避免单一数据来源不充分与单一方法的缺陷，作者对 N 高校 21 位教师进行了深度访谈，以达到"互补性探索"的效果。由此，研究通过混合研究方法，客观地呈现了 N 高校教师评价政策的运行现状，透过定量和定性数据分析，从微观行动层面探知了现实场域中 N 高校教师评价的实践样态。

研究发现：通过分别对职称晋升、教学评价、科研评价和年度考核等维度的各个指标进行描述性统计可知，在"职称晋升的适切性"上，有近 2/3 的教师持"非常不同意"和"不同意"的态度；在"教学评价对教师团体的影响"上，约有一半的教师并不认同教学评价能促进教师的团结；在"教学评价对教师个体的影响"上，约有 2/3 的教师认为教学评价给教师带来了一定的负担和压力；在"科研评价对教师团体的影响"上，约有一半的教师并不认同科研评价能促进教师的团结；在"科研评价对教师个体的影响"上，约有 3/4 的教师认为科研评价给教师带来了一定的负担和压力；在"年度考核的回应性"上，约有一半的教师从事教学和科研主要基于物质性目的；超过 2/3 的教师迫于压力从事教学和科研工作。通过背景变量与 N 高校教师评价各指标的差异性检验可知，性别并不是影响教师对教师评价认知的主要因素（$P>0.05$）。教师的年龄、教龄、学科、学历、职称、毕业院校、工作重心、工作兴趣等是影响教师对教师评价认知的主要因素。这进一步揭示，不同年龄、教龄、学科、学历、职称、毕业院校、工作重心、工作兴趣的教师对教师评价持有不同的认知态度，值得我们深入研究。

第三章

N 高校教师评价的特征与成效

随着我国高等教育从精英化到大众化发展，高等学校初步完成了"原始积累"，实现了"量变"，如何才能达成"质变"进而提升大学办学质量再次成为社会关注的热点。正如前面的分析，N 高校在这种"外患内忧"中内挖"潜力"、外借"助力"，筹谋各种制度措施，强筋健骨，力求在竞争激烈的环境"分得一杯羹"，谋求"一席之地"。正如米歇尔·克罗齐耶所说，"我们永远也不可能按照自己的意愿，从根本上改变社会。即使我们可以说服自己的大多数同胞，追随我们一起行动，我们也不可能拥有任何一种时机来实施一项'社会方案'，这是因为社会、人际关系以及诸种社会系统都过于复杂"①。纵然如此，对于 N 高校的大学教师评价实践，它所内隐的特征与获致的成效仍需关注与提炼。

第一节 N 高校教师评价的特征

"大学是一种典型的利益相关者组织。"② 为此，受大学利益影响的不仅有出资人，即国家③，同时还有所有的利益相关者，如高校中的教师、社会中的企业等。换言之，高校发展的目标要满足多方利益相关者

---

① ［法］米歇尔·克罗齐耶：《法令不能改变社会》，张月译，格致出版社 2008 年版，第 1 页。
② 尹晓敏：《利益相关者参与逻辑下的大学治理研究》，浙江大学出版社 2010 年版，第 31 页。
③ 需要补充的是，民办高校的出资方主要以个人为主，不同于公办高校。在本书中，如无特别说明，"高校"主要指的是公办高校。

的不同需求，也要使不同的利益相关主体都能参与到高校治理。更进一步说，从组织竞争力角度观察，组织竞争力的高低取决于三个要素，即资本、技术和人力资源。"尽管许多组织的技术与资本在同行业中占有绝对优势，但它们当中的不少组织却因为员工的工作能力不够强而在整体竞争中处于劣势地位。"[①] 可以说，N高校的决策者们深谙此道，紧紧围绕大学教师这一人力资源切入点，使得该校教师评价实践实现了从定性为主到定量考核、从侧重人情到倚重制度、从"单腿走路"到"全能发展"、从"一味坐等"到"主动争取"的变化，其特征具体表现为以下四个方面：

一 教师评价手段的可量化

用舒尔曼的话说，量化方法差不多已经变成了一种世界观。[②] 究其原因在于，实证主义和技术理性思潮大行其道。以数据为中心的大学教师评价，已经被我们发挥到了极致，量化评价模式无论是在广度还是深度上，都深刻影响并且已经形塑了高校的认知和心态。从源头上讲，量化方法源于科学计量学。"科学计量学始于美国，在其祖国只得到非常有限的认可，在欧洲少数小国受到重视，在欧洲大国尚处于摸索阶段，而在中国却获得了广泛的认同，并且多有发展，这可能是这门学科的创始人无论如何也想象不到的。"[③] 量化方法的优点在于以"其所具有的客观反馈性的定量分析弥补了专家定性评价的缺陷"，由此赢得了包括N高校在内的高等教育界的欢迎和掌声。

不过，在展开本部分内容之前，需要说明的是，时下量化评价方法的确有着诸多的弊端，而且遭到了学界的抨击。杨平认为，"量化考核把考核对象数字化，使其具有了可观的比对性，但并不代表本质的合理和

---

① ［加］加里·P.莱瑟姆、肯尼斯·N.韦克斯利：《绩效考评》，萧鸣政等译，中国人民大学出版社2002年版，第2页。

② 吕鹏、朱德全：《未来教育视域下教育评价的人文向度》，《现代远程教育研究》2019年第1期。

③ 刘明：《学术评价制度批判》，长江文艺出版社2006年版，第45页。

导向的正确,其本质违背了大学基本精神,其强制等价的荒谬性引发了教育理念的混乱,其粗浅性使大学管理弱智化,其功利性使教师庸俗化进而使学生缺失高尚品德和精神,其个体性使教师自私专营而不利于团队合作和学校长远发展"①。刘明主张,定量评价有利于推动教研人员多出产品,这也是造成当今学术研究泡沫化现象的一大根源,有八个方面的弊端,激励短期行为,助长本位主义,强化长官意志,滋生学术掮客,扼杀学者个性,推动全民学术,诱发资源外流,误识良莠人才。② 应该说,量化考核的对象不再仅仅针对评价大学教师,已经渗透到了大学工作的不同领域,如博士硕士学位的授予;所涉及领域也不再限定于职称评聘、课题评审等活动中,甚至在住房分配中也有波及。即言之,学术量化评价的泛化给我国的学术研究带来了危害。对此,高军在其申请博士学位论文中提到了两个方面,一是学术量化评价的泛化在相当程度上不利于我国学术研究质量的提升;二是强化了行政权力,危及学术权力和学术自主性。③ 总而言之,量化评价方式促使大学教师陷入了为评价而评价的怪圈,也使得大学教师为迎合评价而偏离了以"闲逸的好奇"精神追求知识的目的,这样一来,异化、扭曲了评价的本真意义,并且日益成为"评价的负担"。

正所谓,知屋漏者在宇下,知政失者在草野。因此,对于 N 高校而言,量化评价虽然有着诸多的"不是",但是它的出现与使用,是以 N 高校的客观需求为前提的。亦如前述,N 高校的发展与我国高等教育同频共振。2002 年以高等专科学校的身份升格为本科院校,完成了第一次转型,迈进了数量扩张的门槛。和同时期升格后的高校一样,N 高校也选择了一条带有补偿性质的"追赶式"扩张发展的道路,让自己的"小日子"过得也甚是"滋润光鲜"。比如,办学规模的扩大、办学空间的拓展,硬件条件的加强、办学条件的改善,师资结构的调整、师资队伍

---

① 杨平:《大学教师量化考核的弊端》,《高教论坛》2011 年第 9 期。
② 刘明:《学术评价制度批判》,长江文艺出版社 2006 年版,第 49—55 页。
③ 高军:《我国大学教师学术评价制度研究》,博士学位论文,南京师范大学,2008 年,第 46—47 页。

的扩充，科研热情的激发、科研成果的激增，服务社会意识的强化、服务社会功能的强化等等。① 然而，通过观察发现，"追赶式"发展的节奏使得 N 高校较快地弥补了本科办学所需人财物的不足，达到本科院校办学一般标准，在对教师评价方面的影响却相形见绌。N 高校对于教师评价的尺度并没有超出 S 省人力资源部门设定的框架，应该说，规定动作做到位，自选动作没偏差，对教师的评价显得中规中矩。以 2007 年度专业技术职务评审工作为例，在"三页十二条"的评审通知中，除了最后三条的"单位考核""日程安排""表格下载"等程序性内容之外，在作者看来，能够表现 N 高校教师评价"个性化"的内容只有"第九条和第十条"②。

> 第九条 学校鼓励在教学岗位上具备条件的人员申报高校教师。
> 第十条 为促进学校人才工程建设，学校鼓励博士研究生申报副高级职务、硕士研究生申报中级职务，在评审工作中同等条件下优先考虑。

至于符合申报条件的教师进入申报程序后，所提交申报材料也没有数量限制、层次要求、作者位次等方面的规定，只是需要笼统地将材料按照综合奖励、教学工作、科研工作、学生工作等予以分类。当然，每位参与职称评聘的教师肯定会按照材料的分量或权重从高到低予以排序，以便吸引评聘专家委员会的注意力，为自己赢得专家青睐进而通过评审增加砝码。不过，这种粗线条的评聘条件运行了四年之后渐次变得细化，

---

① 简单举例来说，2002 年，N 高校刚刚升格为本科院校时，学校占地 2800 亩，专任教师 720 人，专任教师中博士 32 人，硕士 362 人；到了 2010 年，学校固定资产达到 10.69 亿元，具有博士、硕士学位教师 621 人，省部级以上科研项目 57 项，省部级以上获奖 7 项；而到了 2015 年，具有博士学位教师就有 201 人，副高级及以上职称教师 468 人，科研经费也由 2010 年的年度 321 万元跨越到了 4060 万元，实现了跨越式增长。具体数据来自 N 高校"十二五""十三五"改革发展规划。

② 该文件为 2007 年职称评审文件，文件名称为《关于 2007 年度专业技术职务评审工作有关问题的通知》，N 校人发 2007 年第 15 号文。

公正性也略显增强。代表性论文或著作要求是独著或第一作者，均须为本人著或编著；论文或出版物须为有国家统一刊号或书号的正式出版物；所申报成果必须与填报的从事专业相一致；等等。可以说，在升格为本科院校的近十年里，N高校对教师评价的工作应该是按部就班、波澜不惊的，在坚决贯彻执行S省人力资源部门相关决定的同时，将原来"论堆式"评审逐步向"计量式"过渡。总之，院校升格的十余年来，N高校大学教师评价并没有复制其硬件显性变化的速度，其中的原因也不难理解，"一个组织是一个装满了未经组织的正式目标和非正式目标的篓子，而这些目标常常表现出互相冲突的要求和纷杂的需优先考虑的重点。组织的每一位成员都有他/她自己的非正式目标。这些目标来源于不同的事业期望、学术思想体系、课堂课程重点、参照团体、既得利益、理想主义的层次以及对变革的冲动。学校能在保留大量意图交错的目标的同时照样运行，仅仅是因为在任何一个特定时间内，只有极少数的非正式目标得到推进"①。

  2010年颁布的国家中长期发展规划纲要搅动了这批升格后高校的"一池春水"，使得原本稍显沉闷的高等教育氛围一下活跃了起来。而在2015年10月，教育部联合多部委下发的《关于引导部分地方普通本科高校向应用型转变的指导意见》，则直接将以N高校为代表的地方本科院校推向了"断头台"，迫使它们从升格后的"喜悦"踏入了矛盾交织的自我更新、转型发展的"痛苦"中。"向应用型大学转型，建设区别于研究型大学的另一种类型大学，为地方高校提供了新的发展路径，既可弥补大学组织内部分歧，也为大学争取外部资源提供了新的可能。"②因此，地方高校转型实际上是与社会组织进行物质性资源、信息资源乃至能量（人力）资源的互动和交换，这也是地方高校能否转型成功的关键。按照资源依赖理论的看法，"组织的首要任务是生存；生存需要资

---

  ① ［美］E.马克·汉森：《教育管理与组织行为》（第五版），冯大鸣译，上海教育出版社2005年版，第86页。

  ② 朱建新：《地方高校向应用型大学转型的制度性困境、成因与机制构建》，《高等工程教育研究》2018年第5期。

源,而组织自己不能生产这些资源;组织必须与外部环境进行交换,以获得资源;资源交换产生依赖,为了生存下去,组织必须降低获取生存资源的不确定性,以减少依赖"①。对于 N 高校而言,成功实现转型发展的核心在于,增强发展的自主性,提高应对环境变化和需求的能力,降低获取生存发展资源的成本。于是,"地方高校转型要进一步提高组织应变能力,需要在组织的结构和管理体制上有所改变,建立起支持性、激励性的管理体系,让基层组织具有自主满足环境需求的能力和积极性"②。就 N 高校而言,急于提升自身办学层次,改变组织结构和管理体制,提高组织适应环境能力的迫切性更强。

"对组织以及有组织的行动进行分析,是不可能离开行动者来完成的。"③ N 高校这一组织的"行动者"就是教师,也是制约 N 高校发展的所有因素中最为突出的因素。大学教师有服务高校晋升职称(务)的意向,即使这种目标并非始终能够或者远非始终能够实现。尽管趋向这种目标的冲动是出于大学教师的某种知觉,但是他们能够明智地去调整自己,并对自身行动进行安排部署,使自己的工作或业绩负载在大学发展的需要之中。于是,以量化方法对大学教师进行"立体式"评价成为决定 N 高校能否成功由"量变"到"质变"转型发展的"牛鼻子",N 高校的决策者们对此深信不疑并一以贯之。

以教师岗位聘任为例,"可量化"表现为指标(考核点)评价分值化,岗位综合评价结果公式化。截至目前,N 高校于 2015 年中、2019 年底先后开展了两次岗位聘任工作。两次岗位综合评价指标设计与使用已经完全不同于前面提及的 2007 年,所设计的指标愈发全面,以分数作为衡量指标的唯一尺度。以 2015 年 N 高校第一次岗位聘用为例,对教师系列进行岗位评价的指标包括师德及合作意识、教学工作、科研教研工作

---

① [美]杰弗里·菲佛、杰勒尔德·R.萨兰基克:《组织的外部控制:对组织资源依赖的分析》,闫蕊译,东方出版社 2006 年版,第 118 页。
② 陈霞玲、屈潇潇:《地方高校转型发展策略探析——基于全国 185 名地方高校校级领导的调查研究》,《中国高教研究》2017 年第 12 期。
③ [法]埃哈尔·费埃德伯格:《权力与规则——组织行动的动力》,张月等译,格致出版社 2017 年版,第 156 页。

与学生能力培养和其他四个方面,这四个指标的权重依据竞聘岗位的不同而有所变化①。这三个一级指标又按照上级文件精神和学校工作重点包含不同的二级指标或考核点,这些二级指标又在各自一级指标中占有不同的权重。在核算教师岗位综合评价得分时,采用考核点赋分、对比指标计分以及依权重核分"三步走"模式。首先,按照岗位综合评价指标体系对每一考核点进行赋分,分值可大可小,被称为"原始分",但不是实际得分。其次,对竞聘同一岗位教师的"原始分"进行比对,将"原始分"分值最大的赋予一百分,其他教师依次为该分值的百分比乘以一百分之后的分数,这个分值为指标点得分。最后,根据权重核算指标得分,即为岗位评价的最后得分。② 这种评价方式是由"从集体激励向集体与个人双向激励的转变",促生了"个人竞争上岗这样一种激励机制"③。在指标或考核点覆盖面上,可以说,教学科研、学生培养、社会服务等教师能够做到且足以提升学校综合实力的内容,均已在岗位综合评价指标体系中得以体现。

××教师:这种计分方式不就是赤裸裸的生产队时代的"工分制"吗?谁的分数高谁就有饭吃;谁的分数高,谁就能是教授。大学教授原来是"现代农民"!

因此,在以分值作为衡量教师业绩的标尺之后,"挣工分"又成为 N 高校教师对自己工作的戏谑说法。虽然如此,以科研经费为例,在岗位

---

① 三个指标权重为,教授:10%、30%、50%、10%;副教授:10%、35%、45%、10%;讲师(含助教):10%、40%、40%、10%。除了师德及合作意识和其他所占权重相同以外,其余两个指标按照岗位性质不同而有所调整。数据来自《N 高校关于进一步修订完善专业技术岗位综合评价办法的意见》,N 高校人发 2015 年第 38 号文。

② 对此,N 高校设计了具体计算公式为:考核点评价得分 = 100 × Σ(各考核点实际得分)/MAX(Σ各考核点实际得分);考核指标得分 = Σ(各考核点得分 × 权重)。数据来自《N 高校首次教师岗位聘用实施办法》,N 高校院发 2015 年第 38 号文。后续的第二次岗位聘用沿用此计算方式。

③ 此为 N 高校党委书记在 2015 年七届三次教代会上讲话,此次教代会的唯一议题就是讨论第二次岗位聘任方案。

聘任评价办法的督促下，N 高校教师对学校科研工作的贡献可谓是"竭尽全力"，从 2015 年"一聘"到 2019 年"二聘"的四年时间里，N 高校的科研经费由 2016 年的 4060 万元升至 2019 年的 1 亿元，提前一年完成"十三五"科研目标任务。① 这不能不说是"可量化"的教师评价办法之"独到之处"。

总之，对于 N 高校来说，量化式教师评价方法的确优点多多，被评价者荣升了高一级岗位，获得了实实在在的实惠；N 高校的科研实力和社会美誉度也得到了进一步提升，一举多得。当然，量化评价方法的流弊同样是不可忽视的。其实，对于教师的量化评价也并非都持鄙视态度。苏联情报学家 A. 米哈伊洛夫指出，"每个科学家发表的文章的数目，可以作为他的科学劳动效率足够准确和客观的指标（当然，这里仅仅指的是相对的衡量）"②。著名信息计量学家 D. 普赖斯主张，"科学论文不是雨从天降，使得它们的分布皆出于偶然；相反，在达到某一点以后，你写的论文越多就越容易写出下一篇"③。由此可见，对于量化式教师评价的做法需要辩证地去看。

二 教师评价覆盖的全面性

与教师评价手段的可量化相比，教师评价覆盖的全面性显得有些"拗口"。在这里，教师评价"覆盖"的全面性主要包含两个方面内容，一是教师评价指标的全面性；二是参与教师评价人员的全面性。具体来说，前者指的是教师评价指标体系覆盖了助推 N 高校加速转型发展关键因素，如教科研成果、学生就业以及社会服务等。由这些指标促生的高质量成果都是 N 高校望眼欲穿的。为了尽快"更上一层楼"，N 高校在教师评价指标体系上的这种做法是不难理解的。后者主要关涉的是参与教师评价人员的身份。即言之，只要达到了不同岗位聘任的门槛，无论

---

① 具体数字来自 N 高校"十三五"规划和相关网站。网址：http://www.sdjtu.edu.cn/info/1050/22549.htm，访问时间：2020 年 2 月 3 日。
② 邱均平：《文献计量学》，科学技术文献出版社 1988 年版，第 426 页。
③ [美] D. 普赖斯：《小科学·大科学》，宋剑耕等译，世界科学社 1982 年版，第 35 页。

是刚入职的青年教师，还是有一定成果积累的中年才俊，都可以同台竞技相互PK，至于"鹿死谁手"，这就取决于自身的综合评价结果。其他高校通行的"竞聘高一级岗位需要有在低一级岗位上任职年限"这种"传统"做法在N高校被"颠覆"了。以2015年岗位聘任中"教授岗位"为例，除了要具备竞聘教师岗位基本条件之外，在资格条件中，只规定了"40岁以下人员竞聘教授的，须取得博士学位"；在业绩条件中，规定"须满足下列条件之一"，而"下列条件"有15项，在副教授岗位上的任职年限忽略不计。用N高校最高决策者的话来说，"这样做就是要打破原来的'坛坛罐罐'，真正推动实现教师由身份管理到岗位管理"。可以说，第二个"全面性"的力度是相当大的，"非议"不可避免，求"才"之心也昭然若揭，只不过是N高校决策者慎重权衡了两者之后选择了后者。①

"外部环境的确影响组织转型，但影响组织行动的环境并不是客观环境，而是组织所理解的环境。组织如何认识环境取决于组织的世界观。"② 决定组织世界观的有两大因素，一是与外部环境相联系的社会观念或情势，二是与组织自身成长经历相关的组织传统。正如前述，"升格后"的N高校在定位上经历了从"行业性"到"地方性"的转变，即由"行业化"到"去行业化"。这时的N高校虽然有着"抢抓机遇，求真务实，努力建设特色鲜明的高水平大学"③ 的雄心，但是却没有拿出实现其"远大目标"的有力措施。或者，如果说N高校在升格后的十年里也是有所行动的话，那更体现在校区的扩大、校舍的增加、学生的激增以及教师队伍的扩充等。可以说，这些显性的业绩能够证明N高校

---

① 据统计，在N高校第二次岗位竞聘中，有25位中青年教师脱颖而出获聘教授。这25人均不符合副教授任职年限（5年）的标准。甚至有两位教师是2014年通过副教授评审未被聘任，2015年则直接聘为教授岗位的。当然，这种略显"激进"的做法在2019年第三次岗位评价中适度地进行了修正。参见《N高校专业技术岗位任职竞聘条件》，N高校人发2015年47号文。

② 周光礼：《"行业划转院校"的"去行业化"与"再行业化"：环境变迁与组织应对》，《教育研究》2018年第9期。

③ 这个目标是由N高校升格本科时的时任院长提出的，参见冯晋祥《抢抓机遇 求真务实 努力建设特色鲜明的高水平大学》，《山东交通学院学报》2002年第2期。

走得比较"快",但是却忘记了将来还要走"远"。所以,升格后的十年时间里,针对教师评价的指标体系是"稳定有余,创新不足"。即使前面提到的2007年职称评审中的"为促进学校人才工程建设,学校鼓励博士研究生申报副高级职务、硕士研究生申报中级职务,在评审工作中同等条件下优先考虑"这一条,也"统治"了N高校四五年的时间。虽然教师评价是个政策性相对较重的话题,没有上级教育或人事部门的规定,评价操作者需要谨慎对待,但是,它也是一个敏感且易于激发组织活力的"导火索","点燃"了教师评价,组织的绩效就水到渠成了。总之,在教师评价上,与同时期同类型的高校相比,N高校顺应了从"行业化"到"去行业化",做的是教师评价的"减法"。

然而,综观N高校从升格为本科院校到致力于实现转型发展的这段时间区间,也正是我国高等教育市场化从理念到现实铺陈开来的过程。这也就意味着,"在制度层面上,它是建立一种类似市场文化和资源分配体制的管理决策;而在教育机构层面上,它是指在机构与机构之间以及机构内部受到激励而产生的竞争行为"①。知识论视角下的大学理想逐步让位给了实用论下的大学功用。以N高校为代表的地方高校虽说在淬炼"高深学问"上"资历尚浅",但是在市场化"裹挟"下它们也要"硬着头皮往前冲"。支撑高等教育市场化的实用主义容不得这些高校"试水""热身",直接将其和其他高校一并推进了教育市场的"洪流"中"自由泳"。"为了生存并产生影响,大学的组织和职能必须适应周围人们的需要,它必须像社会秩序本身一样充满活力和弹性。"② 用时任N高校院长的话来讲,"人的进步是管理水平提升的根本,也是学校赢得更多外部资源的筹码"。N高校办学实力的推动,既需要某个方面成果突出的"单项选手"的"定点突击",更需要在教科研、学生培养、社会服务等各项指标都有成绩的"全能选手"的"全面出击"。

于是,当大学面临的需求负担过重同时所配备的反应能力不足时,

---

① [英]玛丽·亨克尔、布瑞达·里特:《国家、高等教育与市场》,谷贤林等译,教育科学出版社2005年版,第17页。

② 张维迎:《大学的逻辑》,北京大学出版社2004年版,第85页。

要实现两者的平衡,"转型的道路就成为控制需求和提高反应的能力的一个手段"①。N 高校又走上了由"去行业化"到"再行业化"的道路。提高组织绩效的经济逻辑主宰了 N 高校的办学事务。用美国学者理查德·斯格特的话说:"在组织需要的所有资源中,至关重要的是组织参与者的贡献。这不仅是因为这些贡献本身具有无限的多样性,还因为这是取得其他资源的最终手段。"② 那么,N 高校于 2015 年全面修订了教师评价办法,给"全能选手"搭建了一个"登台唱戏"的"大舞台"。首先,创新了岗位评价计分方式:按考核点取"最大值"的模式。按考核点取"最大值"的模式摒弃了原始得分的简单相加,这也是前面提及的"三步走"模式。换言之,在某个考核点得到最高原始分值并不意味着岗位综合评价排名靠前,还需要被评价者在每一个考核点上都有突出表现。这种计分方式就促成了教师评价从考核"某个"考核点到"每个"考核点的转变,实现了"教师评价覆盖的全面性"。

> 传统"累积式"计分法是将参评老师各个考核点的原始得分简单相加,如果参评老师某一项考核点能得高分,最终总分也能排名靠前。但是现在学校使用的是"最大值"计分法,这种方法与传统方法最大的不同就在于,被评价者若某一项考核点得分最高,最终的得分可不一定是最高的。(1K - A - D - D - B - F - G3)

> 学校现在使用的这种计分方式,是要求教师得"全面开花""多项全能"才能在排名中靠前,只有某一项"特长"是过不了关的。(3H - A - D - C - A - M - G4)

其次,也给予了被评价者的选择权。结合组织发展需求,N 高校制定了"重大成果"直聘办法,鼓励有潜力的教师在教学科研上取得突破性重大成果。如此一来,对教师的岗位评价既照顾到了"一般老师"的

---

① 夏鲁惠:《外国高等教育区域化发展研究》,《高等工程教育研究》2008 年第 2 期。
② [美] W. 理查德·斯格特:《组织理论:理性、自然和开放系统》,黄洋等译,华夏出版社 2002 年版,第 160 页。

"面",也兼顾了"特殊老师"的"点"。

最后,"教师评价覆盖的全面性"不但具有前述的"广度",还有"深度"。这主要体现在2019年末第二次教师岗位评价中。这次评价在继承原有评价原则的基础上,将教师岗位分为"教学型""科研型""教学科研型"三种类型①,同时不同类型岗位有相应的目标任务。被评价者可以根据自身特点优势自主选择竞聘岗位类型,于聘期内完成相应目标任务后,即可续聘原岗位或竞聘更高一级岗位。在作者2019年初的访谈中,部分教师谈到了对将要实施的新办法的疑虑。

> 听说年底要实行的新的评聘制度是要分类型的,但是据内部人士讲,也是"换汤不换药"。到现在为止还没听说"教学型""科研型""教学科研型"评价程序要具体怎样操作。(2H-C-B-B-A-M-J)
>
> 新办法还是要重新大排名,这不一点也没变么。貌似出了个"类型"花样,可是老师们还是得凭着这四年的成果往前冲啊,不是全能选手照样出局!(3G-C-B-A-A-M-J)

表面上看,这种"目标式"的竞聘好像没有了第一次竞聘"拼刺刀式"的锐度,但是完全延续了岗位竞聘的力度。与之前相比,聘期目标更具体,挑战性也更强。被评价者如果在聘期内掉以轻心,那么再次被考核或再次参与竞聘的结果也难言乐观。总而言之,错失升格后"内强素质"机会的N高校以"教师评价覆盖的全面性"搭上了"再行业化"的这班车。

三 教师评价操作的规范化

作为一种组织形式,高等学校"是一个由为实现共同目标、通过劳

---

① 将教师岗位分成不同类型是目前我国大部分高校的通行做法。不过,有的学者对这种做法产生了怀疑,认为在大学中没有必要进行这种区分,这种岗位设置方式违背了大学的职能,是暂时的、不科学的。参见李福华《论高等学校教师职称评审的结果公正与程序公正》,《清华大学教育研究》2016年第2期。

动岗位和分工的层级制度而聚在一起工作的个体所组成的稳定系统"①。组织系统稳定的关键在于"对行为和事件作出规定、开辟渠道,使之有序,这样就使行为和事件具有稳定性和预见性"。因此,在高等学校中,既需要规定教师和管理人员的角色和职责,更需要制定恰当的角色沟通和事件协调机制,这样才能保证组织系统的稳定。对此,在N高校,为了使教师评价这一与每位教师切身利益皆休戚相关的事件更加合理和可预期,该校在教师评价的操作上先后采取了"票决制""分数制"进而相对固定到后来兼采这两种模式的"学科推荐制"。

时下,高校管理决策主要有票决制和议决制两种方式。② 通俗地说,票决制就是以投票的方式表达自己意愿进而对事物进行决策的方式。在高校教师评价中,票决制主要是指岗位评聘委员会(或教师评价委员会)对教师能否被聘任这一重要事项表决时,一人一票,"每票价值与作用相同,根据票数多少或得分高低作出决定或形成结论的一种制度性安排"③。作为参与决策者主观意志表达的手段,票决制从西方经济学中的公共选择和公共福利理论出发,的确存在非理性的一面。④ 不过,票决制的优点也是难以掩盖的,它能够体现众人智慧——集思广益,使决策更全面——提高决策的科学性,发扬民主——使得决策结果获得更多理解与支持。正是基于这些优势,使得N高校在最初教师评聘时采用了票决制。具体来讲,被评价者按照要求提交材料后,评聘办公室(或人事处)只负责审核材料填写的规范性,核实材料的真实性,不评价材料的层次或分量,审核通过后的材料加盖公章,由被评价者印刷一定的分数并由评聘办公室直接"上会"交由岗位评聘委员会评价,给出是否通过评聘的结果。当然,N高校以"票决制"评价教师并非一时兴起或率

---

① [美] E. 马克·汉森:《教育管理与组织行为》(第五版),冯大鸣译,上海教育出版社2005年版,第297页。
② 李福华、孙百才:《论我国高等学校管理决策中的票决制与议决制》,《清华大学教育研究》2015年第4期。
③ 李福华、孙百才:《论我国高等学校管理决策中的票决制与议决制》,《清华大学教育研究》2015年第4期。
④ 吴勇:《关于个人投票的非理性现象分析》,《广西社会科学》2003年第9期。

性而为，也是有它的制度基础和民意基础的。以《高等学校教师职务试行条例》为代表的规范性文件是票决制的制度基础。与相对"刚性"的制度基础比较，民意基础主要表现为岗位评聘委员会委员的聘任及其所拥有学术权威的认同。采用"票决制"时，N 高校岗位评聘委员会委员除了教务、科研、人事等相关职能部门负责人之外，其余的基本上都是各专业学院（系、部）主任，人数也一般为 23 名或 25 名。因此，作为专业学院（系、部）主任，他们的学术威信和精神品格还是能够使人们信服的；委员的数量也足以涵盖 N 高校所有的学科领域，即任何一个被评价者成果的学术分量均有相应委员予以鉴定。然而，N 高校"票决制"的问题出在运行操作上。

当然，无论是票决制还是议决制，基本的议事程序都是委员会决策模式，即所有参与决策的委员都可在决策过程中就决策议题进行充分讨论、发表个人意见，两者区别就在于决策议题的最终决定权是由所有委员掌握还是由校长、院长或主任等最高或主要负责人行使。以操作模式为区分标准，票决制模式下的委员会决策有三种模式，分别是黑箱评审模式、学术公审模式和双盲评审模式。① "双盲评审模式也称为匿名评审，在实际操作中表现为通讯评审。"期刊杂志稿件的审阅一般采用匿名评审或双盲评审模式。学术公审模式的特点是，"评委与被评者公开；评价标准和操作步骤公开；当事人出席评价现场；评委记名投票并注明投票理由；结果公开"。时下这种评审模式主要在申请学位论文答辩中用到。N 高校岗位评审委员会则采用的是"黑箱评审模式"。参与 N 高校岗位评价的委员基本上是公开的，或者名义上不公开，被评审者也可以通过各种渠道使其"公开"；评审规则公开，岗位评审委员会必须过半数以上委员出席才能开会，被评者需获得参会人数半数以上的得票；评价过程不公开，当事人回避，无记名投票；得票多少不公开，评价结果公示。总的来说，这种评价决策模式是"输入公开，输出清楚，过程保密"②。

---

① 陈韶峰：《试论学术评审中的委员会决策》，《高等教育研究》2003 年第 5 期。
② 陈韶峰：《试论学术评审中的委员会决策》，《高等教育研究》2003 年第 5 期。

票决制看似公平，但如果你的能量足够大，搞定每个评委是没有问题的。(2B-B-D-D-A-F-J)

我们学院一位老师特别牛，人家能想办法跟每位评委递上话，听说是高票通过的。(3G-B-B-C-A-F-J)

这种方式还是要看你的人缘，你的成果再多、实力再强，但是人家评委不认识你啊，结果不一定会遂你的心愿。(2C-B-B-B-B-M-J)

因此，"情大于理、关系大于原则"，情理法则在 N 高校同样有着很大的适用空间。来校时间长、资历深、人缘好、头脑灵活、能够游走于学校各种关系网的被评价者往往容易通过评审。相反，如果参评者只是醉心于学术研究、无暇关注人情世故，即使拥有过硬的成果实力，也难保结果天遂人愿。总之，在"黑箱评审模式"的主宰下，"人情"而不是"成果实力"成为支配 N 高校教师评价的决定性因素。

激励期望理论①提示我们，"为了让个体自觉服从组织目标，组织规范的桥梁作用必不可少，如果规范没有明确规定，或规范的执行中存在不公正、不一致现象，都会导致组织目标和个体目标不一致，从而使激励水平大大降低"②。加之高校转型发展的社会需求对 N 高校的刺激，饱受批评的"黑箱评审模式"成为决策者痛下决心清除的第一块"肿瘤"。于是，N 高校教师评价的操作也逐渐步入规范化。主要表现为四个方面：其一，限数量。所提交的教师评价材料由原来的"无限制"变成"有限制"。比如，2019 年底实施的第二次岗位评价文件中就写明，"科研成果（论文、艺术作品、学术著作、专利）、科研获奖、科研项目、科研创新平台，各限提交 5 项"，但这个标准适用于参评教授岗位教师。其二，重

---

① 这种理论是美国心理学家弗罗姆（V. H. Vroom）于 1964 年提出的过程型激励理论。这个理论主要研究了激励过程中的各种变量因素，并分析了激励力量的大小与各因素之间的函数关系，这是对内容型激励理论的发展。详情参见袁勇志、奚国泉《期望理论述评》，《南京理工大学学报》（社会科学版）2000 年第 3 期。

② 赵静、吴慈生：《组织规范管理：本质特征与动态演进过程分析》，《商业经济与管理》2016 年第 4 期。

质量。也正是基于所提交成果数量的限制，参评者在填写申报材料时，就需要仔细斟酌、反复权衡，将能够代表自己最高水平的成果提交上去，依靠成果价值而不是单纯靠数量取胜。同样，这也促使N高校教师在平时积累中依据学校评价标准有意识地培育、促生高质量、高层次成果。其三，加程序。材料被提交后，先由教务、科研等职能部门审核材料的真实性、权威性，剔除虚构、冒牌评审材料，而后再交由评价办公室核算分数，目的就是将教师评价做实做细。其四，改模式。将终评阶段的"黑箱评审模式"改为学科组推荐和专业岗位评价委员会审定相结合的方式。当然，学科组推荐也并非毫无"原则"。在推荐时，评价办公室按照评价办法规定的计分方式对被评价者各项得分予以公布，核算最终得分，排出名次。学科组成员按照名额数量依据从高到低的原则予以推荐，前提是被推荐者不存在违背教师岗位基本条件的"硬伤"，否则排名再高也会被"拿下"。这样一来，被推荐者一旦进入"专业岗位评价委员会审定"阶段，通过评价基本上确定无疑。如此看来，纵使被评价者使出浑身解数"做通"了学科组成员的"工作"，如果说他的综合得分排名不靠前的话，那么就没有被推荐的可能。除非排名靠前的被评价者有师德师风方面的瑕疵，否则任何一位学科组成员都不会"冒大不韪"去推荐"做通"自己工作而排名靠后的参评者。

总之，规范化之后的教师评价操作模式，是以教师创造能力和创造价值为标准的，能较大程度地刺激教师工作价值意识和成果创造意识，并且将教师的工作价值量和成果数量明确化、公开化，实现了教师间相对的公平竞争，使得N高校组织规范管理不断演进，更能促成教师个人目标与N高校组织目标达成一致，这对于N高校的发展无疑是有益的。

四 教师评价性质的工具化

应该说，N高校教师评价手段的可量化激活了教师评价机制，教师评价覆盖的全面性复归了教师工作属性，教师评价操作的规划化鞭策了教师认真履职。以教师评价促进管理精细化，致力于打造一流师资队伍，使得N高校在"体"和"量"上有了显著提高和进步。然而，更进一步分析，我们发现升格后 N 高校近二十年的教师评价实践透露着工具化，隐藏其身后的是工具理性。因此，本部分就 N 高校教师评价性质的工具化这一特征作深入分析。

用经济学家加里·贝克尔的话说，"经济分析是最有说服力的工具，这是因为，它能对各种各样的人类行为作出一种统一的解释"①。理性选择理论"是以经济理性人为理论预设发展出来的一个理论解释模式"②。从逻辑上讲，N 高校教师评价工具化的显露，其背后指向为工具理性，而它的理论支撑则是理性选择理论。因此，理性选择理论是工具理性的理论基础，而工具化又是前两者的外化。具体来说，"'理性选择理论'所讲的'理性'就是解释个人有目的的行动与其所可能达到的结果之间的联系的工具理性"③。这个理论基于以下四个前提条件：第一，个人是自身最大利益的追求者；第二，在特定情境中有不同的行为策略可供选择；第三，人在理智上相信不同的选择会导致不同的结果；第四，人在主观上对不同的选择结果有不同的偏好排列。④ 简而言之，理性人采取最优的策略将目标最优化或效用最大化，以最小的代价获取最大的收益。这一理论以其强大的解释力和适应性逐渐渗透到政治学、社会学、行政学等领域，成为西方社会科学理论一个重要的理论范式。同样，理性选择理论也遭到了这些领域学者的批评。对此，这一理论又被从多方面加以修正，如由"工具理性"向"价值理性"的拓展等。⑤

"工具理性下的行动只考虑和关注如何用最小的成效来完成既定的目

---

① ［美］加里·S.贝克尔：《人类行为的经济分析》，王业宇等译，上海三联书店1995年版，第7页。
② 陈彬：《关于理性选择理论的思考》，《东南学术》2006年第1期。
③ 陈彬：《关于理性选择理论的思考》，《东南学术》2006年第1期。
④ 丘海雄、张应祥：《理性选择理论述评》，《中山大学学报》（社会科学版）1998年第1期。
⑤ 遭到批评后，理性选择理论的修正主要有四个方面：一是"工具理性"向"价值理性"的拓展；二是用"有限理性"替代"完全理性"；三是修正了将制度与文化当作理性选择的外在变量的立场，把制度与文化作为一种内在变量纳入到对个体行动的分析上来；四是应从行动者立场而非从外部立场来判断行为是否为理性选择。基于论证需要，本书只将第一方面的修正叙述了出来。具体参见陈彬《关于理性选择理论的思考》，《东南学术》2006年第1期。

标。"透过前面的分析，我们发现，N 高校教师评价的目标设定、过程操作、方式方法等，无不透露着理性选择理论的渗透与影响。在作者看来，N 高校教师评价性质的工具化主要体现为三个方面：第一，精细化考核方式导致了指标权重失衡。N 高校教师评价标准是以"指标加权重"为模式，不同的一级指标统领各自数量不等、权重各异的考核点评价教师。这种评价方式"在一定程度上割裂了不同指标要素之间的关系，整体与部分、部分与部分之间的辩证关系没有处理得当"①。实践操作中，由于教科研一级指标权重过大，导致教师对教研科研成绩的过分关注，对教育教学工作产生了冲击，教书育人这一教师分内之事被无视了。

> 最听话、最老实、最专注于教学的老师反而成了最吃亏的了，"聪明的"老师都去搞科研和教研成果了，教学反而成了最不重要的事情了。到最后，我们这些专心教学的老师到退休之前也还是个讲师，"聪明人"都成教授了。(2H - C - B - B - A - M - J)

第二，对个人利益的过分追求导致了功利化。理想选择理论已经揭示，作为"经济人"的教师个人总是以能够实现自身利益最大化为目标，当个人利益与公共利益发生冲突时，人的"逐利性"会使正义的天平倒向前者。于是，凡是 N 高校教师评价标准中规定的能够"加分"的工作，总是受到教师的青睐和支持；"分值不高"乃至"不加分"的事项基本上总受"冷落"。

> 有一些老师已经研究过评价体系了，他们得出能获得高分的"秘籍"，那就是在分数占比最大的两部分努力就行了，即科研和教研。这里面包括科研论文、课题、专著什么的，还有教研类课题。这些都是最"值钱"的，其他的大家都差不多，你多一点也没什么

---

① 邬小平、田川：《从工具理性到价值理性：我国高校教师考核评价的政策转向》，《现代教育管理》2019 年第 5 期。

用。(1B-B-B-B-B-M-J)

如果想要评职称,你就得照着那个评价体系下手,哪个分数高就往哪使劲。这样看,好像教学上也没啥了。(2E-D-B-A-A-F-J)

更有甚者,当被评价者已经"无力"也"无心"达到教师评价标准时,他们就会将工作的重心由校内转移至校外的兼职上,N高校的工作薪酬就成为校外兼职的"兜底保障"。

我身边的好几个老教师早就放弃评职称了,因为他们觉得这个评价体系要求太高,踮起脚来也够不着,因为要在科研教研上取得突出成绩着实不容易。他们干脆就放手不管了,还不如去别的学校兼职挣钱来得划算。(3G-B-B-C-A-F-J)

第三,作为"权力机制"的教育评价对教师产生了深远且"不良"影响。按照操太圣教授的说法,标准化的教师评价"已不仅仅是一种教育管理手段,而成为了一种治理教育的'权力机制',对高校教师群体影响深远"[1]。除了前面论及的教师评价指标对教师个人行为选择的影响之外,还有观念上和心理上的影响。观念上,教师会想当然地认为可量化的指标是教育工作的全部,"忽视与可测量价值无直接相关的社会性的、情感性的、道德性的发展活动"[2];心理上,"教师会产生'非赢即输'的对立观念,从以前强调'不甘落后'的主动状态变为'不敢落后'的被动状态"。总的来说,N高校教师评价具有"可量化""可监督"和"可比较"的特点,使教师成为"单向度的人",忽视了教育中对人性的尊重和关怀,违背了以人为本的教育理念。

分析N高校教师评价性质的工具化并非否定这种评价方式对N高校

---

[1] 操太圣:《高校教师评价标准化的问题及反思》,《大学教育科学》2019年第2期。
[2] Stephen J. Ball, "Performativity, Com-modification and Commitment: An I-spy guide to the neoliberal university", *British Journal of Educational Studies*, No.1, 2012.

发展所起到的推动作用。相对于传统的官僚式管理，以及曾经采用过的感觉式管理、宣传式管理，工具化的教师评价虽然"诟病"不少，但是它的确具有科学、进步的优点。这一点在前面的论述中也有提及，不再赘述。不过，"在理性选择理论的发展与争论过程中，'理性'的内涵得到了不断扩充，它既强调行为主体人性的'简单理性'，又强调行为在社会情境的'充分理性'"①。更进一步说，"'充分理性'不但关心追求效率和目标的理性行为，而且更多地考虑行为个体的信仰、心理需求、文化价值等因素"②。换言之，对于N高校教师评价，要在"工具理性"追求教师个人最大化的基础上，还要"对教师素质发展、工作职责和工作绩效进行价值判断，使教师在发展性教育评价活动中，不断认识自我、发展自我、完善自我，不断实现不同层次的发展目标"③，进而做到"工具理性"与"价值理性"的和谐统一。

第二节　N高校教师评价的成效

"没有任何一个组织，无论它是多么'功利'，能够无视其成员的热情与投入。"④ "在非常实际的意义上说，教职员整体就是大学本身——是它最主要的生产要素，是它荣誉的源泉；教师们是这种机构的特有合伙人。"⑤ 对升格本科后的N高校而言，转型发展、质量提升等这些目标的实现最终都由教师承担，他们控制和主宰着N高校发展的过程与方向，如果教师队伍规模与质量不能发生转变，N高校的发展也只是"空想"。可以说，升格后的N高校办学实践业已证明，教师评价始终成为撬动N

---

① 毕进杰：《从工具走向价值：教育政策执行的理性回归》，《现代教育管理》2019年第10期。

② Jeffrey Friedman, *The Rational Choice Controversy: Economic Models of Politics Reconsidered*, New Haven: Yale University Press, 1996, pp. 1–4.

③ 焦师文：《坚持发展性评价方向 推进教师考核评价改革》，《中国高等教育》2014年第10期。

④ [法] 埃哈尔·费埃德伯格：《权力与规则——组织行动的动力》，张月等译，格致出版社2017年版，"序言"第5页。

⑤ [美] Clark Kerr：《大学的功用》，陈学飞等译，江西教育出版社1993年版，第71页。

高校办学质量提升的"支点",这也是 N 高校特别关注和注意力尤为集中的地方,于是,教师评价成为引发 N 高校内部资源配置、激励机制、管理精细化与规范化的"导火索",极大地提高了组织绩效。

一 教师评价的"有效管理"价值,优化了高校内部资源配置

用加雷斯·威廉斯的话说,高校资源配置包括四个方面:"一是把全部资源交给作为整体的高等教育部门;二是在各个院校中间分配这些资源;三是在每一所院校内部的各项具体活动中间进一步分配;四是再进一步分配给教师个人。"① 显然,高校内部资源配置主要指的是后两项,即如何将高校获取的资源在内部具体活动中进行分配,以及怎样才能进一步分配到具体的教师个人。然而,高校内部资源的分配不是一帆风顺的,面临着诸多冲突与矛盾。主要有:其一,有限投入与无限需求的矛盾。高校内部需要资源实现组织目标的使用主体很多,但是,高校获取的资源是有限的,为最大化实现组织目标,内部资源使用主体会尽量从高校筹集更多的资源,这就造成了资源供需矛盾。其二,投入目标与使用目标的矛盾。高校为资源使用主体提供资源的目的是实现组织目标,不过,谋求资源后的使用主体有可能在资源用途上与组织目标冲突,这样就会扭曲组织目标,以至于泯灭组织生命力。其三,显性规则与隐性规则的矛盾。高校"组织生命体内部存在着大量的职能部门和利益团体,它们的目标、权力和博弈策略都影响着组织资源的分配和利用。协调不好它们之间的目标、权力和利益冲突,就会降低资源的分配和使用效率,并偏离组织的目标"②。总之,在分配和使用资源的过程中,大学内部的利益相关者"又会基于各自的目标、利益和逻辑,利用他们的力量和掌握的资源,影响甚至危害大学的资源配置结果和目标达成效果"③。

---

① [美]伯顿·R. 克拉克:《高等教育新论——多学科的研究》,王承绪等译,浙江教育出版社 2001 年版,第 89 页。
② 张学敏、陈星:《资源与目标:现代大学制度建设的矛盾及其化解》,《高等教育研究》2015 年第 9 期。
③ 张学敏、陈星:《资源与目标:现代大学制度建设的矛盾及其化解》,《高等教育研究》2015 年第 9 期。

就 N 高校来说，内部资源分配失衡主要体现在"三多三少"：其一，用于"硬件"建设的资源多，用于"软件"建设的资源少。不同阶段的目标需求有不同资源形态的合理组合。与同时期其他升格或新建本科院校的做法相类似，N 高校为尽快弥补"扩招"带来的办学场地、教学用房、教学设备设施等方面的"缺口"，满足本科办学的基本条件，将本就不多的办学资金投入到了"硬件"设施的建设上。① 由于国家经费支持政策的变迁，"错过了""政府埋单"建设新校区的 N 高校，于 2012 年后在以"自筹"资金形式相继同时建设两个校区的背景下，其办学资金压力可想而知。投入到"软件"建设的资金可谓杯水车薪。其二，优势学科资源多，弱势（新上）学科资源少。升格后的 N 高校仍然将专科时期的汽车、土木、机械等"发家"学科列为重点学科予以支持，这也无可厚非。这些学科是 N 高校赖以升格的"资本"。在"硬件"建设占据总经费之"大头"的情势下，投入到学科建设上面的经费肯定不多。于是，高水平师资的引进、高层次成果的培育、高级别团队的建设等都因为没有资金的支持而相继"夭折"。虽然传统学科有部分资金"续命"，但是这些学科都属于"高耗能"学科，没有持续大量的资金投入是很难见成效的。至于，一些弱势（新上）学科也仅是从"大局"出发"宣传需要"，为了满足 N 高校有多少一级学科的"名声"，资金投入也仅是让其"活着"。其三，教学投入相对较多，科研投入少。作为以"教学""起家"的 N 高校，升格后仍然没有忘记"看家本领"，将教学视为第一要务。

我仍然记得那几年，因为那几年是我教学任务最重的时候，也是我最乐意上课的时候，每个学期能上 500 多学时。大家以谁上的课多为荣，因为谁上的课多津贴就多。学校那时候对老师们也没啥

---

① 据作者了解，相较于其他高校"大踏步"地建设新校区，N 高校的做法相对"比较保守"。只是按照所在省指示精神，于 2002 年在所在市某区大学城置办了新校区，但是，新校区建设遵循的是"按需建设"原则，所以，新校区建设步伐不快，所占用资金不多。不过，2012 年后，随着学校主要领导的调整，办学思路也随之变化，在"有规模才有效益"思路的指导下，开始大规模建设新校区。问题是，建设新校区的资金完全是自筹，而不是银行贷款、政府埋单。因此，从 2012 年开始，N 高校相继开启了两个校区的建设，资金压力相当大。

科研要求，有课上就是最大的光荣。听说有的学院一半老师没课上，都出去轮岗了。（2C－B－B－B－B－M－J）

所以，那时的教师仍以多上课为主要"追求"，甚至个别学院出现了"抢课"上的现象。原因就在于，这时的 N 高校没有怎么重视科研，升格后的十年即 2012 年 N 高校的年度科研总经费也仅是区区的 300 多万元，这十余年时间里每年科研经费数额可想而知。"没课上就轮岗"成为这一阶段 N 高校教师的"口头禅"。与此相对应，学校划拨经费的方式也主要依据课时量（或者将相关工作折算成课时量）。科研工作仅成为"饭后甜点"，尚未成为 N 高校经费分配"餐桌"上的"主菜"。

在论及高校内部资源配置失衡原因时，学界有宏观视角的分析。如刘爱东认为，校际资源配置重复和校内资源配置浪费是造成高校内部资源配置效率低下的原因。[①] 前者主要是由于"区域院校市场发育不够完善，校际人力资源流动、课程资源开放、学分互认等共建共享机制没有形成，这种缺乏分工合作、各自独立、互相封闭的资源割据，造成了高校经费严重紧缺与资源闲置并存的局面"；校内管理体制、"向上生长的政绩需要"、多校区办学、二级学院"各自为政"、绩效评价不完善等因素也促成了校内资源分配的失调。同样也有微观视角的论证。如涂朝莲主张有七方面，分别是外部资源配置总量不足、管理目标与教育目标偏离、资源配置对象参与机制的缺失、资源配置中的平均主义机制滥用、资源配置中的竞争机制滥用、资源配置主体的利益与情感因素影响、高校内部资源自治主体的配置优先效应。[②] 综上，高校内部资源配置失衡原因无外乎两方面，一是外部供给的"少"，二是内部官僚组织体系"作祟"。N 高校内部资源配置上的种种"尴尬"也没有挣脱出这两个原因的"桎梏"。

实际上，"以教师为主体的人力资源管理是大学管理活动的最重要内

---

① 刘爱东：《高校内部资源梯度配置的策略选择》，《国家教育行政学院学报》2009 年第 7 期。
② 涂朝莲：《高校内部资源配置失衡问题》，《江苏高教》2013 年第 2 期。

容，教师评价就是大学为促成有效管理而采取的重要管理方式"①。因此，"有效管理的价值应是应用型本科教师评价的重要价值属性"。基于此，找到"病因"后，N高校"对症下药"，开出了以高校教师评价作为"药引子"改善校内资源配置体系的"药方"，发挥教师评价"有效管理"的价值。首先，试行校院（部）两级管理体制，做到"放水养鱼"。有实效且不失灵活的教师评价制度激活了教师力争上游的密码基因，使得按部就班的教师队伍"热闹了"起来。N高校借着如何开展教师评价工作的"东风"，试行校院（部）两级管理，将集中在学校相关部门的人财物权限下放到二级单位，目的是发挥每位教师的潜能，让院（部）能够用好这些资源去"养鱼"。自2011年初次试行这种管理办法以来，N高校先后对其修改了5次，并且出台了20余个文件，保障二级管理体制的运行。与此相适应，N高校职能部门与院（部）、教师的关系也由以前的"管理"变成了"服务"。其次，实行院（部）和职能部门绩效考核办法，做成"活水肥鱼"。既然教师评价已经实现了对教师的动态"督促"，那么，N高校改变了考核对象，于2011年设立绩效考核办公室用来直接考核院（部）和职能部门业绩。从2012年开始，N高校每年都会以"党发文件"的形式出台针对这两个对象的绩效考核办法，检验它们工作的效果成色，鞭策其用足"资源"。由此看来，N高校以教师队伍的选择性与竞争性为切入，构建了适用性强的学校内部资源配置体系，资源的分配率也更为科学、利用率也有较大提升，有效提高了办学效益。

二 教师评价的"教师发展"价值，复归了教师教育本位属性

美国管理学教授威廉·詹姆斯的研究显示，"没有激励，一个人的能力发挥不过20%—30%。施以激励，一个人的能力则可以发挥到80%—90%。其间的差距就是有效激励调动了人们主观能动性的结果"②。也就

---

① 曹如军：《应用型本科教师评价研究》，吉林大学出版社2013年版，第82页。
② ［美］詹姆斯·L.吉布森、约翰·M.伊凡塞维奇、小詹姆斯·H.唐纳利：《组织学：行为、结构和过程》，王常生译，电子工业出版社2002年版，第35—55页。

是说，如果在一个人能力不变的前提下，工作业绩的大小则取决于被激励的程度。理论上讲，激励理论主要包括过程型激励理论、内容型激励理论和行为改造型激励理论。虽然不同激励理论各有侧重，关注点也不甚相同，但是它们均是以调动人们的积极性为圭臬的。在 N 高校教师评价的变迁逻辑中，从"论堆式"评价到"可量化"考核再到"分类式评价、目标式管理"，激励的"指挥棒"始终牢牢被掌控，激励的方式也愈发充满"层次感"，被评价者也从协调"人情"到眷注"成果"再到复归教育教学本位属性，递推了"教师发展"价值的渗透与塑形。

既然"根据人的需要进行管理是最好的管理"，那么，"根据高校教师的需要进行激励是最好的激励"①。借鉴马斯洛需要层次论，高校教师需要可分为三个层次：对薪酬满意的需要、环境和谐的需要、教师职业发展的需要。更进一步说，"高校教师对薪酬满意的需要相当于马斯洛需要理论中的生理需要和安全需要部分；高校教师对环境和谐的需要相当于马斯洛需要理论中的情感上的需要和部分尊重的需要；高校教师职业发展的需要相当于马斯洛需要理论中的自我实现的需要和部分尊重的需要"②。在作者看来，N 高校教师评价"从身份到岗位"的变换着重满足的是教师"对薪酬满意的需要"，"从岗位评价到分类评价"的转变注重满足的是教师"对环境和谐的需要"，之后的"教师职业发展"需要的满足正好契合了前段结尾部分所提出的"教师教育本位属性"的复归。另外，应该补充的是，"最先进的激励不一定是最有效的激励，只有与教师的需要相适应的激励才是最有效的激励"③。这一点不仅在前面关于 N 高校的论述中得到了证明，在本部分行文中将不断得以赓续。

与其他人群一样，作为社会人的教师也需要面对生存和生活的压力，有着基本的生存需要和保障需要。"薪酬激励的功用在于发挥薪酬的导向

---

① 徐涌金、白瑞：《试析激励理论在高校教师激励工作中的运用》，《黑龙江高教研究》2009 年第 1 期。
② 王勇明、顾远东：《浅谈高校教师"需要"的层次》，《江苏高教》2008 年第 2 期。
③ 徐涌金、白瑞：《试析激励理论在高校教师激励工作中的运用》，《黑龙江高教研究》2009 年第 1 期。

作用和激励作用,运用经济手段通过调节与满足教师对薪酬的需要,调动和激发教师的工作积极性与潜能。"① 20 世纪 80 年代颁行的《高等学校教师职务试行条例》明确规定高校教师应该达到的业务水平,按照梯度评价标准设定了不同职务教师的岗位职责与任职条件,从"考核评价"而不是"资历深浅"的角度激励教师。与此相对应,教师职称级别决定了他的薪金收入的高低。N 高校随行就市套用教师职务试行条例中的岗位分类与薪资差别,定岗定级后的教师收入相较于之前有了大幅提升,薪酬满意度的增加激发了教师们的工作热情,N 高校成功"升格"就是一份"合格答卷"。纵然如此,"真实社会并没有依照制度所发挥的作用在运行"②。教师评价依然没有能够摆脱"关系社会""熟人社会"的束缚与约制。"升格"前的 N 高校教师总人数不过区区百人,"升格"后十年内(2002—2012)每年年均教师增加人数也没有超过 30 人。像在 N 高校这样一个"小单位"里,即使人与人之间的成果水平有"天壤之别","每个人都可以把人情作为评价、处理、奖惩人事的最终依据"③。在这里,N 高校只是移植了教师评价的"形式",调整了教师薪酬满意度,尚未触及教师评价的"内核";虽说这种做法使得部分教师得到了实惠并且学校也为此而受益,但是,当随着新进人员的增多,N 高校由"熟人社会"过渡到"陌生人社会"时,主导教师评价的就不再是"人情"而是"规范"。

薪酬虽然是影响组织成员积极性的因素,但是,"公平感也是人类的一种基本需要",于是,报酬分配是否公平、合理成为激励组织成员的另一关键要素。"薪酬代表的已不仅仅是金钱,还有自我实现、尊重、公平竞争、职业价值判断等内在涵义。"④ 一方面,教师希望得到更高的经济收入,改善生活;另一方面,教师还希望收入的增加要体现公平原则,

---

① 刘彦博:《激励视角下高校教师岗位管理的创新》,《华中农业大学学报》(社会科学版)2012 年第 2 期。
② 翟学伟:《中国人行动的逻辑》,生活书店出版有限公司 2017 年版,第 183 页。
③ 翟学伟:《中国人行动的逻辑》,生活书店出版有限公司 2017 年版,第 185 页。
④ 刘彦博:《激励视角下高校教师岗位管理的创新》,《华中农业大学学报》(社会科学版)2012 年第 2 期。

显示出教师个体劳动的差异,在获得高收入的同时,也能带来荣誉感、成就感的满足,实现个人价值。于是,"规范"后的 N 高校的教师评价就开始以"数量计"了。"冰冷"的数字虽然没有"人情"的"温情",但是挣脱了"主观""统治"的教师评价的确给 N 高校教师带来了"成就感",使得他们实现了"名利双收"。"无法测量的东西也就是不存在的东西。"① 于是,"数量化"的考核管理理念由教师评价扩延至对院(部)、职能处室的考核,这些措施均在 N 高校办学实际中发挥出了很大的激励作用。就在起初的运行上,"可量化"岗位评价和绩效考核给 N 高校教师和二级组织带来了困惑、不安和怀疑。不过,评价所带来的荣誉与成就又在逐步消释诸种"不适"与"彷徨"。在此,激励"走完"了一个循环。近十年的考核实践使得 N 高校将这种"外在压力"内嵌到人们的意识之中,成为指导教师行为的情感性渴望和愿望。教师的稳定知觉和组织认同感又创生了 N 高校"力争上游"的组织文化。这种组织文化具有薪酬激励所不具有的对教师的激励作用。至此,"对环境和谐的需要"在 N 高校又得到满足了。

  应该说,N 高校在 2019 年底第二次岗位评价中通过采取"阶段目标、聘期考核"的原则,将"教师职业发展"的需要即"发展性评价"融入自身的教师评价实践中了。首先,弱化量化指标。将"代表性成果"运用到高级(教授)岗位评价中,注重科研成果的原创性,对科研成果的评价由重数量逐步转移到重质量上来。其次,采用聘期考核。舍弃了原来采取的"全部卧倒、再行评价"的模式。只要能够完成聘期目标,就能续聘或竞聘更高一级岗位。再次,注重教师个体差异,实施分类管理。对教师岗位进行分类,分为教学科研并重岗、教学为主岗、科研为主岗三种类型。教师根据自身实际有选择地竞聘,这样更有利于教师明确定位,促进教师专业能力成长与持续发展。最后,完善评价反馈机制,建立教师退出机制。将评价结果及时反馈给每一位被评价者,掌

---

① [美] E. 马克·汉森:《教育管理与组织行为》(第五版),冯大鸣译,上海教育出版社 2005 年版,第 275 页。

握和解决教师教学科研过程中遇到的问题,及时帮助解决。对于不胜任教学科研岗位,或者缺乏职业发展潜力的教师,适时沟通,帮助其分流、转岗,以便人尽其才,建立高素质的教师队伍。总之,N 高校"对其教师所作出的工作价值判断,及施以的种种具有'奖惩'特征的管理方式,其主要目的是帮助每一位教师发现工作中存在的问题和不足,同时唤起教师的竞争意识和危机意识,从而提升他们的责任心,使之认真专研教育教学,努力提高科研水平,不断增强主动服务社会的精神"①。如此一来,N 高校教师岗位评价结果,在注重学术产出的同时,也激发了教师参与人才培养的积极性,复归到了教师教育的本位属性。

三 教师评价的"精细管理"价值,促生了一流师资队伍建设

精细化管理来自 20 世纪 50 年代提出的"精益生产"②的理念。在这之后的 40 余年里,精细化得以在西方企业中全面推广和应用。与此同时,它也逐渐被我国高等学校认知并应用。其实,精细化管理是一种管理理念,并非什么具体的管理模式和方法。"它倡导凡事应坚持一种认真的态度和科学的精神,坚持'没有最好、只有更好'的理念,提倡人们养成用心做事,重视细节,把小事做细,把细事做透的良好职业态度和职业习惯。"③ 总之,精细化管理强调的是管理中的"精"和"细","精"是从工作质量角度追求高标准、高质量,精益求精;"细"是工作细节方面注重细致、细节。当然,对于高校而言,不能完全照搬企业中的精细化管理。因为高校与企业在实施精细化管理上有着价值驱动力、服务对象、具体方法和措施等方面的不同。④ 既然如此,高校管理精细化既要准确把握精细化管理的特征,同时也要遵循市场经济规律和教育

---

① 曹如军:《应用型本科教师评价研究》,吉林大学出版社 2013 年版,第 82 页。
② 精益生产方式不单纯是指生产线上的"生产",它是一个系统,渗透到整个生产过程中。具体参见 [美] 詹姆斯·P. 沃麦克、丹尼尔·T. 鲁斯、[英] 丹尼尔·琼斯《丰田精益生产方式》,沈希瑾译,中信出版社 2008 年版,第 5 页。
③ 杨显贵、张昌民:《精细化管理与大学管理精细化》,《上海管理科学》2008 年第 2 期。
④ 李强、孙贺:《论高校精细化管理理论体系的四个层面》,《中国高等教育》2010 年第 1 期。

发展自身规律。所以，高校的精细化管理"应坚持以人为本，重在培植教职工的参与意识；建立现代大学制度，实现决策科学化、精细化；与其他管理方法'组合'运用，提高大学整体管理水平"①。

从教师评价"精细管理"的操作上看，学界或高校给出了相似或相近的做法。作为国家治理体系的重要组成部分，大学治理应主动回应社会关切，完善大学治理结构，建立现代大学制度，改革大学人事管理分配制度，构建理想的大学学术生态环境。② 也有的学者认为，高校教师评价应构建基于绩效的高校教师网络组织，从文化上将教师的个体责任与大学柔性组织目标融为一体，而后从科学合理激励体系、人才合理流动体系、物质激励与精神激励的结合、高校服务社会功能的彰显等方面着手实现教师评价的精细化。③ 与前两种观点不同的是，王光彦博士立足教师自主发展的视角，从提高大学教师绩效评价实践效能的角度，提出了研制大学教师绩效评价国家基本标准、构建国家级大学教师评价制度指标体系平台、加强对教师绩效评价制度研究力度等七个方面的政策建议。④ 总之，学者们的论述各有侧重，既有制度建设等宏观层面的设计，也有教师流动等微观层面的尝试。可以说，这几位学者的代表性观点基本上涵盖了当前教师评价"精细化"管理的具体做法，将教师评价的"精细管理"从理念探讨发展到了实践转化，为高校实现教师评价由粗放到精细管理提供了路径选择。对于此，N 高校的教师评价实践是对这种倡导的落实，但是也有与这些措施不同的做法。例如，加快推进一流师资队伍的打造组建，主要表现为：

（一）将师德考核列为教师评价的基础性指标

教师职业道德的好坏不仅关系到教师个人的品格问题，而且还具有

---

① 杨显贵、张昌民：《精细化管理与大学管理精细化》，《上海管理科学》2008 年第 2 期。
② 赵志鲲：《大学教师激励问题研究》，博士学位论文，南京师范大学，2015 年，第 130—160 页。
③ 温平川：《公共目标与个体责任：高校教师绩效评价模型构建与实证研究》，博士学位论文，西南大学，2017 年，第 152—167 页。
④ 王光彦：《大学教师绩效评价研究——基于教师自主发展的探索》，博士学位论文，华东师范大学，2009 年，第 164—173 页。

更为深刻的社会影响。习近平总书记高度重视师德师风建设，提出"四有好老师""四个引路人"等明确要求。习近平总书记在北京大学师生座谈会上的讲话中强调："评价教师队伍素质的第一标准应该是师德师风。"① 因此，"加强师德师风建设是教师职业发展的需要，是建设高素质教师队伍的内在要求，是改进教学学风的有力手段，更是当代社会道德风尚建设的必要内容"②。按照教育部等七部门印发的《关于加强和改进新时代师德师风建设的意见》要求，N 高校对第二次岗位评价体系中的内容进行了系统性完善。比如，"二聘"评价指标中"师德"由"一聘"指标的 4 分提升至了 10 分，并且明确要求实施"师德一票否决制"，出现了严重影响师德的事件，直接取消竞聘高一级岗位的资格。再比如，N 高校于 2018 年成立了党委教师工作部，全权负责包括师德在内的教师队伍素质工作。③ 另外，在日常考核中，建立了针对每一位教师的师德档案，实行年度考核，每年评选师德标兵，强化教师道德意识，建立了教师评价师德长效考核机制。

（二）妥洽处理教师与行政管理人员之间的"矛盾"

"人际关系是大学有效治理的关键，这是因为有效治理建立在人们分享智慧和思想的意愿基础上，除非建立了一种尊重和信任的关系，否则人们不愿意分享智慧。"④ 从权力结构上分析，高校有学术权力和行政权力两种权力结构形式，分别由教师与行政管理人员掌握行使，前者是一种"扁平化"结构形式，而后者的运行依赖的是"科层化"。由于学术权力是以"学术自由化"为基本价值取向的，"工作效率化"则是行政权力致力于追求的基本价值，"二者以其合理的必然性共同存在于高校这

---

① 原话查询链接：http://jhsjk.people.cn/article/29961631（来源：人民网-人民日报发布时间：2018-05-03）。
② 赵培举：《加强师德师风建设 培养高素质教师队伍》，《中国高等教育》2013 年第 Z2 期。
③ 在 N 高校，师德方面的工作最初由人事处负责，成立党委教师工作部后，相关职能就由其承担。
④ 转引自刘爱生《美国大学教师与行政人员的人际关系研究》，《高校教育管理》2017 年第 3 期。

一统一体中,由此决定了学术权力与行政权力冲突的必然性"①。因此,对于高校而言,行使学术权力的教师与行使行政权力的管理人员,两者"合"则对高校有利,"斗"则对高校有害。加之,拥有职称上升通道的教师比单纯通过职务晋升的行政人员有着更多的升职、加薪空间,去行政化的呼声更让这些行政人员犹如惊弓之鸟,诸多因素加剧了高校行政人员的"身份焦虑"②。在这方面,N 高校在 2018 年尝试推行了行政人员职员制。与政府机关公务员职级并行制相类似,在某一岗位任职达到一定年限,只要在任现岗位期间没有发生重大违法违纪行为且每年考核合格以上,经学校党委组织部门考核,可直接晋升一级,享受相应职级待遇。如果被任命为某职能部门(副)处长(主任)等,再享受另外的职务补贴,否则就按照原职级对待。所以,这样就打破了行政人员晋升的"天花板",解决了相当一部分行政人员待遇问题,让其安心工作,激励管理人员提升履职能力和管理水平。当然,如果行政人员科研成果突出,也可以向学校组织人事部门提出转岗,参与教师系列岗位评价。总之,N 高校职员制的试行,理顺了行政人员的身份管理与心理障碍,优化了管理人员队伍,使其更投入地做好服务教学科研工作,切实做到了教师与行政人员的"和谐共生"。

(三)用足大学制度的"隐性"激励作用

如果说薪酬的增加、物质的奖励属于"显性"激励的话,那么,管理者是否值得信赖、组织文化的耳濡目染等则应该被划归到"隐性"激励的范畴。隐性激励"是指大学管理者在大学与教师之间建立和维护有利于大学组织目标的心理契约的努力行为,这种努力不是以外显的硬性的制度约束、物质利益刺激为途径,而是通过有形和无形的载体,将教师对大学组织的预期予以强化,以满足教师的精神和心理需求,建立教师对大学组织的信任,强化其对学术职业的信念,提升其

---

① 孙芳明:《高校内在权力冲突分析及其协调机制的构建——以学术权力和行政权力的冲突为基点》,《国家教育行政学院学报》2006 年第 4 期。
② 荣凤杰:《高校行政人员的"身份焦虑"及其成因》,《宁夏大学学报》(人文社会科学版)2011 年第 4 期。

职业效能感，最终达到激励有效行为的目的"①。可以说，隐性激励是基于教师自我发展需要的一种内在精神激励，与前面论述的"教师发展"价值有异曲同工之妙。只不过隐性激励更重视个体的自控性、主体性。恰恰也正是因为隐性激励的隐蔽性和激励方式的渗透性，决定了隐性激励在大学里发挥作用的条件要求比较"苛刻"。主要有"组织与管理的制度、行为所传递的观念达到可预期的程度，激励对象的心理发展水平与感悟能力，激励对象的精神需求程度，适度的显性激励"② 等。详言之，隐性激励发挥作用关键在于几个"度"的把握，组织制度的可预期度、激励对象领会度、精神需求度和显性激励程度，除了显性激励程度要适当之外，其他三个"度"越高，隐性激励的效果就越好。

在 N 高校，隐性激励"本领"的施展是从三个方面铺开的。其一，正式制度的隐性激励。制度是保证组织良性运转的先决条件，是满足组织成员工作预期的文本依托，也有利于减少成员之间的交易成本。大学中的制度不但能够满足成员的物质需要、安全需要，其背后承载的理念价值更是成员成就感、尊重感得以满足的有效传递。如 N 高校为配合第二次岗位评价，出台了关于教师岗位津贴调整分配的实施意见，提高教师岗位津贴标准，为其划拨用于学术交流的专项经费③，经费数量虽然不多，但这是学校对教师的一种制度"承认"激励。其二，学校环境激励。作为一个规范性组织，大学通过组织环境传递着对教师的尊重与信任，使其安心于自己的教育科研事业。应该说，N 高校教师评价的"可量化"所营造的就是公平的学术竞争环境，让教师们在这种环境中获得自信，怀抱工作期望，这是 N 高校教师评价隐性激励的重要目标。同时，N 高校近年来推行环境育人工程，花大力气修缮校园、装饰教师工作场

---

① 方明军：《大学教师隐性激励论》，博士学位论文，华中科技大学，2008 年，第 132 页。
② 方明军：《大学教师隐性激励论》，博士学位论文，华中科技大学，2008 年，第 64—66 页。
③ 该学术经费的使用由教师个人掌握，每年提供参加学术会议、发表学术论文等证明，到财务处予以报销。当年没有使用完的，可划拨到下一年。参见《N 学院关于教师学术交流经费使用意见》。

所、美化教师育人环境，使教师在这种环境中身心舒畅，做到快乐工作、和谐育人。其三，学校声誉激励。"大学声誉是在大学发展中起着重要作用的'无形资产'。"① 尤其是在教师与外界组织或个人进行交流时，大学声誉、所属研究团队的声誉乃至个人声誉都影响着外界对教师个人的评价。有着良好声誉的大学能让教师获得荣誉感和自豪感，与此同时，教师也会倍加珍惜且极力维护所在学校的声誉。这就是学校声誉激励。N高校于2018年就提出了"学院改大学"②的目标，并在教代会上顺利通过，目的就是凝聚共识、凝心聚力，实现学校"声誉"的提升③，然后用学校"声誉"激励更多的教师身体力行去维护学校"声誉"。

（四）教师评价的"大学发展"价值，强化了教师认真履职动力

现代人力资源管理理论认为，组织通过从员工劳动所创造的财富中获利，以满足组织的需要；员工从具有挑战性、充满成就感和自我实现感的职业中获益，以满足个人物质需要和实现自己的价值。作为组织的大学和员工的教师之间的关系，同样也是这番道理的遵循者。因此，"构筑个人和组织在职业发展中的共赢模式，是实现个人和组织的根本目标所在"④。故而，"教师评价不仅应具有教师个体的发展价值，更重要的是通过个体的发展彰显大学发展的价值"⑤。从这个角度来看，大学发展的价值才是教师评价具有终极意义的目的性价值。

---

① 转引自王连森、栾开政《大学声誉形成机理与管理战略——基于利益相关者的分析》，《现代大学教育》2007年第5期。

② 当然，对于当下"学院改大学"等高校改名活动，学界批评之声不绝于耳。动辄以麻省理工学院为例，冠之以"学院"名号的麻省理工学院没有忙于改名为"麻省理工大学"，但是仍然不影响它在世界大学排名中的地位。在作者看来，持这种观点的人要么是自己所在学校已经是"大学"了，要么是实力不济、改名无望的一些学校，纯属是"站着说话不腰疼"。我们不否认当下我国大学改名热的弊端。实际上，在我国这样的教育环境中，学院的确不如大学吃香，这是不争的事实。已"上岸"的"大学"不要嘲笑仍在"水中"的"学院"。总之，目标都是为了办好高等教育。

③ 提升学校"声誉"还有学校高水平师资、人才培养质量、学校特色与个性、学校文化积淀等途径。对于N高校而言，凝心聚力去"改名"的确是提高学校声誉可行性较强的首选措施。但是，内涵建设同样不可忽视。

④ 马力：《个人与组织——职业发展的双赢模式》，华南理工大学出版社2007年版，"前言"。

⑤ 曹如军：《应用型本科教师评价研究》，吉林大学出版社2013年版，第83页。

"大学发展既是一种目标，又是一个过程；既是社会进步、发展的产物，又是在追求自身生存的过程中不断改革的一个过程。"① 大学是教师和学生的共同生活体，不同大学历史背景各异，生存路径也存在区别，发展也有价值选择上的差异。也就是说，大学发展要基于自身发展现实，面对社会需要、公众的要求作出一定的选择。于是，"大学在发展中，既要回应社会的各种需要，又要遵循自身的发展逻辑。这些不同的需要在价值选择上有相一致的，但更多的是相互冲突。在冲突与矛盾中，大学管理者和参与者会在一定价值观指导下，对大学的发展作出价值选择"②。简而言之，大学发展就是大学目标定位。

就 N 高校来说，它的目标定位是"培养交通事业有成长力、有国际视野的高级应用型专门人才"。这是一种"以社会工具为价值取向的大学发展"。N 高校的发展是以社会为本位的，关注的是如何从适应社会人才需要的角度去实现大学发展。围绕这样的目标选择，N 高校教师评价凸显了"应用"的特征，无论是人才培养、科学研究还是社会服务都集中体现为对社会需要的满足。例如，在岗位评价指标体系中，列有"指导省级大学生创新创业训练计划项目""指导学生在交通行业参加相关竞赛项目"等内容，目标直指培养"交通事业有成长力"的人才。在教育教学上，N 高校尤其注重专业认证，如专业通过工程认证、国际认证、行业认证，目的也是强化专业的"应用"特征。科学研究方面更是如此。比如，2020 年初 N 高校专利数量顺利进入了"中国高校专利奖排行榜"百强名单，排名第 66 位。③ 这种以发明专利为代表的应用型成果更加印证了 N 高校服务区域经济发展、培养应用型人才的"大学发展"价值。N 高校教师评价中的大学发展更是以学生为核心，培养应用型人才。举例来说，为了做好应用型人才培养，N 高校从 2015 年开始历时一年半时间开展人才培养方案的调研与修订，以市场需求为导向打造 N 高校应

---

① 钱强：《大学发展内涵与价值取向探析》，《教育评论》2007 年第 4 期。
② 钱强：《大学发展内涵与价值取向探析》，《教育评论》2007 年第 4 期。
③ 参见 N 高校官方网站，http://www.sdjtu.edu.cn/info/1050/22818.htm，访问时间：2020 年 2 月 18 日。

用型人才培养的核心竞争力①。在当年的教师评价中，N 高校所有评价指标均以这次应用型人才培养的成果为依据，督促教师围绕应用型人才培养做项目出成果，目的就是打造"人才市场需求、学生成长需求与学校人才培养实现能力"②三者有机结合的学生培养体系。

本章小结

对于 N 高校的大学教师评价实践，教师评价手段的可量化、教师评价覆盖的全面性、教师评价操作的规范化、教师评价性质的工具化等是我们所关注到的内隐特征。正因如此，教师评价成为引发 N 高校内部资源配置、激励机制、管理精细化与规范化的"导火索"，极大地提高了组织绩效。主要表现为：教师评价的"有效管理"价值，优化了 N 高校内部资源配置；教师评价的"教师发展"价值，复归了教师教育本位属性；教师评价的"精细管理"价值，促生了一流师资队伍建设等。诚然，由于外部生存环境"所迫"和自身转型发展需要，N 高校将教师评价从"松散"做到"量化"而后是"规范化"，建立了以新型契约关系为核心的人事关系，改变了传统的任命制和评审制，将"评聘分开"换成了"评聘一体"，打破了教师职务终身制。正所谓，"现代组织要生存和运作，就必须有制度化的安排，是制度化的安排使各种行为变得规范和稳定"③。对此，N 高校将教师评价制度予以"制度化""规范化"，同时，也在不断完善教师评价制度，改善制度运行的环境条件，回归大学教师评价应有的逻辑状态，阐发教师评价"有效管理""教师发展""精心管理""大学发展"的价值，将教师评价逐步导引到自我激励与自我约束的轨道上来，进而在"'理想的大学'里实现'大学的理想'"④。

---

① 鹿林：《以市场需求为导向打造高校核心竞争力》，《中国高等教育》2015 年第 8 期。
② 鹿林：《应用型人才培养的逻辑》，《中国高等教育》2015 年第 Z3 期。
③ [美] W. 理查德·斯格特：《组织理论：理性、自然和开放系统》，黄洋等译，华夏出版社 2002 年版，第 128 页。
④ 赵志鲲：《大学教师激励问题研究》，博士学位论文，南京师范大学，2015 年，第 159 页。

第四章

N 高校教师评价的问题与成因

布迪厄说过,"大学的场域,正如同其他任何场域,是一个斗争的场所。这种斗争表现在决定合理的成员关系与合理的等级体系和标准,亦即决定何种特性能够像资本发挥功能那样是有效的、相关的和适宜的"①。场域理论是布迪厄社会学理论架构的核心概念。"根据场域概念进行思考就是从关系的角度进行思考。"② 或者,在某种程度上说,大学就是一个有着不同客观关系共存的"网络"。大学管理者、教师、学生、教辅人员等不同关系主体基于制度、角色、惯习等因素在各式关系中"陷入"支配、屈从或者平等关系之中。高校教师评价样态呈现即是多种关系或利益主体在共同规则观照和各自行为逻辑支持下,彼此之间不断相互影响和作用的过程与结果。基于此,如果说前面的论述是从"正面"谈论 N 高校教师评价的特征与成效,那么,本部分拟从"反面"去剖析教师评价的问题与成因,以期对 N 高校教师评价做个立体呈现。

第一节 N 高校教师评价的问题呈现

作为一个充斥着各种关系的组织,大学内部关系主要有三类,分别是人与人的关系,包括不同人、不同群体;机构之间的关系;学科专业

---

① [法]布迪厄、[美]华康德:《实践与反思——反思社会学导引》,李猛等译,中央编译出版社1998年版,第133—134页。
② [法]布迪厄、[美]华康德:《实践与反思——反思社会学导引》,李猛等译,中央编译出版社1998年版,第133页。

间的关系。① 如果我们切换观察问题的角度,从大学内部工作的性质或分工来看,也存在行政与学术、教学与科研、实体与程序等关系。这些关系之间要么相互依赖,共同促进组织共同体的发展,要么博弈,消耗组织前进的内生动力,降低大学"原本不多"的资源利用率。用布迪厄的话说,作为一种场域的大学,"并不是一种和谐、安宁和固定不变的社会空间,而是充满冲突的场所,在其中所有博弈者为了实现和扩大自己的利益而相互争斗"②。因此,前面论及的几种关系也处在或强或弱的博弈之中,这种博弈在大学内部利益或资源调整或分配时表现得尤为明显。而 N 高校教师评价实践也就成为行政与学术、教学与科研等关系博弈场景展开的背景板。

一 行政评价学术导致学术理念的"扭曲"

"只要高等教育仍然是正规的组织,它就是控制高深知识和方法的社会机构。"③ 众所周知,知识具有专门化、发展的自主性和探索的无止境等特征。"知识专业"是高等教育工作分工与开展的基础。为此,大学中的行政与学术都有其自身存在的合法性。学术合法性毋庸多言。"正如高深学问的发展需要专门化一样,在学院或大学的日常事务方面也需要职能的专门化。事务工作和学术工作必须区别开,因为每一方面都有它自己的一套专门的知识体系。"④ 所以,"行政事务从学术事务中分离出来并实行管理职能的专门化,决定了现代大学的科层管理不仅是必然的,而且是长期的"⑤。再者,从布迪厄的关系理论来看,文化学意义上的大学场域中的"学术文化"与"行政文化","具有内在的统一关系,两者

---

① 胡仁东:《人·关系·方法:大学组织内部治理的三个维度》,《大学教育科学》2015年第3期。
② [美] W. 理查德·斯科特:《制度与组织——思想观念与物质利益》(第3版),姚伟等译,中国人民大学出版社2010年版,第191页。
③ [美] 伯顿·R. 克拉克:《高等教育系统——学术组织的跨国研究》,王承绪等译,杭州大学出版社1994年版,第11页。
④ [美] 约翰·S. 布鲁贝克:《高等教育哲学》,王承绪等译,浙江教育出版社1998年版,第37页。
⑤ 姚加惠:《现代大学的科层管理及其改造》,《高等教育研究》2005年第6期。

有着最终的、共同的文化价值旨归"①。"学术文化"虽然以追求民主、自由、创新为圭臬，但是，没有了制度保障和规范制约的极端学术自由就会导致出现以"学阀""学霸"为代表的"学术专制主义"。不过，以"组织规范化"为追求的"行政文化"也没有对高校内部事务管理予以过分的结构化，依然能够在"有序"的大学内部为学术自由开辟出"无序"的空间，以此营造一个轻松的鼓励学术创造的"自由"氛围。总之，没有了"学术"，大学就丢失了灵魂，成为空洞的躯壳；缺少了"行政"辅佐，大学就会变得狭隘、僵化，与社会公共目标渐行渐远。可见，在大学里，学术与行政"同根共祖"，相辅相成。

因此，如同"车之两轮"的学术与行政，共同为大学组织目标的实现而持续不断地助力服务。然而，学术与行政之间的这种"同气连枝"的关系并没有随着大学的发展而亲密无间，而是充斥着罅隙与博弈。可以说，自从大学有了专门的行政管理人员，学者与行政管理人员的差异性就存在了，差异产生了矛盾，矛盾引发了纠纷。"从根本上说，学术权力与行政权力的冲突起源于学者和行政管理人员对于大学性质和使命的不同认识。"② 比如，秉承学术至上的学者就认为，追求自由、真理是大学工作的全部，资源配置应当以学术发展为中心和导向，学术权力应是大学一切事务的主导权力。承担管理与服务等公共职能的行政管理人员，所致力于的是大学服务社会的效率和能力，大学运行的科层化、行政化就成为他们的首选，他们所关注的不是体现为学者个人进步的"私人利益"，而是大学的"公共责任"。就目前我国高校而言，行政权力与学术权力两者相比较，前者明显"占上风"。究其原因，正如作者在前述中所提到的：国家工具的定位导致政府过度介入。这样一来，国家权力的深度介入就使得行政权力与学术权力并行、行政权力与学术权力边界模糊、行政权力侵蚀学术权力等。具

---

① 欧小军、卢晓中：《大学文化场域下学术与行政之关系——一种关系思维方法论的视角》，《教育发展研究》2010年第23期。
② 王英杰：《大学学术权力和行政权力冲突解析——一个文化的视角》，《北京大学教育评论》2007年第1期。

体表现为,"忽视学术权力存在的合理性及其重要作用,学术权力主体(教授及其组织)在管理中的作用不突出,行政管理的运行方式常常代替学术管理的方式,发挥一般教师、员工和学生的作用不够,学术权力的物质保障匮乏"[①]等。

至于大学教师评价,业已成为行政权力与学术权力两者失衡与错位的角逐场。正如有的学者指出的,"当外在于学术共同体的政府或机构成为学术活动的组织者,特别是成为学术资源及利益的主要提供者和分配者时,学术评价也就从学术活动演变为参与分配学术资源和利益的权力行为"[②]。可见,评价一旦沾染上了"权力",就不再是被评者所在领域的事情了,行政权力总是要牵涉其中并把控着评价过程的主动权,手握着被评价者的命运。于是,凭借大学教师评价来决定岗位评聘、绩效考核、项目鉴定等事项的结果,这些都属于"通过学术评价获得非学术结论的行为范畴"[③]。这就是"行政评价学术"的行为,也是大学教师评价的行政化。大学行政管理部门以对教师实施学术评价之名,将教师评价权力化、形式化,结果是教师学术评价异化为教师评价管理,扭曲了大学教师评价本为学术评价的理念。

在 N 高校,大学教师评价也是上述"行政评价学术"行为的继续,主要表现为以下几点:第一,在评价文件的制定上,"行政"凌驾于"学术"。教师评价指标体系是指导大学教师评价过程的纲领性文件。这个文件的出台过程往往是职能部门(如 N 高校人事处)起草,征求专家、相关部门负责人及专业教师意见,学术委员会审议,最后由校长办公会和党委会通过。进一步分析就会发现,文件征求意见的过程,在许多教师看来,往往"形式"大于"内容"。与其说是征求意见,不如说是向被征求人宣贯文件精神。在被问及"您亲自参与了职称晋升政策的

[①] 阎亚林:《论我国高校学术权力行政化》,《陕西师范大学学报》(哲学社会科学版)2003 年第 1 期。

[②] 朱剑:《重建学术评价机制的逻辑起点——从"核心期刊""来源期刊"排行榜谈起》,《清华大学学报》(哲学社会科学版)2012 年第 1 期。

[③] 刘庆昌:《学术评价的主体资格、内在标准与价值追求》,《中国社会科学评价》2017 年第 3 期。

制定过程"时，非常不同意占46.7%、不同意占26.0%，即高达72.7%的教师认为自己并没有亲自参与政策制定过程。这样一来，学术委员会也就成为参与文件制定过程的唯一"学术代表"。但是，正如N高校某届学术委员会主任所言，学术委员会意见也仅是校长办公会或党委会决策参考，只是以"参谋"而并非"主谋"的角色介入文件的制定。如此一来，教师评价规则、内容由专家参与制定，但是评价指标内容、权重等往往由N高校行政最终把关。

第二，在评价方式的选择上，以"量化"追求着"效率"。管理价值取向下的"量化"评价从一定程度上规避了评价人员的非专业性，保证了程序合法与合规。亦如前述，"量化"式教师评价方式使得N高校纠正了传统评价方式中的人为因素，评价结果也由此渐趋客观公正，促生了诸多高质量学术成果，提升了N高校社会地位。然而，"量化"式评价的逻辑是以形式评价代替内容评价、效果评价，"量化"指标的倒逼压力催生了"结果至上""数据最大""投机取巧"，导致了教师评价的简单化、成果化。

> 在现行的评价政策里，以"科研教研工作"指标为例，学术论文的赋分是按照SCI、EI、CSSCI等收录期刊排序作为论文评价的主要指标。也就是说，评价时会依照期刊等级或重要性赋予相应分值，这不就是典型的"行政化思维"吗！只重形式不重内容，只看数量不管质量！(1G–B–C–C–A–F–J)

在这种方式的"怂恿"下，教师的行为甚至走向了"极端"。

> 你不知道吗？去年有几个爆炸性新闻。有个学院的老师为了评副教授，花高价买下了一篇CSSCI来源期刊的论文，据说有不少老师这样做。还听说，某位老师在CSSCI来源期刊发表了数篇论文，每篇论文字数仅为3000字左右。(3G–C–B–A–A–M–J)
> 我们学院有位老师，一年之内在学校公布的一级出版社中同一

个月出版了两本专著,这是多么高的学术产出率! (3G-B-B-C-A-F-J)

  学校的评价体系是有问题的。只追求量化的结果导致了许多教师为了追求数量而追求数量。比如说,有部分文科教师竟然搞起了发明创造,职称评审时,有位老师竟交上了三项发明专利。明眼人一看就知道,这些专利与他的专业根本不相关。甚至有老师还告诉我了某些"特殊渠道"!老师们要是争相效仿起来,真是做大做强了"交叉学科"了。(1G-B-C-C-A-F-J)

  可以说,片面追求学术成果数量化,高校收获的只是一堆"毫无意义"的数字;对教师而言,致使他们摒弃了潜心为学、精益求精的学术态度,甚至"逼良为娼",造成了"虚假的学术繁荣"。

  需要着重指出的是,N高校的教师评价在以"量化"追求"效率"的同时,仍采取统一的行动来应对不同的"学科"。托尼·比彻(Tony Becher)曾指出,学科也是一种文化现象,不同学科的学者拥有不同的思维方式、行为准则和特殊的智力任务。[①] 基于此,对不同学科的教师施以同样的评价标准,必会背离教师群体意识与文化,外化于学术职业群体的惯习与规范之中。

  作者对N高校教师所在学科进行重新编码,将哲学、经济学、法学、教育学、文学、管理学和历史学重新编码为文科,将理学、工学、农学、医学和军事学重新编码为理工科。通过独立样本T检验对教师评价各维度在不同学科分类上进行差异性检验的结果显示,职称晋升、教学评价、科研评价和年度考核在学科上均具有显著差异($P<0.05$),文科类教师和理工科类教师在不同教师评价政策上具有明显不同的态度倾向(见表4-1)。

---

① [英]托尼·比彻、保罗·特罗勒尔:《学术部落及其领地》,唐跃勤等译,北京大学出版社2008年版,第110页。

表4-1　教师评价各维度在学科上的独立样本 T 检验结果

指标	学科	频数	均值	标准差	T 值	显著性
职称晋升	文科	360	2.41	0.75	-5.70	0.000***
	理工科	252	2.76	0.74		
年度考核	文科	360	2.64	0.81	-5.41	0.000***
	理工科	252	2.97	0.69		

注：*** P<0.001, ** P<0.01, * P<0.05。

其中，通过独立样本 T 检验对教师所在学科与教师评价各指标的差异性进行检验的结果显示：教师评价政策的各指标在学科类别上存在显著差异（P<0.05）。这说明文科教师和理工科教师在教师评价政策各指标上具有明显不同的态度倾向，且文科教师得分均低于理工科教师（见表4-2）。

表4-2　教师评价各指标在学科上的独立样本 T 检验结果

指标	文理分科	频数	均值	标准差	T 值	显著性
职称晋升合理性	文科	360	2.21	1.21	-4.44	0.000***
	理工科	252	2.64	1.17		
职称晋升细致性	文科	360	2.04	1.07	-6.358	0.000***
	理工科	252	2.60	1.08		
职称晋升有效性	文科	360	2.42	0.92	-6.05	0.000***
	理工科	252	2.85	0.83		
年度考核合理性	文科	360	2.87	0.97	-5.88	0.000***
	理工科	252	3.21	0.93		
年度考核回应性	文科	360	2.21	1.10	-4.39	0.000***
	理工科	252	2.50	0.90		
年度考核合法性	文科	360	2.80	0.86	-5.63	0.000***
	理工科	252	3.18	0.79		

注：*** P<0.001, ** P<0.01, * P<0.05。

正如前述，不同的学科具有不同的知识特征、社会特征和价值倾向特征。从这种意义上说，教师评价体系的设计与实施应基于多元专业领域的知识特点，给予更多包容与尊重，而不是控制与约束。

第三，在评价过程的操作上，以"机械"成就着"公正"。在量化评价指标体系的照拂下，N 高校教师评价操作过程趋于"机械"，教师评价过程成为一种"算分式"的简单脑力劳动。通常做法是，由二级学院教学科研秘书先对教师成果予以审查，按照指标体系对号入座、划分等级，而后赋予相应分值，并交由学校相关职能部门复核认定。如果对提交成果价值等级认定问题存有异议，或者成果不在评价指标体系之中，一般来说，也由 N 高校岗位评价工作办公室统筹负责，专业学术人员难以参与其中。

> 我们普通老师是参与不到最终的复核的，你没看到吗，学校的岗位评价委员会成员里哪有我们普通老师的身影，全是院长、处长级人物，我们是没有发言权的。(1B-B-B-B-B-M-J)

例外的是，重大教科研成果的认定由岗位评价工作办公室交由学校学术委员会认定。但是，这种"例外"的确是"例外"。由此可见，教师评价操作主体相对单一，过程也缺乏温度。

第四，在评价结果的使用上，以"物质"激励着"精神"。教师评价的目的无非是对教师进行激励。与隐性激励相比，具有显性特点的物质激励更具操作性，激励效果明显，往往优于精神激励。毕竟，"大学教师评价制度在实践方式上即是建立'一个标准'，通过一定的形式将教师的能力和价值转化成具有交换价值的'货币'，从而实现兑换与流通"[①]。教师评价的分值不同，所被给予的奖励金额也有大有小。大学教师与学校之间的劳动关系也不再是"人与人（法人）"之间的关系，取

---

① 沈红、刘盛：《大学教师评价制度的物化逻辑及其二重性》，《教育研究》2016 年第 3 期。

而代之的是建立在身份、成果、资历等基础上的"物的社会关系"。比如，N高校为提升学术影响力实施的人才工程，直接以成果质量高低、数量多寡论功行赏，诱人的物质利益使得教师们趋之若鹜。

> 学校不是针对各类人才给出了不同的奖励吗？以二级人才为例来说，每年的学术津贴高达30万元，周期是4年，可2年都过去了，也没看到这些"人才"做出的成果啊。(2B-B-D-D-A-F-J)

显然，学术研究毕竟有它自身的规律，学术皇冠固然迷人，但是研究者如果没有牢固的学术金字塔塔基的支撑，力图一步登上塔尖，无异于痴人说梦。丰厚的物质激励只能发挥"一时之用"，不能造就"一世之勇"。遵循学术规律，调整学术理念，唯此才能实现N高校学术的振兴与领军人物的培养。毕竟，"不同于其他物质生产部门，大学作为学术组织，'学术自由'不仅是其必须遵循的规律，也是其内生性的制度特征，其根本原因在于它符合自由的精神生产的规律"①。

二 科研优于教学导致工作重心的"失衡"

对应用型本科高校而言，教学与科研是两项基础性工作。重教学、轻科研或重科研、轻教学均会造成教学与科研关系的失衡。而究其原因，在于当前应用型本科高校对"科研"内涵的理解基本限定在"发现的研究"②，即"论文本位""项目本位"的科研观成为其科研评价的内在逻辑。"现代大学教育中，没有任何问题比教学与科研之间的关系更为根本，也没有任何问题在学术界内外有如此肤浅的想法和倒退性的批评。"③ 大学

---

① 冯向东：《从精神生产视角看中国特色现代大学制度建设》，《高等教育研究》2015年第4期。
② 博耶将综合的学术研究、应用的学术研究和教学的学术研究与发现的学术研究一起纳入学术研究的范畴。转引自李宝斌、许晓东《高校教师评价中教学科研失衡的实证与反思》，《高等工程教育研究》2011年第2期。
③ 转引自刘献君、张俊超、吴洪富《大学教师对于教学与科研关系的认识和处理调查研究》，《高等工程教育研究》2010年第2期。

教学与科研之间关系的处理不仅关乎着大学价值的发挥和学校使命的完成，也牵涉到大学存在的合法性这一根本性问题。既然如此，又应该如何妥善处理两者之间的关系呢？这里首先需要对教学与科研之间的关系予以简单回溯。科学研究全面进入大学是19世纪的事情。在洪堡"教学与研究相统一"原则指导下，教学与科研两者不但相安无事并存，而且齐头并进，共同发展。不过，到了19世纪中叶，大学开始排斥科研，结果是政府在大学之外建立了完备的国家科研体系。"发现和教学是两种迥异的职能，也是迥异的才能，并且同一个人兼备这两种才能的情形并不多见。整天忙于把自己现有知识传授给学生的人，也不可能有闲暇与精力去获取新的知识。探寻真理需要离群索居，心无二用，这是人类的常识。"① 进入20世纪后，尤其是六七十年代后，大学里科研无情地"碾压"了教学，"不发表则灭亡"更是那时大学教师争相投入到轰轰烈烈学术活动中的有力明证，也是科研主导大学工作的真实写照。"从教学与科研的矛盾及协调中可以看出，两者之争的原因并不在其本身，它所反映的深层矛盾是大学与社会的冲突，尤其是大学理想与社会需要的冲突。"② 换言之，在政府、社会、资本等外在力量介入下，大学已经不能完全按照知识的逻辑自由地探索，受到了"利"与"力"的"干扰"，需要在知识与社会之间"往返流转"。总之，作为大学"当事者"的教学与科研，二者之间的"矛盾"总有一种"迫不得已"的"苦涩"。

　　实际上，教学与科研的统一也只是理念层面的存在，而不是现实中的实践。"教学与科研相统一是大学的理念，只有在理念的层面才能真正理解教学与科研相统一的永恒价值。"③ 既然这样，大学中的"教学与科研相统一"指的并不是科教融合、产教融合等具体的效果，而是"大学人的生活方式和大学的存在方式"。可以说，秉承且坚持"教

---

① ［英］约翰·亨利·纽曼：《大学的理想（节本）》，徐辉等译，浙江教育出版社2001年版，第4页。
② 赵婷婷：《从大学与社会的矛盾看教学与科研的关系》，《高等教育研究》1999年第2期。
③ 王建华：《重温"教学与科研相统一"》，《教育学报》2015年第3期。

学与科研相统一"的大学在办学过程中不一定能够将其变成现实;放弃了"教学与科研相统一",大学则丧失了存在的底线。也就是说,理念必须固守,但困难依然存在。不过,"教学与科研的统一"这一理念也没有遮蔽不同类型的大学对两者孰先孰后或孰轻孰重尺度的拿捏。"如果我们视大学为知识企业,教学无需与科研相统一,分工和专门化会更有效率;如果仅仅为了培养实用的人才,大学也无需科研,对于应用性知识而言,拿来主义才是最佳的选择;而对于实用人才培养,技术培训才更有效;如果我们坚持将研究型大学视为所有大学的典范,大学也理应追逐大科学,尽可能地向一流科研机构看齐。"① 作者在美国访学期间曾对美国应用型大学教师评价制度展开调研,发现:美国应用型大学并没有盲目追求世界一流大学的制度标准,而是将教学的优秀与卓越作为教师评价中的关键指标,将人才培养视为学校的核心职能。② 以美国应用型高校——美国威廉姆斯学院的教师评价制度为例,其《教师手册》明确规定,教学是教师的首要任务和教师评价的重要标准,并对教师的教学职责作出了明确而详细的规定:"除每隔一年教授一次冬季课程外,所有教师每年应完成四门课程的教学任务。除特殊情况外,每位教师每学期应至少教授一门课程,且在一个学期内不得教授三门以上的课程。当然,这个规定并不是一成不变的,可由各个院系根据教师个人教学任务承担情况对教学工作量酌情增减。若教师已担任行政职责、独立研究、实验室工作、音乐表演及相关监督工作等,可依据相关规定折算成教学工作量。"③ 故而,不同类型的大学可以根据自己的需要在教学与科研关系上有所取舍,但是两者相统一的理念是不能丢弃的。屈从现实是为了大学生存的"苟且",而坚持理念则是大学"诗和远方的田野"。

---

① 王建华:《重温"教学与科研相统一"》,《教育学报》2015 年第 3 期。
② Larry A. Braskamp, Dale C. Brandenburg, John C. Ory, *Evaluating Teaching Effectiveness*: *A Practical Guide* (1st Edition), 1984, p. 35.
③ Williams College, Williams College Faculty Handbook [EB/OL]. (2016 - 07 - 01) [2020 - 02 - 20]. https://faculty.williams.edu/faculty-handbook/.

于是，对于 N 高校来讲，教学优于科研显然是妥洽选择。原因不外有三点：其一，大学章程的规定。作为学校办学的"宪法"，"大学章程就是办学行为规范"①，是大学使命和宗旨的阐述。遵守大学章程是提高高校组织效率和实现组织目标最大化的捷径。N 高校章程第二章第七条规定："学校以本科教育为主，形成专科教育、本科教育、研究生教育的学历教育体系。"因此，对于 N 高校这一新建本科院校来说，是以教学为主，培养一般性科研人才和工程技术人才，是教学型大学。在教学型大学中，人才培养目标为应用型，应用、开发是科研方向，在教学与科研关系上应奉行"教学为主、少量科研"的原则。正如研究型大学不能拒绝本科生培养一样，教学型大学同样也不能将科研完全逐出门外。其二，大众化教育的需要。"高等教育大众化时代的到来，深刻影响并改变了大学传统的运作方式和内部活动，也赋予大学的教学与科研以新的意蕴。"② 高等教育大众化促生了多样化，单一的大学分类模式势必被多元分类模式所取代。因此，在教育系统金字塔顶端的高校，或者属于国内一流大学范畴中的高校，在处理教学与科研关系时可适当重视后者。处在国家教育系统金字塔中上端的高校，一般对教学与科研采取一视同仁的态度，两者并重不可偏废。这些学校一般为省属重点及以上层次。第三类是以 N 高校为代表的地方高校，它们是我国高等教育人才培养的主力军，身居教育系统金字塔中下层次，通过教学来培养人才是它们的主要职能。其三，学校自身实际。这一点从 N 高校自身已有做法中业已得到了证明，只不过是在教师评价中将科研凌驾于教学之上。比如 N 高校开展的应用型人才培养方案修订工作。该项工作由时任 N 高校校长牵头，全校所有二级学院院长、分管教学副院长、教研室主任、专业带头人等参加，历时一年半左右的时间，"从人才市场需求和学生成长需求出发，明晰应用型人才培养目标定位，重构人才培养体系，形成全新的课程体

---

① 米俊魁：《大学章程法律性质探析》，《现代大学教育》2006 年第 1 期。
② 李泽彧、曹如军：《大众化时期大学教学与科研关系审视》，《高等教育研究》2008 年第 3 期。

系、人才培养方式和组织运行方式",以"逆推法"① 全面修订了全校所有本科专业人才培养方案。可见,教学在 N 高校中的地位还是相当重要的。只不过政策从认识角度容易到位,但执行起来容易跑偏。

这样一来,教师们普遍感受到了与日俱增的科研压力,但为了晋升职称又不得不从事科研的教师大有人在。这可在作者对问卷"您认为贵校科研评价政策对教师造成了较大压力"和"职称晋升压力使您不得不从事科研"两个指标点的分析结果中得到证明,数据分析结果显示,约有 72.4% 的教师认为学校科研评价政策对教师造成了较大压力;73.1% 的教师迫于职称晋升压力不得不从事科研。具体数据如下:

指标点:您认为贵校科研评价政策对教师造成了较大压力

作者对科研评价政策给教师带来的压力与人口统计学变量之间进行差异性检验,分别从性别、年龄、教龄、学科、学历、职称、毕业院校、教师工作重心和工作兴趣等方面进行差异性检验(见表 4—3)。

结果表明,科研评价政策给教师带来压力在性别、不同学历之间并没有显著差异（$P>0.05$）,在年龄、教龄、学科、职称、毕业院校、教师工作重心和工作兴趣上存在显著差异（$P<0.05$）。具体而言,在年龄上,教师所处年龄段越大,学校科研评价政策给其带来的压力就越大;在教龄上,呈现出"两端低,中间高"的趋势,16—25 年教龄的教师的压力最大;在学科上,文科教师感受到的科研政策带来的压力明显高于理工科教师;在职称上,教师职称越大,其在学校科研评价政策上获得的压力就越大;在不同毕业院校上,毕业于"211"院校的教师在科研评价政策中的压力最大,毕业于国外院校的教师压力最小;在工作重心上,主要以教学为重心的教师受到的压力最大,主要以研究为重心的教师受到的压力最小;在工作兴趣上,以研究为主要工作兴趣的教师在教学评价政策中的压力最小。

---

① 张志文:《应用型人才培养模式的哲学思考》,《高教发展与评估》2019 年第 2 期。

表4-3　　人口统计学变量上的差异性检验结果

类别		均值	F值	显著性
性别	男	3.98	-0.653	0.514
	女	4.03		
年龄	30岁及以下	3.81	7.417	0.000***
	31—40岁	3.82		
	41—50岁	4.05		
	51—60岁	4.24		
	61岁及以上	4.83		
教龄	5年及以下	3.72	5.807	0.001**
	6—15年	4.00		
	16—25年	4.23		
	26年及以上	4.01		
学科	文科	4.18	4.987	0.000***
	理工科	3.76		
学历	学士	3.71	2.415	0.090
	硕士	3.98		
	博士	4.11		
职称	教授：二级	4.56	2.687	0.005**
	教授：三级	4.15		
	教授：四级	4.08		
	副教授：五级	4.07		
	副教授：六级	4.07		
	副教授：七级	4.05		
	讲师：八级	4.17		
	讲师：九级	4.09		
	讲师：十级	3.96		
	助教：十一级	3.48		
毕业院校	"985"院校	4.03	4.606	0.003**
	"211"院校	4.17		
	一般本科院校	3.83		
	国外院校	3.57		

续表

类别		均值	F 值	显著性
工作重心	主要是教学	4.17	13.940	0.000***
	主要是研究	3.41		
	两者兼有	3.84		
工作兴趣	主要是教学	3.96	6.129	0.002**
	主要是研究	3.60		
	两者兼有	4.11		

注：*** $P<0.001$，** $P<0.01$，* $P<0.05$。

指标点：职称晋升压力使您不得不从事科研

作者对职称晋升压力使教师不得不从事科研与人口统计学变量之间进行差异性检验，分别从性别、年龄、教龄、学科、学历、职称、毕业院校、教师工作重心和工作兴趣等方面进行差异性检验（见表4-4）。

结果表明，职称晋升压力使教师不得不从事科研在不同学历之间并没有显著差异（$P>0.05$），在性别、年龄、教龄、学科、职称、毕业院校、教师工作重心和工作兴趣上存在显著差异（$P<0.05$）。具体而言，在性别上，女教师比男教师更容易迫于职称压力而不得不从事科研；在年龄上，教师所处年龄段越大，教师对迫于职称晋升压力从事科研的同意度就越高；在教龄上，呈现出"两端低，中间高"的趋势，16—25年教龄的教师对迫于职称晋升压力从事科研的同意度最高；在学科上，文科教师对迫于职称晋升压力从事科研的同意度明显高于理工科教师；在职称上，教师职称越高，教师对迫于职称晋升压力从事科研的同意度就越高；在不同毕业院校上，毕业于"211"院校的教师对迫于职称晋升压力从事科研的同意度最高，毕业于国外院校的教师压力最小；在工作重心上，主要以教学为重心的教师对迫于职称晋升压力从事科研的同意度最高；在工作兴趣上，以研究为主要工作兴趣的教师对迫于职称晋升压力从事科研的同意度最低，兼顾两者的教师同意度最高。

表4-4　　人口统计学变量上的差异性检验结果

类别		均值	F值	显著性
性别	男	3.90	-2.175	0.030*
	女	4.09		
年龄	30岁及以下	3.90	4.096	0.003**
	31—40岁	3.85		
	41—50岁	4.04		
	51—60岁	4.15		
	61岁及以上	4.65		
教龄	5年及以下	3.72	6.393	0.000***
	6—15年	3.99		
	16—25年	4.25		
	26年及以上	3.95		
学科	文科	4.18	5.046	0.000***
	理工科	3.75		
学历	学士	3.82	2.244	0.107
	硕士	3.96		
	博士	4.13		
职称	教授：二级	4.56	3.370	0.000***
	教授：三级	4.11		
	教授：四级	4.37		
	副教授：五级	3.87		
	副教授：六级	3.99		
	副教授：七级	4.11		
	讲师：八级	4.20		
	讲师：九级	4.11		
	讲师：十级	3.78		
	助教：十一级	3.58		
毕业院校	"985"院校	4.03	3.648	0.013*
	"211"院校	4.14		
	一般本科院校	3.86		
	国外院校	3.52		

续表

类别		均值	F 值	显著性
工作重心	主要是教学	4.21	17.651	0.000***
	主要是研究	3.59		
	两者兼有	3.74		
工作兴趣	主要是教学	4.04	16.296	0.000***
	主要是研究	3.28		
	两者兼有	4.11		

注：*** $P<0.001$，** $P<0.01$，* $P<0.05$。

与科研评价指标相比，N 高校教师教学评价的短板呈现出四"不"的特点。其一，从指标数量上，教师评价所占比重"不多"。以 N 高校 2015 年版教授专业技术岗位综合评价办法为例，教学成果所占比重为 30.0%多一点，而科教研成果的比例则达到 54.0%。纵使在副教授岗位综合评价办法中，教学成果权重也比科教研工作权重少 4 个百分点。虽然指标中存在"教学轻科研重"的问题在第二次岗位综合评价中以岗位分类的形式看似被消解了，但是教学指标均以量化形式出现，也为教学指标埋下了另一个"隐患"。

其二，从评价体系上，教学评价指标"不全"。教学评价包括内部评价和外部评价两个方面。前者是对教师教学效果的评估，作为一种长期性活动的教学显然需要长时间逐步积累才能展现效果。后者主要表现为教学团队、教学成果奖、学科专业建设等内容，外部评价结果往往与学校资源配置有着很深的渊源。对于教学效果评价，N 高校与兄弟院校的做法一样选择的是学生评教、同行评教和督导评教三者结合的模式，以"数量"来表达"质量"①。这里就造成了内部评价"重形式"。至于外部评价，与科研成果依靠教师们"单打独斗"来

---

① 当然，在成果价值上，教学效果不如科研成果"有形"，更容易测量和评价。教学效果难以测量这也是一个不争的事实。N 高校也有着兄弟院校同样的烦恼。

完成不同，教学成果的分量往往取决于教师所掌握资源的多寡，比如有没有教学团队、是不是重点学科等。于是，教师主动迎合 N 高校职能部门，力图通过各种手段获得更多青睐，进而斩获更多荣誉。

> 这年头，大学老师不好当，咱们学校的老师更不好当。没有好的平台，只靠自己单打独斗的话，很多工作不好做。掌握资源的就那几个人，我们还得靠跟他们搞好关系才行。所以，你看到有的老师写了文章，发表的时候挂了好几个领导，有校长还有处长、主任，你也就明白是怎么回事了。(3G－B－B－C－A－F－J)

这就出现了外部评价"跑关系"的现象。因此，当教学效果评价流于形式、教学成果获得依靠关系时，主宰教师评价命运的不再是教师个人工作的努力而是这些"潜规则"，这时的教师要么效仿其他人的"灵活"，要么转向科研工作，甚至有可能感到"无望"而"沉沦"下去。尤其是部分教师"迎难而上"，结果却发现自己付出的努力得不到学校认可时，"受伤"的不仅是这部分教师，还有可能出现扩散效应，波及其他正在为教学质量提升默默耕耘的教师。

在与教师访谈中，就有位来校十八载已过不惑之年的骨干教师说过：

> 上好课有什么用，应付一下得了，还不如多写篇论文来得快。(3F－A－C－C－A－M－J)

> 学校表面上对教学与科研一视同仁，实际上对教学的重视仅是停留在口头上，是更重视科研的。(3H－A－D－C－A－M－G4)

> 我到退休也就副教授了，赶上这种政策，我能保住我的副教授职位就不错了。我又没有那么强的科研能力，整不了那个，还是老实上点课吧。(2B－B－D－D－A－F－J)

其三，从激励措施上，教学评价手段"不硬"。以 N 高校 2019 年第一届校级教学名师评选为例。在当下，教学层面的荣誉称号虽然能给教师带来成就的光环，但是显然不如丰厚的物质奖励来得实惠。尤其是在生活成本居高不下的省会城市，这一点自不待言。"教学名师"评价指标有教学效果、教学方法、教学研究成果、指导学生论文等方面，所有与教学相关的内容都是评选教学名师的必要条件。其中，教学效果指的是最近五个学年的学生评教、同行评教和督导评教的平均分。同时，参加教学名师评选的最低教学工作量是近五年来年均教学工作量不低于300学时。由此可知评选条件之苛刻。2019年共有五位教师获此殊荣。然而，与此荣誉称号相匹配的物质奖励仅为1万元，尚不及一篇SCI论文奖励金额。[①] 两者付出与收获之间的落差的确会让好好教书的老师如坐针毡。再比如，2019年N高校用于教学、科研、人才引进方面的奖励金额为2000万元，其中，单单科研一项占据了1000多万元，人才引进500多万元，留给教学的奖励可谓杯水车薪。因此，与"硬核"的科研奖励相比，N高校对教学工作的奖励还是有所保留的。同样，在作者的访谈中，有教师也毫不忌讳地表达出"从事科研就是为了得到科研奖励"的观点。这也在问卷调查的数据分析结果中得到了进一步印证，约有51.6%的教师认为其从事科研是为了获取物质奖励。具体数据如下：

指标点：您从事科研是为了科研收入和科研奖励

作者对教师基于物质目的从事科研与人口统计学变量之间进行差异性检验，分别从性别、年龄、教龄、学科、学历、职称、毕业院校、教师工作重心和工作兴趣等方面进行差异性检验（详见表4-5）。

结果表明，教师基于物质目的从事科研在性别、不同学科、教龄之间并没有显著差异（$P > 0.05$），在年龄、学历、职称、毕业院校、教师工作重心和工作兴趣上存在显著差异（$P < 0.05$）。具体而言，在年龄

---

① "（1）发表在Science、Nature、Cell上的论文，每篇奖励25万元。（2）被SCI收录的期刊论文，按中科院分区进行奖励，1区奖励5万元，2区奖励2万元，3区奖励1.2万元，4区奖励0.8万元。（3）被EI收录的期刊论文每篇奖励0.6万元。（4）国际学术会议论文且被EI收录的每篇奖励0.3万元，被CPCI-S收录论文每篇奖励0.1万元。（5）发表在全国中文核心期刊的论文每篇奖励0.1万元。"摘自2019年版N高校科研奖励办法。

上，呈现出"两端高，中间低"的趋势，61岁及以上的对基于物质目的从事科研的同意度最高，其次是30岁及以下、51—60岁的教师，41—50岁年龄段的教师的同意度最低；在学历上，教师学历越高，对基于物质目的从事科研的同意度就越高；在职称上，教师职称越高，教师对基于物质目的从事科研的同意度就越高；在不同毕业院校上，毕业于"211"院校的教师对基于物质目的从事科研的同意度最高，毕业于一般本科院校的教师同意度最低；在工作重心上，主要以教学为重心的教师对基于物质目的从事科研的同意度最高；在工作兴趣上，以教学为主要工作兴趣的教师对基于物质目的从事科研的同意度最低，两者兼有的教师同意度最高。

表4-5　　　　　　　人口统计学变量上的差异性检验结果

类别		均值	F值	显著性
性别	男	3.49	1.352	0.177
	女	3.34		
年龄	30岁及以下	3.86	9.357	0.000***
	31—40岁	3.30		
	41—50岁	3.42		
	51—60岁	3.85		
	61岁及以上	4.61		
教龄	5年及以下	3.55	2.033	0.108
	6—15年	3.55		
	16—25年	3.66		
	26年及以上	3.25		
学科	文科	3.62	1.948	0.052
	理工科	3.42		
学历	学士	2.94	8.172	0.000***
	硕士	3.47		
	博士	3.80		

续表

类别		均值	F 值	显著性
职称	教授：二级	4.33	2.464	0.009**
	教授：三级	4.00		
	教授：四级	3.81		
	副教授：五级	3.26		
	副教授：六级	3.65		
	副教授：七级	3.55		
	讲师：八级	3.68		
	讲师：九级	3.65		
	讲师：十级	3.20		
	助教：十一级	3.36		
毕业院校	"985"院校	3.52	9.057	0.000***
	"211"院校	3.87		
	一般本科院校	3.19		
	国外院校	3.33		
工作重心	主要是教学	3.71	8.587	0.000***
	主要是研究	3.17		
	两者兼有	3.31		
工作兴趣	主要是教学	3.18	19.509	0.000***
	主要是研究	3.24		
	两者兼有	3.83		

注：*** $P<0.001$，** $P<0.01$，* $P<0.05$。

其四，从时间分配上，教师从事教学的时间"不够"。曾任哈佛大学校长的博克说过，"学者们一般认为研究比教学更有价值。其理由显而易见，因为教书对教师来说需要更多的时间和精力。……教学与研究相比，仅仅是重复已知的事实，或重复别人的工作。教学工作即使有所创新，由于这些创新还没有以不可改变的形式固定下来，因而本质上通常是尝试性、探索性的。更重要的是，教学不能马上在本校得到同行评价，更得不到外校同行评价"①。另外，科研奖励力度大，教学奖励较少。多重因素的叠加使得科研已经"挤占"了教学时间，甚至在某些教师中，教学已经被科研"挤出"了工作范畴。有的被访者表示，"一周十五六节课，加上备课、应付各种教学检查，常规教学工作就已经占据了大部分时间，哪有时间从事教学研究"（2H－C－B－B－A－M－J）。N 高校各种教学评估等常规琐碎工作本来已经让一线教师疲于奔命了，付出多收获少，加上科研奖励的诱惑，真正潜心去提高教学效果、琢磨如何做出教学成果的时间确实是"不够"的。

三 重"学"轻"用"导致人才培养的"纠结"

同样，N 高校章程第二章第三条规定，"学校的办学定位是：立足 S 省，服务交通，把学校建设成为国内知名的具有鲜明交通特色的高水平应用型大学"。既然 N 高校的办学定位是"应用型"大学，那么，应当"依据应用型人才的内在基质，设计有利于应用型人才特殊素质结构发展的"② 教师评价体系，从而引导和督促教师为应用型人才培养开展教学与科研。"应用型人才主要是在一定的理论规范指导下，从事非学术研究性工作，其任务是将抽象的理论符号转换成具体操作构思或产品构型，将知识应用于实践。"③ 如果说学术型人才是将客观规律转换成科学原理，进而创造知识，强调的是"学"，那么，应用型人才的任务是把科学原理运用到社会实践领域，从而直接为社会产生经济效益和社会财富，所注重的是"用"。为此，围绕如何"用"开展教师评价是 N 高校当为之事。不过，"学"又是"用"的基础。作为被评价者的 N 高校教师又都是在"学"有所成后才能成为 N 高校的一员。于是，在"学"与

---

① ［美］德里克·博克：《美国高等教育》，乔佳义编译，北京师范大学出版社1991年版，第62—63页。
② 曹如军：《应用型本科教师评价研究》，吉林大学出版社2013年版，第109页。
③ 潘懋元、石慧霞：《应用型人才培养的历史探源》，《江苏高教》2009年第1期。

"用"的倾向上，N 高校教师评价颇有些困惑与纠结，心里念着"用"，手里却攥着"学"。

一是教学指标上，评价制度粗略，对教师教学内容和教学方法难以形成有效激励，不利于产教融合能力的提升。应用型本科高校应重视教师实践教学能力和工程实践能力。N 高校在日常教学中让教师偏重实践，注重提升学生运用知识解决具体问题的能力，但是，在教学评价指标中却没有很好地一以贯之。有以下四点：其一，衡量教师实践教学能力的指标比较单薄。在 2015 年第一次岗位评价指标体系"教学工作"中，实践教学指标仅占 10.5%，属于下游水平，与占比 31.5% 的教学成果和 26.5% 的教学工作量相比，尚不及它们的一半。再说内容上，除了"取得国家认可的注册行业执业资格证书"这一项指标关系教师实践教学能力之外，校内（外）实验室建设或实验教学示范中心或高校人才培养模式创新实验区建设与获省级优秀学士学位论文，这两项内容与教师的实践教学能力关系不大。

其二，重"课时"轻"教学质量"的指标成为教师教学工作评价的主要指标。即使在修订的用于第二次岗位聘任 2019 年版指标体系中，教学成果（31.0%）[①] 和教学工作量（15.0%）依然占据着教师评价指标体系的"大头"。可是，这些指标是难以考察教师努力水平和实践能力的。

其三，教学质量与效果评价流于形式。这样一来，看似以数字代替主观评价，全面又客观，而在学生评教、同行评教和督导评教的"共同努力"下，有的演变成了"你好我好大家好"的"皆大欢喜"，有的则怨言载道。在与之相关的问卷调查中，"您认为教师教学最具有说服力的评价主体"和"您认为最具有说服力的教学评价指标"的分析结果也表明了教师心目中对教学评价主体和教学评价指标的倾向性。其中，"学生"（占比 75.0%）、"校内外同行"（占比 65.0%）和"校外专家"（占比 45.0%）分列教学评价主体前三位；除"专家评价结果"（占比

---

① 在 2019 年版岗位评价体系中，"教学成果"有教学团队、课程建设、教学比赛、教学成果奖、优秀教材获奖等五个方面。据作者观察，被评价者所提交的佐证这些指标的材料与教师实践教学能力关系不大。

80.0%)、"学生评教结果"（占比77.5%）和"教学奖励"（占比52.5%）分列教学评价指标前三位之外，"课外指导学生时间"（占比52.5%）也成为教师大力推崇的指标之一。

  教学质量与效果评价主要由学生评教、同行评教和督导评教的结果构成。其中，学生评教占40%，同行评教占30%，督导评教占30%。学生评教每年教务处有统计数据。同行评教其实就是老师们之间互相打分，实际分数都是90分以上，学校担心分数过于接近拉不开档次，就要求学院按照3∶4∶3的比例将参评教师进行ABC分级。可实际上，据我私下了解，学院的做法分成两类：一类是大家分数都差不多，所谓的分级意义就不存在了；还有一类是，有的学院不知用什么标准将老师们分成了三六九等，分数差距非常大，这一类学院的老师们怨言载道。问其原因，有的老师就说，学院领导跟谁关系好就让谁优秀，不听他的话的就给人家差评，这不乱套了吗！(3G-B-B-C-A-F-J)

  教学质量与效果评价这一项虽然在整个评价体系中占比不大，只占教学工作的10%，但是我们还是觉得每个学院对参评教师的教学质量与效果评价的标准是不一样的。有的学院是大家分数都差不多，有的学院是分数差好多。但是这些老师要都拿到学校去统一排队，哪里还有什么公平性啊，老师们有苦说不出。(1G-B-C-C-A-F-J)

  其四，督导评教"难奏效"。在N高校，督导分为校级和院级两级督导。因此，在督导的选聘范围上，N高校能够实现对全校所有教师教学工作督导的全覆盖。实际上，督导效果并非天遂人愿。先说校级督导，他们有专职和兼职之分。专职督导一般由学校退休教师或年近退休而已退出领导岗位的中层干部组成。如果仅仅是从事全校督导工作，原本也不难胜任。问题是，他们还要承担学校专业评估、课程评估、教学课题评审等各种与教学相关的评估活动，任务繁巨，督导课堂教学颇有些力不从心。兼职督导本身就有繁重的教学科研任务，能够完成最低督导工作量已属万幸。再有，兼职督导往往都有岗位评价的压力，在N高校这样一个熟人社会，碍于情面和自己的未来，也难说能够做到客观公正。至于院级督导，他们所督导范围也仅限于本学院教师，"低头不见抬头见"的工作场景也限制了他们发挥作用的空间。因此，N高校督导无法形成有效监督，自然也无法增强教师实践教学的工作动力。

二是科研指标上，学术研究与应用研究"两不误"，弱化了应用研究。与其他同类应用型本科高校相类似，N高校对待学术与应用的态度是"两手抓两手都要硬"。略感庆幸的是，N高校尤其重视与社会需求相关的横向课题研究。2019年度N高校科研总经费达到1.1亿元，其中横向课题经费就有近9000万元，纵向课题经费仅为1300多万元。尤其是交通土建和信息科学两个学院贡献了5000多万元的横向课题经费。因此，在这一点上，N高校又与同类应用型本科高校不太相同，又较为重视应用研究。然而，具体到教师科研评价体系，这些在"应用研究"方面取得的成绩又被"学术研究"抢去了风头。与其说是学术与应用两者并举，不如说是厚此薄彼。主要呈现为：其一，科研评价与应用型人才培养的目标相分离。N高校人才培养的核心目标是应用型人才。教师评价也应为应用型人才培养服务。不过，N高校依然借鉴并执行着传统高校科研评价的做法，将学术成果列为教师科研工作的"第一要务"。在2015年第一次岗位评价体系（副教授、教授）中，"科研成果"分别占比40.0%和45.0%，到了2019年，修订后的第二次岗位评价指标体系将"学生科技指导"从科研中分离出来，仅"科研成果"这一项指标分别又提升了3个百分点。如果仔细分析这一指标的考核点就会发现，所考核内容全部都是"学术研究"的成果，与"应用研究"风马牛不相及。

N高校专业技术岗位综合评价办法2015年版
①学术论文（论文经高一级刊物转载的，按高一级刊物计分，

不重复计算)：NATURE/SCIENCE：1000 分/篇；中国科学/中国社会科学：300 分/篇；SCI 收录 1 区、2 区、3 区、4 区分别为：200 分、75 分、60 分、50 分/篇；SSCI 收录：50 分/篇；EI/AHCI 等收录期刊论文、《新华文摘》全文转载论文、《人大复印报刊资料》全文转载论文、CSSCI 收录：40 分/篇；中文核心期刊（北京大学出版社）：30 分/篇；EI 收录会议论文：20 分/篇；以外文发表在国（境）外学术期刊：15 分/篇；ISTP/ISSHP 收录论文 10 分/篇；有刊号的其他刊物：3 分/篇。(所有论文均需首位)

②学术著作：学术专著：150 分/部；学术编著、译著及其他著作：50 分/部。

③艺术作品：全国综合性大展参展作品、全国单项展参展作品、省级综合或单项展参展作品、发表于核心期刊的作品分别计 100 分/件、60 分/件、40 分/件、30 分/件。

④授权专利：发明专利、实用新型专利分别计 100 分/项、20 分/项。

因此，在这样一个评价指标中，明显缺乏科研的应用性研究。N 高校与研究型高校一样均是以成果数量和期刊层次为标准来衡量教师科研成绩。

> 我们是应用型大学，那就要以教学为中心，为什么还要跟别的学术型大学一个评价标准呢？即使强调科研，那也要强调"应用性"啊？(3H - A - D - C - A - M - G4)

于是，N 高校也被裹挟进了追求国家级基金项目以彰显其科研水平的大潮中，"应用研究"被抛之脑后。这种考核指标与 N 高校办学定位和科研特色南辕北辙。

其二，科研评价偏离了教师专业发展。也正是基于科研成果的学术性，使得知识传授和课堂教学更加侧重学术而偏离了应用。教师专业能力包括教学能力和研究能力。研究是教学之体，教学是研究之用。舍弃任何一方面，应用型人才培养都会陷入独木难支的窘境。因此，N高校教师专业能力应当体现在应用性研究与应用性课堂上。可惜的是，在N高校科研评价的诱导下，教师走向了为科研而科研的"不归路"，以成果数量机械地核定教师专业能力。其实，"教师的科研能力和教学效果之间并不成正比例关系，甚至无正相关；科研能力强的教师并不一定能承担重要的教学任务"[①]。对学术研究的追求使得课堂教学已经远离了应用型人才培养的初衷，不但教师所获得的资料和成果未能有效地运用到课堂中，而且教师专业能力也并没有因为科研成果的增多而提升。比如，在访谈N高校某业务处室负责人时就提到：

> 学校办学定位是应用型本科高校，前几年也在应用型人才培养上下了很大功夫，建立完善的应用型人才培养方案和保障体系，要求老师们进行教学方法、教学内容的更新以适应学校办学定位。同时，科研和教学工作也有应用研究方面的考核。不过，这几年随着学校主要领导的变动，学校办学又回归到了传统模式。科研考核就是强调国家级项目、高水平期刊论文。有能耐的老师还能发表几篇论文，没有能耐的老师要么花钱找人发表论文，要么发表一些低层次论文，在岗位评价时凑数量。对于功利性搞科研，大家都心知肚明。不可否认，国家级项目和高层次成果对学校发展起到促进作用，提升了学校美誉度。但是，这与学校"应用型"的定位是否脱节了？那些充满"水分"的成果对于教师专业发展和个人成长以及课堂教学的作用更是微乎其微。(2G-A-D-D-A-F-G3)

其三，缺乏科研成果转化考核的指标。"科学研究的真谛是什么？创新，亦即对质的规定和追求，而非量的堆积和累加。进而言之，科学研

[①] 李宝斌、许晓东：《高校教师评价中教学科研失衡的实证与反思》，《高等工程教育研究》2011年第2期。

究的目的就是解决现实中令人困惑的问题和难题,实现为社会服务的目标。"① 因此,"量"是教师评价的一个指标,但不能成为绝对指标。"量"也是以科研成果的"质"为前提的;没有质的规定性的"量"是没有意义和价值虚无的"量"。在 N 高校这里,科研项目作为评价考核的主要依据,既没有摆脱"量"的"困扰",也缺乏对教师成果实用价值和推广价值的评价,背离了应用型人才培养的定位。在 2015 年版和 2019 年版的岗位综合评价方案中都没有涉足到成果转化方面的评价。"应用研究则应紧密结合社会经济发展的需求,以技术推动和市场牵引为导向,以技术理论、关键技术、共性技术和核心高技术的创新与集成水平、自主知识产权的产出、潜在的经济效益、社会效益等要素为主要评价标准。"② 因此,科研成果的应用性转化与市场关联度有密切关系,没有对市场行情和社会需求的精准把握,成果转化无从谈起。加之 N 高校科研应用性研究也多是教师个人行为,没有组织出面单凭个人力量也是很难与行业企业开展有效对接的。种种因素叠加在一起从而导致 N 高校科研成果难以满足社会经济需求,也不易体现它的"应用性"。"确立成果转化在应用研究科研评价中的地位,一方面有助于科研工作者明确研究目标,注重科研工作的原创性和实用性;另一方面有助于科研工作者将研究的重点回归到知识和技术的创新上来,回归到社会需求和行业企业技术需求上来,从而实现科研服务区域社会经济发展的目标。"③

  三是在社会服务指标上,N 高校教师评价尚属空白。当然,需要指出的是,N 高校横向项目经费可以算作是测量教师服务社会效度的指标。不过,在这里,对于 N 高校土木工程、汽车工程等优势专业而言,深厚的办学积淀与学校的极力推介为这些专业赢得了服务社会的机会,并有获得可观经费的可能。对于那些文科专业或新开办专业来说,在服务社会的能力上,它们则稍显稚嫩,没有 N 高校这些主打专业的"强势"。

---

 ① 韩秀景:《高校科研成果考核应以创新为准绳》,《科技管理研究》2008 年第 1 期。
 ② 杜伟:《高校科研评价现状与完善途径探析》,《高等教育研究》2004 年第 4 期。
 ③ 王绿原:《对应用型高校科研定位和评价的思考》,《重庆第二师范学院学报》2016 年第 3 期。

为此，支撑这些专业运行的教师们为了完成学校布置的横向课题任务，应付年终的岗位考核，陷入了"为经费而经费"的怪圈。说实在的，这些鲜亮的经费数字"掩盖"了横向课题的应然取向，或者说，徒有横向项目之表象，缺乏横向项目之内里。所以，N高校需要结合自身办学特点，"一方面要高度重视高等学校的自身建设，另一方面必须高度重视地方发展及为了地方的发展，要把科学研究和社会需求紧密结合起来，将学术成果转化为现实的生产力，解决当地社会亟待解决和长期发展所需解决的问题，推动当地经济和社会发展"[①]。为此，作者认为，N高校服务社会指标的构建应着眼于，第一，将横向课题经费进行"提纯"，挤出里面的"水分"。这又涉及不同学院考核分类的问题。起步不一样、专业性质不同均会导致服务社会的能力有大有小。"一刀切"式评价横向课题，看起来对所有专业一视同仁，实质上又会在院系之间引发新的愤懑不平。第二，N高校要善于与地方企业合作搭建各种合作组织或研发平台，将企业利益与高校研发成果"绑架"在同一列战车上，而不是高校自己研发后再向企业推销。校企两家本着合作多赢原则实现对研究成果的共同关注、共同受益。而要做到这一点，单凭教师个人甚至二级学院都是难以办到的，需要N高校校级领导或主要负责人牵头出面，校企合作才有从想法变成现实的可能。毕竟，对于企业来说，高校也只是一个基层科研组织，一没权二没钱，唯有智力资源能够成为谈判的筹码，而这既是高校的优点也是硬伤。[②] 时下的高校校级领导有着行政级别的外衣和教授职称的头衔，与企业接洽时，可充分利用自身优势在专业素养与利益博弈之间做到游刃有余。从教师角度来说，虽说国家相继出台了鼓励高校教师创业的政策，实际上，高校教师有能力创业的真的不多，他们可以"唱戏"却不善"搭台"。

---

① 翟安英、成建平：《应用型高校服务地方经济和社会发展的思考》，《宁夏大学学报》（人文社会科学版）2010年第1期。
② 优点自不必说。"硬伤"指的是高校教师有一种"清高"，用好了，这是不流俗；用不好，就是自以为是。与企业接触时，往往后一种情形会得到呈现。这时的企业对高校就有"轻蔑"之感。

四 实体重于程序导致治理方式的"任性"

实际上，除了上述三个问题之外，N 高校教师评价还映射了其在大学治理方面的短板。"大学治理的实质是'大学内外利益相关者参与大学重大事务决策的结构和过程'，是各种决策权力在各个主体（利益相关者）之间的配置与行使，包括权力分配结构和权力行使过程两个互相匹配的方面。"① 限于本书内容布局需要，本部分内容主要分析 N 高校教师评价文件制定、执行过程的问题，从大学治理方式的角度对这些问题进行阐述。至于权力分配结构，在"行政评价学术"内容中已有涉及，而造成这种局面的原因留待后面的论述解决。正所谓，"从现代的公司到大学直至基层的社区，如果要高效而有序地运行，可以没有政府的统治，但却不能没有治理"②。因此，脱胎于专科院校的应用型本科高校——N 高校随着办学规模的不断扩大，治理过程中的弊端日渐呈现。围绕教师评价，主要体现在三个方面：

（一）教师评价文件制定过程缺乏民主程序

在访谈过程中，针对教师评价文件的出台过程，有过多种质疑之声。代表性观点比如，教师 A 说道，"这都是一些什么文件，有没有考虑到老师们的利益？有没有来问过我们的建议，就这样直接公布了？"(2C – B – B – B – B – M – J) 教师 B 也提及，"请问一个学校的制度出台不需要按照规定的程序吗？短短三个月就把文件给发布了，是'文件'，还是'征求意见稿'啊？这是要干什么啊？"(3K – D – A – A – A – F – J) 所有这些问题指向非常清晰，就是制定这么一个与教师切身利益密切相关的文件，N 高校没有遵守章程规定的议事规则，缺乏程序意识。正如罗尔斯所说："在对一种至少会使一部分人的权益受到有利或者不利影响的活动或决定作出评价时，不能仅仅关注其结果的正当性，而且要看这种结果的形成过程或者结果据以形成的程序本身是否符合一些客观的正当性、

---

① 刘向东、陈英霞：《大学治理结构剖析》，《中国软科学》2007 年第 7 期。
② 俞可平：《全球化时代的政治管理模式》，《方法》1999 年第 2 期。

合理性标准。"① 具体来说，在涉及教师个人利益、责任、地位或者权利义务的管理中，应从实际上保障教师具有参与该程序以影响非规范性文件形成的程序权利；在文件正式出台之前，应保障教师能够及时、正确地提出陈述意见，或者参与文件草案的讨论，在未被赋予这些机会的前提下，所出台的文件不能适用于教师本人。对于这一点，N高校主要负责人在教代会上进行过"检讨"，"因为前期的准备工作做得不充分，所以才在过程中出现了这样一些波折，大家有意见、有想法，也多种渠道反映，这都很正常，也表示充分理解。对于学校工作方面的不周全、征求意见不全面、民主程序不到位，学校领导已经多次公开表示歉意"。其实，这就是法律上讲的程序公正，将其移植到高校治理中就是，"加强教职工代表大会制度建设，建立和健全深度对话与平等协商的共同参与机制"②，让多种权力（利）有序参与学校事务决策，进而"以权利制约权力"来保障"权利"。

（二）教师评价文件执行过程中学术力量缺位

无论是前面论及的"行政评价学术"，还是执行文件中的行政力量支配作用，都衬托了学术力量的"卑微"与"渺小"。出于管理的惯性，N高校治理理念中留存着应对专科时期人少事纯的管理模式，领导级别由"副厅"荣升为"正厅"，行政满足感充斥并主宰了高校管理事务，不由自主地出现"一言堂"。"教师上课还可以，治理学校还得依靠校长"，这句"名言"经常被学校职能部门反复"领会"。在访谈中，某职能部门领导"毫不保留"地说道，"教授上上课就算了，在咱们这种地方高校，不可能让教授参与学校治理，你看看咱们学校的教授们有几个能够'堪当大任'。对于几年一度的教师岗位评价，人事处负责把文件制定好，把教务、科研、高教等几个业务部门的骨干召集到一起，把分数一算，领导审核、党委会通过、发文不就完了，哪有这么复杂。参与的人越多，事情越难办"（1K-A-D-D-B-F-G3）。所以，N高校

---

① 陈瑞华：《程序正义论——从刑事审判角度的分析》，《中外法学》1997年第2期。
② 董泽芳、岳奎：《完善大学治理结构的思考与建议》，《高等教育研究》2012年第1期。

2015年的教师岗位评价被戏谑为没有"学术味",也就不难理解了。"大学的生命力和活力在于学术的繁荣发展。实现'教授治学',就是要充分发挥教授在教学、学术研究、学科建设和学校管理中的指导作用。""只有发挥教授的优势,依靠教授治学,才能完善高校管理体制,形成管理合力,按教育教学、学术研究的规律办事,从根本上提高大学治理结构的水平和质量。"①

(三) 教师评价过程缺乏"人情味"

蒂尔尼说道:"大学治理的改进源于组织参与者对大学核心价值的认同。一旦参与者理解和认同大学的核心价值,就能够给大学治理的过程注入一种目标感,从而促进大学的有效治理。"② 在决策制定过程中,难免会出现分歧与冲突,甚至是某些人出于维护个人或小集团利益的角度阻碍决策的达成。就N高校教师评价文件的"反对意见",某校领导在教代会上曾公开表示,"面对这样一项改革,我们如果像一部分同志原来表现的那样,不是很重视,评上副高、评上正高就满足了,恐怕是不正确的,也希望大家反思。你可以因为自己家庭好、可以因为自己目标定得低而不去努力,但不要因为你个人的不努力、个人相对不够优秀,而对政策有意见,甚至怨恨学校"。因此,大学管理者与教师之间在相互尊重、理解、信任的基础上,进行柔性的情感沟通,大事讲原则、小事讲感情,促进大学核心价值的认同。与老师们座谈沟通之后,某校领导如释重负地说道:"很多人在提问题、提建议的时候,也不仅仅基于自己的待遇。老师们有时候说的话让我也很感动,从学校历史看到现在,从现在看到未来,里面提的建议大多是基于这样一些考虑。这也是给领导当参谋、出主意。"即言之,良好有效的沟通之后,被评价者可以纠正"人为刀俎我为鱼肉"的错误观念,从"大我"角度认识和处理关系个人切身利益的教师评价问题。可见,"当分歧和冲突出现时,大学利益相关者就可以从大学的核心价值认同出发来思考问题,增强包容,摒弃敌

---

① 顾海良:《完善内部治理结构 建设现代大学制度》,《中国高等教育》2010年第Z3期。
② 刘爱生、顾建民:《公共理性与大学有效治理》,《江苏高教》2013年第6期。

对或冷漠，进而在相互尊重、相互认同和相互妥协的基础上达成共识"①。

第二节 N高校教师评价的成因分析

被誉为现代管理学之父的彼得·德鲁克曾说道："20世纪的公司最宝贵的财富是它的生产设备，而21世纪的机构（无论是工商机构还是非工商机构）最宝贵的财富将是它的知识劳动者以及它们的生产能力。"② 因此，对于大学而言，它的"知识劳动者"就是以大学教师为主体的教育者，"他们的生涯包含了知识的获取、知识的管理以及知识向下一代的传递"。所以，"大学作为一个机构，需要为它的教师们创造一种环境：稳定感——他们不用担忧干扰其工作的经常不断的变化；安全感——他们毋需担心来自校外的各种非难；持续感——他们不必担心自己的工作和生活结构会遭到严重破坏；公平感——他们不必怀疑别人受到的对待比自己的更好"③。不过，大学教师在当下评价体系中遭遇的种种"非难"，已经使其所处环境陷入了不同程度的"危机"之中。

"从事实上看，一个组织不能被分析成像领导人通常所希望的那样是一个透明的实体，组织运行于权力关系、影响力、协商谈判和利益计算的领域。"④ 作为组织的大学，从哪个角度以及如何构建教师评价体系，显然也离不开大学权力的架构与运行、大学所处社会环境等因素的左右。因此，功利化、市场化、政绩化、封闭化等畅行于社会各层面的所谓"价值观"，也在这一具有"象牙塔"美誉的大学里风靡起来。覆巢之下，安有完卵。大学教师评价体系也不可能做到独善其身。在这样的组织系统中，作为"行动者"的大学教师，"不是完全自由的，而是在某

---

① 刘爱生、顾建民：《公共理性与大学有效治理》，《江苏高教》2013年第6期。
② [美] E. 马克·汉森：《教育管理与组织行为》，冯大鸣译，上海教育出版社2005年版，第12页。
③ [美] Clark Kerr：《大学的功用》，陈学飞等译，江西教育出版社1993年版，第68页。
④ [法] 米歇尔·克罗齐耶、埃哈尔·费埃德伯格：《行动者与系统》，张月等译，上海人民出版社2007年版，第30页。

种程度上接受正式系统（即大学教师评价体系——作者注）'征用'的"①。正所谓，每个人的思想深处都存在着一组支配其思想和行动的相应理论，"人们并不总能意识到作为他们解释和预测基础的理论假设，或者他们从日常生活中引申出来的逻辑结构"②。时下，针对大学教师评价体系的分析，更多的是聚焦在现实的批判和应对之策的提出，缺乏理论或哲学层面原因的分析。英国哲学家罗素说过，"要了解一个时代或一个民族，我们必须了解它的哲学"③。为此，在本部分中，作者将在现有研究成果的基础上，结合教育管理理论，从结构论、系统论、实用论、权变论的角度来探究大学教师评价所引发前述后果的原因。

一 结构论支撑下的科层化"主导"

"一切有关变革战略的思考，皆应将科层现象作为思考的起点。"④原因在于，科层现象已经泛化到社会组织的各个层面。"如果一个组织面临的每项争端和个人问题都被当作孤立的问题来处理的话，那么计划、协调、控制等问题就要花费大量的时间和资源。通过建立起组织常规性的运作程序，使组织的工作程序规范化，进而就能使系统的许许多多竞争性要求得到迅速而有效的处理。"⑤ 因此，科层化的结构和管理经常被用来解决常规化问题，是控制和协调组织运行的有效手段。甚至可以说，只要组织需要控制与协调，有行政任务等待完成，就需要科层制。不过，科层制也并非所到之处皆可收获"掌声"，也碰到过批评与质疑，以"低效率"暗讽它"冷酷无情的高效率"。"科层制能使组织规模成长壮大，能使控制加强，能使效率提高，这是一种进步。但它需要付出精神

---

① ［法］米歇尔·克罗齐耶、埃哈尔·费埃德伯格：《行动者与系统》，张月等译，上海人民出版社2007年版，第31页。
② ［美］D. P. 约翰逊：《社会学原理》，南开大学社会学系译，国际文化出版公司1988年版，第8页。
③ ［英］罗素：《西方哲学史》（上卷），马元德译，商务印书馆2014年版，第12页。
④ ［法］米歇尔·克罗齐耶：《法令不能改变社会》，张月译，格致出版社2008年版，第67页。
⑤ ［美］E. 马克·汉森：《教育管理与组织行为》，冯大鸣译，上海教育出版社2005年版，第23页。

或情感方面的沉重代价。……总之，效率的逻辑残酷地而且系统地破坏了人的感情和情绪，使人们沦为庞大的科层制机器中附属的而又不可缺少的零件。"① 基于此，本部分内容拟从结构论角度阐述科层制背后的理论倚靠，以 N 高校教师评价中显露的问题作为切入点，系统分析科层化中应用型本科高校教师评价的行进路向与步伐调适。

其实，"科层制并不是什么新现象。在几千年以前的古罗马和埃及，它就以各种简单的形式存在。但是科层化的趋势是上个世纪才加速发展起来的"②。以"专业化、权力等级、规章制度和非人格化"为特征的科层制组织，造就了今天发达的资本主义和社会主义社会。现代社会组织需要通过科层制来实现组织功能效果。没有任何组织形态可以取代科层制，离开了它，社会组织就难以运行，陷入瘫痪。对于大学来讲，科层制也是确保其正常运转和治理效果的机制平台。"高等教育规模的扩张、功能的丰富和多样化，特别是高等教育知识生产模式的转变和知识性质的革命性变化，都为科层制在大学组织管理的运用提供了合法性基础和现实性诉求。科层制已经成为了现代大学管理的基本方式。"③ 于是，N 高校也是科层制的践行者。办学规模的扩大、办学层次的提升以及学校功能的增加等，使得 N 高校所需处理的事务趋于繁杂，也就愈发需要庞大的行政组织体系来维持学校的运营。这一点不但对于 N 高校是如此，对于那些急于升格的、升格后忙于上层次的、有层次的又执着于冲一流的高校来说也概莫能外。

不过，如今社会中的科层组织只是科层制的一般情况，并非"理想类型"。这也不难理解，与科层制"理想类型"相匹配的完美无缺的科层化是不可能存在的，前者只是一种方法建构或工具化需要，目的是概括科层制类型。作为科层制理论研究的扛鼎之人，韦伯将"理想类型"

---

① ［美］D. P. 约翰逊：《社会学原理》，南开大学社会学系译，国际文化出版公司 1988 年版，第 292 页。
② ［美］彼得·布劳、马歇尔·梅耶：《现代社会中的科层制》，马戎等译，学林出版社 2001 年版，第 8 页。
③ 李立国：《为"科层制"正名：如何看待科层制在高等教育管理中的作用》，《探索与争鸣》2018 年第 7 期。

的科层制总结为七个方面的特征："一个由法规制约的具有行政功能的持续性组织；一个确定的职权范围；行政机构的组织遵循等级制原则；指导一个办事机构的规则可以是技术性的规则或规范；管理机构的工作人员应当和生产资料或管理机构的所有权彻底分开；在合理的类型中，（通常）完全不存在责任者转让其职务的问题；管理方面的政策、决议、规章要进行系统阐述并记录在案。"① 可见，"理想类型"的科层制是以法规作为基础的，是建立在严格法治社会之中的。在此基础上，韦伯认为，由于传统型的统治和个人魅力的统治都属于非理性的，因此，合理的国家统治方式应采取法理型的统治。如果说科层化是科层制之"推广"，那么，官僚化则是科层制之"扭曲"。换言之，科层制不是官僚主义形成的原因，也就不能为官僚主义的形成"背黑锅"。"导致官僚主义的原因不是出自于科层制本身，而是我们把科层制作为社会本位体系并肆意摧毁法制。"② 也就是说，官僚主义的出现在于掐去了科层制的"理性"，捣毁了科层制的法治根基，随后形式主义、低效率等不良现象接踵而至。"科层制的官僚化过程与科层制的理性化过程是互逆的对立存在，官僚化过程是科层的反功能，是科层制的'职务权力'对社会的非常扩张，一个过多表现出反功能的科层制度就是非理性的，这个过程就是科层制失却理性的完备过程。"③ 因此，在某种程度上说，国家治理体系和治理能力现代化的体现之一就是致力于实现理性化的科层制。

应用型本科高校作为专业性的学术组织，不但具有正式社会组织的特点，还兼具对学术规律的考量。比如，科层制是通过组织而使得权力制度化，等级制又将具体的人际关系抽象为岗位关系或工作任务关系，也就是我们俗称的"对事不对人"。然而，等级制不能统摄高校所有事务，学术评价就不能以等级制笼统地予以切割，比方说将副教授岗位分成几个层级等。存在于学术评价中的科层制会诱导教师只关心自身级别

---

① ［美］D. P. 约翰逊：《社会学原理》，南开大学社会学系译，国际文化出版公司1988年版，第288—289页。
② 李德全：《科层制及其官僚化过程研究》，博士学位论文，浙江大学，2004年，第4页。
③ 李德全：《科层制及其官僚化过程研究》，博士学位论文，浙江大学，2004年，第9页。

晋升问题，而不是教学科研岗位职责。如此一来，在大学内部管理中，科层制作用的发挥受到了一定限制。对此，有学者认为有五个方面的表现，"大学目标的笼统、宽泛与科层组织目标的明细相矛盾，大学的多元价值观与科层管理的统一要求相悖，大学活动过程和效果的不确定性与科层管理的精确性相冲突，大学对分权管理的诉求与科层组织集权管理的对立，学术权力与科层权威的合法性基础不同"①。因此，对于应用型本科高校，科层制一方面促进了高等学校内部管理的制度设计与规则运行，增强了高校管理的规范化、标准化与制度化；另一方面，也与高等学校组织的学术属性相冲突，导致了行政泛化与官僚化蔓延。接续前文中N高校教师评价的问题。除了大学中科层制与学术事务之间"不相融"这一原因之外，导致N高校教师评价问题的还有历史和现实方面的原因。从历史上看，发生在20世纪下半段的社会政治运动，使得学术研究与政治权力、意识形态之间的关系愈发紧密，强化了大学中的"长官意志"，教师晋升的命运往往掌控在"说了算"的"那几个人"手中，同行评价早就被丢弃一旁了。因此，为了牵制"长官的任性"，量化评价方式被引进到了教师评价中。再有就是对大学现状的考量。目前，我国高校已没有了"小而精"的特点，都朝着克拉克·科尔所说的"多元巨型大学"的方向发展。所以，规模的扩大和学术的分化提高了大学管理的成本，亟待需要"可计算的规则"来应对现代大学教师评价面临的问题，提高管理效率。这样一来，教师评价就会罔顾不同学科之间的差异，单纯以数字多寡来衡量教师学术水平、能力贡献等教师岗位中的"隐性"内容。总之，历史与现实因素的叠加，加上科层与学术之间的"隔阂"，使得N高校教师评价中的问题得以显现。不仅如此，前文中N高校"重实体轻程序"的工作做派也与官僚化脱不了干系。可以说，丢失"理性""灵魂"的科层制使得N高校误入了官僚主义的歧途。

在"不可避免地官僚化"的大学里，大学教师的角色也仅被定位为完成组织目标的工具，大学教师与职能部门也由共同推动学校发展的

---

① 姚加惠：《现代大学的科层管理及其改造》，《高等教育研究》2005年第6期。

"车之两轮"机械地演化为"势不两立"的考核者与被考核者。原因在于,官僚式管理的大学明显受到教育结构功能主义范式的早期理论形态——古典组织理论的"荼毒"。古典组织理论是西方19世纪中到20世纪初,主要以泰罗、法约尔和韦伯为先驱创导起来的。"古典组织理论家普遍深信,人类的组织及其活动可能千差万别,但管理却是共存的、共通的。普遍性的、一致性的管理不会因各种性质的组织而改变。"① 在古典组织理论看来,实现高校管理的有效手段是采用科层制。科层化的结构和管理采用规章制度的形式,以程序化和系统化的方法,建立起组织常规性的运作程序,使组织工作程序化、规范化,使组织中的许许多多"非分"要求得以迅速而有效地处理,以最少的人财物投入实现组织效率的最大化。在应用型本科高校教师评价活动中,评价制度或标准是激励和约束大学教师行为的重要准绳,也是高校开展针对教师管理活动的重要依据。毕竟,评价制度的存在,减少了大学教师评价活动的不确定性,合理地组织安排评价活动中所需要的人力与物力资源,使各方利益诉求确定化,避免利益相关者在评价活动中的冲突,加强合作;在评价制度的约束和引领下,评价活动中不同分工的人员才能聚集在一起,大学内部不同的力量才能逐渐融合在一起。②

采用统一制度来管理组织的古典组织理论内含一个基本假设,组织中的每个人都认识到制度,而且对制度都会有统一的理解。可是,在现实世界中,每个人都了解制度的现象是比较少见的,更遑论每人对制度都有相同的理解。大学由于组织文化、专业特点、教师个人经历等方面的差异,要求用一个精确而统一的标准去评价所有的大学教师几乎是不可能的。于是,在大学教师评价标准上,就呈现了重"同"轻"异"的特点。"一方面,表现为不同类型高校评价指标内容的高度重合性。另一方面,表现为同一高校对不同评价主体采用同一套评价指标体系。"③ 前

---

① 张新平:《教育组织范式论》,江苏教育出版社2001年版,第53页。
② 曹如军:《试论大学教师评价的制度基础》,《大学教育科学》2011年第2期。
③ 俞亚萍:《高校教师评价制度:问题检视、成因诊断与优化策略》,《黑龙江高教研究》2018年第10期。

者的出现缘于许多大学的盲目跟风，没有制定出基于自身发展目标和办学特色的教师评价制度，甚至是有的高校对其他学校评价制度照搬照抄的方便之举；而后者针对所有教师不分专业、不分类型的"一刀切"的制度也在很大程度上束缚了教师个性化的发展。于此，制度不再是组织绩效提升的有效手段，而成为重大阻力。"规则是添加一组能使利害权衡趋于一致的约束，而这种约束的奥秘往往藏在极具体的细节里。"① 整齐划一、事无巨细的评价制度，不仅会影响大学教师自主性和创造性的发挥，也会成为教师行为发展的掣肘。

二 系统论驱使下的市场化"怂恿"

从组织管理学的角度看，"任何现代组织都具有科层模型所描述的某些特征，大学也不例外。这种模型也有一些不足之处，它虽然揭示了合法化和正规的权力关系，但是对于非正规的权力和影响却揭示得不够；它对结构重视较多，而对过程关注不够；它描述的是组织的静态状况，而不是动态状况；它解释政策的执行过程，而没有涉及政策的制定过程"②。古典组织理论在高等学校管理中发挥了至关重要的作用。在21世纪之前，古典组织理论统治着我国绝大部分高等学校的管理。虽然这种理论中某种思想观念的吸引力已逐渐失去了往日的风采，但是在今日高校组织管理中仍然可以看到该理论留下的形式和功能。例如，被大多数高校所采用的"校院（部）系"的组织管理模式、年初高校组织目标的设定或年终目标实现情况的评比等。作为一种组织形式的高校，其内部是一种层级结构，"通过自上而下的合理程序指向精确的目标，以综合的规章制度网络划分职能，使各项工作都着眼于达成最高效率，以实现对层次结构的控制"③。总的来说，这种管理模式强调的是组织的内部控制，侧重的是内部规章制度的建立、劳动的分工、权力运行程序的设定、

---

① 朱锡庆：《诡异的出租车》，《长三角》2009年第8期。
② 闫凤桥：《大学组织与治理》，同心出版社2006年版，第71页。
③ ［美］E. 马克·汉森：《教育管理与组织行为》，冯大鸣译，上海教育出版社2005年版，第59页。

绩效水平的测量等问题，对高等教育所处外在环境或者外在环境如何作用于组织内部的运行等事情关注得不够。

在理性系统的视野里，高等学校是一个"封闭"的组织系统，高校管理者出于任务完成的考虑，设计和确定了高校的组织结构。不过，在开放系统的视野里，高等学校则是一个开放的组织系统，它的组织结构在很大程度上要受到环境的影响。这也正是现代组织理论的观点，"古典组织理论过于强调静态的组织结构研究，而忽视了组织行为研究；过于重视从封闭型系统观探讨组织问题，而忽视了研究组织与周围环境的互动及开放性关系"[1]。从封闭到开放是高等学校组织管理的必然选择。换言之，高等学校并不是一个社会中"超然"的存在，它与其周围的环境有某种程度的依存关系，高等学校"是与其周围环境相互作用并受环境影响的开放系统"[2]。

作为开放系统的高等学校，主要包括两个系统，一个是内部系统，另一个是外部系统。内部系统指的是高等学校内部完整循环的网络或系统，这个内部循环的网络相互依存、反复强化，并结合起来构成完整的内部系统。例如，每一学年从开始到最后，到下一个学年又重复开始；再比如，每一届学生从大一到大四的培养，然后新的一届学生又从大一年级重复开始；等等。可以说，从学生培养的角度来说，高等学校有诸多这样的"内部系统"。学校的内部机构、教师等都在周而复始地重复"昨天的故事"。每一天哪一个时间上课、下课，什么时间吃午饭等，都是可预见的。需要指出的是，这种"重复"并不是机械、简单地复制过去的程序，在这一"重复"的过程中，"规章、期望和规范在构成这个序列的内容、确定其方向方面确实起着很重要的作用"[3]。

如果说"内部系统"强调的是事情的"内循环"，那么，"外部系

---

[1] 张新平：《教育组织范式论》，江苏教育出版社 2001 年版，第 62—63 页。
[2] [美] E. 马克·汉森：《教育管理与组织行为》，冯大鸣译，上海教育出版社 2005 年版，第 155 页。
[3] [美] E. 马克·汉森：《教育管理与组织行为》，冯大鸣译，上海教育出版社 2005 年版，第 157 页。

统"更加注重"组织的输入、加工和输出",也就是说,高等学校不能简单地将目光放在内部学生培养的运作上,还需要关注学生的来源层次和就业去向,高等学校的"外部系统"是对"内部系统"的延展。相对于古典组织理论,开放系统理论视野中的高等学校所应关注的"点"更多,"面"也更广。用马克·汉森的话来说,高等学校中最有活力的成分显然是与开放系统有关的。高等学校的"输入"可分为人的输入、物质输入和约束因素①;"加工"过程主要是指教学、科研活动,也就是前面论及的"内部系统",包括组织机构、教学技术、奖励制度、评价策略等;高等学校的"输出"过程包括学生培养、学习收获、技能获得、行为改变、情感方面的依恋等。最后,还有高等学校获得信息或社会经济回报,这些又成为社会为获得一种有价值的服务对高等学校的投入。透过对"外部系统"的分析,我们发现高等学校"输入—输出"过程不可避免地要与其他组织系统或因素发生联系,这些联系有时可能起到支持作用,有时又会起到限制和阻挠作用。

应该说,在21世纪的第一个20年里,对高等学校而言,影响其发展的最重要的环境因素是高等教育系统的大众化。"大众化的主要成分不仅包括系统的扩张,而且包括高等教育机构的多样性、组织的复杂性,以及学术的差异性。"② 从学生培养的角度来讲,大众化教育不仅意味着学生人数的增加,而且还暗含着培养不同类型的学生。对于应用型本科高校,在这样一个重应用的大环境中,重要的不是研究能否积累专业学科知识,而是研究成果能否对社会起到作用。于是,国家对高等教育的管理以经济刺激取代了计划管理,应用型本科高校需要迅速改革创新,以便在日益激烈的竞争环境中找准自己的位置。可以说,"市场化"是身处开放系统中的高等学校所面临的发展环境。面对"市场化",这就

---

① "约束因素"包括法律、政策的要求,社会规范,价值观以及家长的期望等。具体参见[美] E. 马克·汉森《教育管理与组织行为》,冯大鸣译,上海教育出版社2005年版,第160页。

② [英] 玛丽·亨克尔、布瑞达·里特:《国家、高等教育与市场》,谷贤林等译,教育科学出版社2005年版,第15页。

需要应用型本科高校,在制度上,"建立一种类似市场文化和资源分配体制的管理决策"机制,激发内部机构的潜能,进而在资源竞争中赢得领先地位。作为开放系统的应用型本科高校,它的资源输入与产品输出连续不断地与"市场化"的环境相互作用,通过这种相互作用,高等教育系统成为某个地区或全国范围内的经济上、政治上一致的团体。

因此,在开放系统论的关涉下,应用型本科高校需要对市场化的环境作出反应,这也就导致了针对大学教师评价的数量化甚至是偏激化。"一个开放系统通过以模式化的循环方式所进行的输入与输出的交换,与其环境相互作用。发生在组织内部的事件循环受相对不变的输入—输出比的吸引,建立起稳定态或平衡。当事件循环中间出现断裂时,为了重新建立平衡,就必须在断裂处引进能量和资源。正是在这个意义上,可以说开放系统是倾向于自我调节的系统。如果平衡不可能重新建立,那么就开始组织变革,以建立新的平衡。"① 所以,对于应用型本科高校教师评价而言,当市场化充斥着大学校园,左右着大学教师评价标准,导致教师评价的极端化时,作为开放系统的应用型本科高校需要开启"自我调节的系统",重新建立针对大学教师评价的平衡系统。

正如大卫·科伯所言,"市场并非一种荣耀,而是为了教育目的的一种手法;市场在高等教育中应该有一席之地,但同时又必须恪守界限,不能超越高等教育事业的价值底线,而这种底线就是'相信学者共同体而不是相信利己主义者的联盟;相信开放而不是相信所有权;认为教授是寻求真理的人而不是企业家;学生是追随者,而不是来满足其爱好的消费者,他们的爱好应该是被塑造的'"②。

三 实用论操纵下的功利化"诱惑"

"究竟大学应服务社会,还是批评社会?大学应该是依附的,还是独

---

① [美] E. 马克·汉森:《教育管理与组织行为》,冯大鸣译,上海教育出版社 2005 年版,第 168 页。
② [美] 大卫·科伯:《高等教育市场化的底线》,晓征译,《北京大学教育评论》2017 年第 4 期。

立的？大学是一面镜子，还是传递及推广高深文化？"① 这是美国学者赫尔斯在《美国高等教育》一书中对美国高等教育使命或功能发出的质疑。同样，这一问题也出现在了我们的高等教育实践中。"高等院校普遍染上了实用唯学、急功近利的通病。"② "大学精神的缺失""功利化"等问题遭到了公众对高等教育的各种批评与质疑。实际上，大学介入社会生活是由其职能目标所定义的。毕竟，现如今，"知识是社会的核心。越来越多的人和越来越多的机构从来没有像现在这样需要，甚至是要求知识。大学作为知识的生产者、批发商和零售商，不可避免地要向社会提供服务。今天，知识是为每个人服务的"③。问题是，我们的大学服务社会、介入社会的主动性尤为"突出"，甚至是过于密切，进而就出现了对其目标使命追求的功利化，而这一功利化倾向也使得大学教师评价体系有了"根本性"的"变革"。

要辩清大学目标的功利化，首先需要明晰的是高等教育的本质，而这又需要从理性主义与实用主义之争说起。"在20世纪，大学确立它的地位主要途径有两种，即存在着两种主要的高等教育哲学，一种哲学主要是以认识论为基础，另一种哲学则以政治论为基础。"④ 这里的"认识论"，包括理性主义和经验主义。理性主义以"闲逸的好奇"精神追求精确的知识或高深的学问，力争使知识或学问做到"忠实于真理，不仅要求绝对忠实于客观事实，而且要尽力做到理论简洁、解释有力、概念文雅、逻辑严密"。正如莱布尼茨所言，"知识归根结底来自理性，非理性知识是根本靠不住的"⑤。文艺复兴使整个欧洲进入"理性的觉醒时代"。与唯理性的观点不同，以培根为代表的经验论，认为感觉经验是知识的基础，知识是感觉经验的产物。虽说经验主义和理性主义在知识的

---

① 周光迅等：《哲学视野中的高等教育》，中国海洋大学出版社2006年版，第248页。
② 司晓宏：《面向现实的教育关怀》，安徽教育出版社2008年版，第190页。
③ [美] Clark Kerr：《大学的功用》，陈学飞等译，江西教育出版社1993年版，第80页。
④ [美] 约翰·S. 布鲁贝克：《高等教育哲学》，王承绪等译，浙江教育出版社1998年版，第13页。
⑤ 周光迅等：《哲学视野中的高等教育》，中国海洋大学出版社2006年版，第121页。

来源上观点相左①，但是，"二者的区别并不是肯定或否定人类的'理性'和'理性的力量'"②。应该说，"'理性'是整个近代哲学的共同出发点，以'理性'去反对'启示或权威'是近代哲学的共同任务"。经验主义和理性主义概莫能外。再说"政治论"。"按照这种观点，人们探讨深奥的知识不仅出于闲逸的好奇，而且还因为它对国家有着深远影响。"③ 也就是说，以大学或者学院为代表的高等教育，可以为政府、企业、农业、教育、卫生等社会领域中发生的问题，提供所需要的知识和人才。在这里，高等教育的目标不再仅是追求"高深学问"那么简单，同时，掌握公权力的政府也在影响和作用着高等教育。用布鲁贝克的话来说，在19世纪，无论是认识论还是政治论，哪一种高等教育哲学都没有在大学中有什么重要的地位，换言之，这两种高等教育哲学对大学的影响波澜不惊。而这一切的改变源自后来的工业革命，在它的带动下，大学与周围社会秩序的关系也变得愈发密切。

随着19世纪的社会实践需要大量实用知识，以皮尔士为代表的实用主义哲学开始崭露头角并且逐渐占据上风。在他看来，"要确定一个思想上的概念，应该考虑从那个概念的真实性可以设想必然产生的什么实际结果；而这些结果综合构成了那个概念的全部意义"④。于此，实践是检验真理的唯一标准，也成为衡量真理的尺度。这也正是布鲁贝克提及的，回到知识的基础即现实主义，"如果结论符合现实，那它们就是正确的"。实用主义成为使认识论和政治论的高等教育哲学结合到一起的黏合剂。与理性主义所主张的相反，实用主义强烈要求高等教育要走出"象牙塔"，以高度负责任的态度用自己的知识服务社会需要。高等教育通过广泛、直接地服务社会，有利于高等教育理论联系实际，是教师和学生

---

① 关于经验主义（经验论）和理性主义（唯理论）的分歧，除了有知识的来源问题，还有认识的方法或逻辑问题、认识的可靠性问题。具体参见孙正聿《哲学通论》，辽宁人民出版社1998年版，第351—355页。
② 孙正聿：《哲学通论》，辽宁人民出版社1998年版，第350页。
③ ［美］约翰·S. 布鲁贝克：《高等教育哲学》，王承绪等译，浙江教育出版社1998年版，第15页。
④ ［美］梯利：《西方哲学史》（增补修订版），葛力译，商务印书馆1995年版，第724页。

参与社会实践、了解社会生活的重要途径，不仅有利于学生实践能力的提升，还有利于根据社会需求改进教育教学和科研工作，提高人才培养的社会适应性。有的学者甚至认为，大学只有全力服务社会，才能为自身赢得存在的"合法性"。不过，服务社会并非一味迎合社会，高等教育还是要"洁身自好"，做好本职工作；否则，其赖以存在的根基就动摇了。总之，"一方面，大学作为社会发展的一种工具有责任参与社会问题的解决；另一方面，大学作为一种致力于知识探索与传播的特殊的社会机构，其对社会责任的界定以及发挥社会责任的方式与途径必须充分考虑到自身的特殊性"①。

  在我国，高等教育要服务社会或者适应社会发展的需要，这既是高等教育的使命所在，也是法律规定和政策要求。《高等教育法》第四条："高等教育必须贯彻国家的教育方针，为社会主义现代化建设服务，与生产劳动相结合，使受教育者成为德、智、体等方面全面发展的社会主义事业的建设者和接班人。"在《国家中长期教育改革和发展规划纲要（2010—2020年）》中，明确提出"高校要牢固树立主动为社会服务的意识，全方位开展服务"。由此可见，受实用主义的驱使，服务社会发展需要，不仅是前文中提到的世界高等教育的普遍选择，也是我国高等学校的责任担当。不过，"由于哲学理解上的偏颇，高等教育的概念经常含混不清，适应的边界非常宽泛。庸俗的实用主义取向使得高等教育的功利主义价值凸显，人的主体性没有得到充分的重视"②。受"庸俗实用主义"的影响，我国高等教育的功利性色彩渐趋浓厚，其弊端也日渐显露。"教育者和受教育者以实利性的眼光来看待教育、从事教育，将接受高等教育的过程纯粹视为'就业准备的过程''智力投资的过程''潜在生产的过程''价值积累的过程'等等，甚至主张要将其'产业化''商品化'。这种总摆脱不了经济学视野的教育理念，使高等院校普遍染上了实用唯学、急功近利的通病，大学的意蕴几乎演变为一种'授人谋生技艺的作坊'，其原本的传授心性

---

① 王保星：《目的·责任·道德：克尔的现代大学观》，《北京师范大学学报》（社会科学版）2004年第1期。
② 王建华：《高等教育适应论的省思》，《高等教育研究》2014年第8期。

精粹、塑造完美人格、培养高尚情操、端正生活理念的人文属性和教育意义已经淡漠。"① 总之，从 20 世纪效仿苏联教育的"政治服务"到现如今围绕现代化建设的"经济服务"，我国高等教育中的功利观占据上风，本体论价值严重缺失。

作为实现经济社会发展的工具，高等教育功利化表现为追求实用性、效益最大化。为了彰显服务经济发展的工具价值，获得政府的青睐，进而在资源的分配中获得更多的倾斜，高等学校将"内部潜力"发挥到了极致。政府（或大学排名机构）如何评价高校，高校就直截了当将这些指标复制过来评价教师。前文中所论及的 N 高校大学教师评价的"瑕疵"，在此不再赘述。这种评价标准尤其强调评价的鉴定功能，忽略了评价应有的激励、改进和发展功能；注重外部指标的实现，忽视了被评价对象的内在需求，以及被评价主体利用评价体系所激发的内部动机和促进评价对象的主动发展。总而言之，这种评价体系"具有外在性、强制性的特点，并且涂上了功利主义、实用主义的色彩"②。

四 权变论影响下的趋同化"迷失"

正如有的学者所总结的，"我国大学具有一样的发展目标、一样的价值取向、一样的管理体制、一样的培养目标和模式、一样的科研导向"③。可以说，我国高校在各自办学进程中的发展目标、办学思路、成绩评价等近乎是一致的，这就是高校办学的趋同化现象。虽然国家出台了高校分类定位发展的政策举措，但是这也丝毫掩盖不了高职升本科④、

---

① 司晓宏：《面向现实的教育关怀》，安徽教育出版社 2008 年版，第 189—190 页。
② 张兴峰：《教育功利化现象审视：工具理性的视角》，《教育发展研究》2008 年第 21 期。
③ 董云川、张建新：《多种形态一样化的中国高等教育》，《教育发展研究》2004 年第 12 期。
④ S 省某市属高职院校由于进入了"中国特色高水平高职学校"建设单位行列，于是"雄心"再起，拟在本科院校升级中再拔头筹。对此，该院校所在市市委书记专门进行了批示，并将其列为振兴当地教育的重大战略举措之一。参见网站：http://k.sina.com.cn/article_3218641101_bfd890cd01900lql9.html，访问时间：2020 年 3 月 20 日。

本科申硕士①、有硕士点的争办博士点的"热情"。因此，N高校教师评价中的问题既具有个别性同时也富有代表性。其实，高校办学之所以出现趋同化，起作用的是高校领导的政绩观，而从理论上分析，政绩观又被权变理论的左右。为此，本部分内容的分析将沿着这一逻辑线索展开。

与高校办学趋同化相对应的是高校办学特色，这是一所大学的亮点，也是区别于其他大学的特性所在。办学特色与办学规模没有直接关系。不是说规模越大的高校，特色越明显；规模小的学校，没有特色。同样，办学特色与学科种类是否齐全也不存在直接正相关关系。单学科向多学科发展、多学科向综合大学看齐，反而无助于大学办学特色的形成。②"在形成办学特色的过程中，大学的历史传统、发展理念、治校者、教师、学生等往往会起到最重要、最直接的作用，进而构成大学办学特色的基本要素。"③ 更进一步分析，我们发现，历史传统是对过去的记载、发展理念需要学校优势学科支撑，这两个因素相对比较客观，易于遵循；教师、学生等在科层制组织管理下，对于学校办学特色的形成，原则上也只有被动"接受"的份儿，或者起到"干涉"而不是"主导"作用。因此，治校者才是对办学特色的形成起到"一锤定音"作用的角色。"校长之于大学发展的作用是不可或缺的。在大学内部，校长是沟通学术系统与行政系统的关键使者，而在大学外部，校长是推动大学学术发展的重要筹资者。"④ 另外，在"党委领导校长负责"管理体制下，高校党委书记之于办学特色的影响同样不可小觑。关键在于，高校这两位主要

---

① N高校就是一例。在N高校2020年工作要点中，明确提出，在达到申硕基本指标要求的基础上，实现各申报学位点支撑数据的最优化，努力完成申硕重点任务。当然，我们不排除申硕带来的好处，这也是N高校领导奋发有为的具体表现。但是，需要注意的是，N高校办学定位是应用型本科高校，申硕所要求的指标又是学术性指标。因此，为了完成申硕任务，对教师考核的指标是在应用和学术之间来回摇摆，甚至直接将应用指标弃之不用。这一点前文已有详述。
② 以美国麻省理工学院为例，作为学院的它仍然没有改为"大学"的冲动，并一直以自己的理工科为自豪。
③ 李化树：《论大学办学特色》，《清华大学教育研究》2006年第2期。
④ 汪洋、龚怡祖：《"校长退出学术委员会"的改革取向分析——兼论大学校长选拔制度的去行政化》，《高等教育研究》2014年第6期。

负责人的选拔套用的是公务员选拔制度，于是，他们不仅要关心学校发展，还要重视个人升迁，对这两者关系如何处理就体现在他们的政绩观里。

政绩观决定着组织领导者的施政行为和效果，决定着组织运行机制和组织致力于实现的目标。"政绩"经常出现在党和政府领导干部的讲话和行为中。胡锦涛同志指出，"真正的政绩应该是'为官一任，造福四方'的实绩，是为党和人民踏实工作的实绩，应该是经得起群众、实践和历史检验的实绩"。那么，"政绩观是领导干部世界观的重要组成部分，包括对什么是政绩、为谁创造政绩、如何创造政绩和怎样衡量政绩等问题的认识和态度"①。地区或单位领导的政绩观反映着领导从政的价值取向，这也就决定了领导在从政时会采取什么样的工作思路、工作方法以及致力于达成何种发展效果。由于当下（公办）高校校级领导的任命或升迁往往取决于上级党委组织部门和教育行政部门，行政化的干部选任机制使得高等学校领导的"血管"里流淌着"政绩成分"的"血液"。比如，在"双一流"的影响和驱使下，高等学校纷纷斥巨资引进和挖掘人才，人才成为明码标价的"商品"。虽说这是促成我国高等教育迈向世界一流的措施之一，但是在执行的过程中，某些地方高校往往片面地理解自身的定位和实力，透支自身原本具有的教学方面的传统优势和经济投入，集全校之力强行去挤"双一流"的班车，结果如何自不待言。高等学校对大学教师的高投入，势必要求他们有高产出。于是，获取高水平论文、高层次项目等标志性成果成为大学教师证明自己"物有所值"的有力证据。否则，人才会被"摘帽"，乃至被"扫地出门"。所以，高等学校的"工作重点、政策导向以及内部资源的分配、员工的精力投向乃至整个单位的发展成效等等都能折射出该单位领导的政绩观"②。

实际上，高等学校领导政绩观并非是一成不变的，而是与高校所处

---

① 杨建民、姜希、陈天柱：《高校领导班子树立正确政绩观的理论思考》，《乐山师范学院学报》2005 年第 1 期。
② 邢建辉：《高校领导的政绩观与高校教学质量》，《中国高教研究》2010 年第 9 期。

环境、高校办学实力以及高校领导的价值取向有密切的联系。按照亚当·斯密的说法，每个人都会理性地追求其自我利益，进而按照他们认为最有价值的方式来配置资本或劳动力。高等学校领导也不例外。作为"经济人"的高等学校领导，在作出决策时最终也是为了追求种种利益，包括直接的经济利益或非经济利益。"是为学校全面协调持续发展，还是博一时的新闻效应、一时的经济利益；是把工作重点放在学科建设、课程建设、教学科研环境的营造上，还是追求办学的功利性、营利性和短期的经济利益？这是高校领导建立什么样的政绩观的根本尺度。"① 正如前述，当地方政府仍然延续固有的价值判断，以高校的"身份等级"作为决定各项教育行为的基本依据、决定教育资源的分配时，应用型本科高校只能"争先恐后"地盲目挪用研究型、学术型高校的"高端化"标准对教师群体提出"精英化"要求，以渴求学校自身实力在传统身份认同的框架内力争上游。因此，我们可以观察到，在 21 世纪的第一个 15 年的时间里，高等学校在扩张与兼并的浪潮中，实现了面积的扩大和办学规模的提升；随着 2015 年《统筹推进世界一流大学和一流学科建设总体方案》的出台，高等教育的提质增效成为高等学校领导"新"的政绩观。从共时性角度来说，同一地区的不同高校也可分为研究型、教学型、教学研究型和研究教学型，这些都是高校领导政绩观的彰显。以 S 省某高校为例，在教育部和 S 省政府联合发布《关于整省推进提质培优建设职业教育创新发展高地的意见》之后，2020 年 1 月中旬，该省属高校就立即行动，召开全体干部大会，动员全校教职员工围绕"部省共建国家职业教育创新发展高地"这一目标，谋划学校工作。② 这一行为淋漓尽致地诠释了高校领导"政绩观"的变化。

究其原因，从组织行为学的角度分析，出现上述现象的背后主导是权变理论。"权变理论是开放系统视角下发展起来的一个组织理论。"③

---

① 邝邦洪：《论高校领导的政绩观》，《高教探索》2004 年第 4 期。
② 具体参见网址：https://www.sdyu.edu.cn/info/1003/9490.htm，访问时间：2020 年 3 月 20 日。
③ 闫凤桥：《大学组织与治理》，同心出版社 2006 年版，第 8 页。

这种理论强调环境需求的变化，要求组织在应对环境的变化中有所作为。其思想的核心就在于，"组织从环境中获得资源和技术信息是组织赖以生存的基础，由于环境的多样性，所以没有绝对意义上的最佳组织形式，最佳的组织形式是由它与环境之间的配合程度决定的"①。为了适应环境变化的需要，权变理论摆脱了古典组织理论中组织内部层级分明的"刻板"形式，将组织的内部结构予以弹性化处理。因此，这种理论代表这样一种取向，"它能使我们将一个组织想象成一个由许多子单元构成的开放系统，这些面对不确定性的子单元之间有着复杂的互动。通过改变组织结构、计划策略和领导行为，可接受的确定程度是能够达到的——至少可以减少风险"②。虽然权变理论着重的是组织内部系统对外界环境的适应，但是它并不是要求组织内部的所有系统都应主动适应外界环境，"它并不主张改变整个学校系统是为了达成仅仅是学校的一个或有选择的少数几个部门的要求"。因此，权变理论强调的是"权变"，而不是"全变"。在这一点上，高等学校的"政绩观"显然是"权变"的结果。对于权变之后的组织，其报偿是生存，甚至是兴旺发达。

"传统的组织结构观点聚焦于这样一些因素：角色的层级关系、中央集权、规章制度以及控制的幅度。然而，系统理论家更倾向于从子系统间的相互依存和每个子系统与整个系统的关系方面来看结构。"③以学校管理为例，按照传统组织结构的观点，学校的重心就是内部组织结构、相关学校管理制度的制定和落实情况、师生出勤情况等；而在开放系统论看来，学校每个部门或者学院（专业）都是支撑学校整个学术系统的组成部分，理解每个学院（专业）的作用需要从这个学院（专业）在做什么以及这个学院（专业）对整个学校学术系统所起作用的角度去理解，而不是将其割裂，孤立地去分析。作为相互支撑的子系统通过一位

---

① 闫凤桥：《大学组织与治理》，同心出版社2006年版，第8页。
② [美] E. 马克·汉森：《教育管理与组织行为》，冯大鸣译，上海教育出版社2005年版，第185页。
③ [美] E. 马克·汉森：《教育管理与组织行为》，冯大鸣译，上海教育出版社2005年版，第191页。

领导或管理将各子系统联结起来，构成了整个学校系统。如果环境变化方面出现了异动，相应的子系统便会到位并处理这些问题。

总之，"作为开放系统框架的派生物，权变理论的观点尤其强调组织内部的子系统过程与外部环境要求之间的关系。一个组织的效率和效能依赖于它面对变化的环境而改变其自身内部工作的能力"[①]。亦如前述，面对"双一流"的竞争压力，高等学校人才引进和培养的力度空前，显然这是高等学校内部人才系统对"双一流"环境作出的反应和适应。更进一步来说，大学教师评价在这一"适应"的过程中，被"过度"关注，甚或走向了"畸形"。需要指出的是，高等教育是"适应"而不应"盲从"社会，适应社会的需要也不能简单地从社会当前的需要来理解。无止境的社会发展，要求高等教育必须具有前瞻性，向前看，朝着未来社会的方向努力，只有这样才能担当得起"高等"二字。对于应用型本科高校教师评价来说，在评价成果数量和层次的同时，也不能忘记恪守学术底线，否则，大学也就只有"大"而丧失了"学"。

本章小结

作为一个充斥着各种关系的组织，N高校教师评价实践成为行政与学术、教学与科研等关系的博弈场。从这种意义上说，行政评价学术导致学术理念的"扭曲"、科研优于教学导致工作重心的"失衡"、重"学"轻"用"导致人才培养的"纠结"，以及实体重于程序导致治理方式的"任性"等问题充斥其间。究其原因，结构论支撑下的科层化"主导"、系统论驱使下的市场化"怂恿"、实用论操纵下的功利化"诱惑"和权变论影响下的趋同化"迷失"畅行其中。单一的、封闭的教师评价制度，功利化、实用性的价值取向，不仅会影响大学教师自主性和创造性的发挥，也会成为教师行为发展的掣肘。大学教师评价的最终目的是

[①] [美] E. 马克·汉森：《教育管理与组织行为》，冯大鸣译，上海教育出版社 2005 年版，第 192 页。

"回归到大学教师的本身","追寻教师发展的本真性,让教师成为一个真正的教师,崇尚发展教师之品性"①。可是,让大学教师"成为一个真正的教师",不仅取决于教师自身,同时还依赖于所处的环境,尤其与所在大学的生存样态休戚相关。"传统的身份塑造是个体内在逻辑和社会环境的结合。在工作场域,身份的形成包含着一系列的策略和机制,通过这些策略和机制,个体发展了对于自身作为职业或专业组织成员的一种自我理解和自我定义。"② 对于我们,在功利化、行政化等"煽惑"下的大学教师评价体系里,大学教师"早已失去了大学主人的地位,失去了实现大学宗旨和使命主力的身份,而是沦为满足大学功利目标的工具"③。为此,只有大学从根本上正本清源,回归"本真"了,大学教师才有"修复""自我",进而回归到"教师本身"的母体和前提。大学"本真"的回归,所需要的不仅是勇气,还需要智慧与力量。

---

① 曹永国:《自我的回归——大学教师自我认同的逻辑》,福建教育出版社2019年版,第215页。
② John S. Levin、刘隽颖:《新自由主义背景下美国高校终身制教师学术身份的冲突与适应——John S. Levin 教授专访》,《苏州大学学报》(教育科学版)2018年版第3期。
③ 周川:《"大学教师自我认同"申论》,《湖南师范大学教育科学学报》2019年第6期。

第五章

回归"本真"的应用型本科高校教师评价

"系统必须能够保持一种最低限度的调节机制,假如系统不能保持这种调节机制,那么它就会受到熵寂的威胁,也就是说,变得退化。对于任何一种系统而言,这都是一条普遍适用的法则。"[①] 在本书看来,N高校教师评价实践在提升实力、促生成果、改善待遇之余,其中的问题披露也不免使教师评价有彷徨歧路之忧。所以,为了给教师评价的维系与发展提供不可或缺的调节,这就需要进行制度创新,思考预设出应用型本科高校教师评价的可行路向,这是十分必要的。正如欧克肖特所言,"大学被赋予超过单个学者的教授的力量。它是学者的联合体,使学者能相互弥补个人和学术上的不足。它容纳许多不同类型的教师,每一类型的人都能从与其他人的交谈中获得力量"[②]。为此,应用型本科高校教师评价依然需要回归到"教师之本真性",换言之,回归"本真"不但是应用型本科高校教师评价的起点,还应是归宿。

第一节 何谓"本真":应用型本科高校教师评价的目标指向

高等教育大众化进程使得学校行政结构日益多样化并且拥有了更高

[①] [法]米歇尔·克罗齐耶:《法令不能改变社会》,张月译,格致出版社2008年版,第18页。

[②] [英]迈克尔·欧克肖特:《人文学习之声》,孙磊译,上海译文出版社2012年版,第115页。

的权威。教师这一职业共同体的色彩在高等学校这一组织官僚程序化的制约下逐渐淡化。换言之，高等学校为了有效承担起大众化、多样化的教育使命，内部学术环境必须随着所担负使命而相应变化，这就包括与日俱增的教师评价与问责。传统上，问责不但与教师学术工作联系很少，而且教授自治、学术自由等标签也被认为是教师职业价值的根本所在。在高等教育耗费资源越来越多的今天，这一切都成了奢望。"在许多国家，越来越多的高校普遍开展了学术工作评价，包括对教学、科研、服务和管理等全部学术工作范围的情况的评估。"① N 高校教师评价的开展也是顺应时代发展的产物。不幸的是，"放眼当前世界各国的高等教育，我们的大学教师即便不是最累的，至少也是最累的之一。这种累，不仅是身累，更是心累，是一种疲于奔命而又无所适从的累，一种自己不能主宰自己的累"②。挣脱教师评价"累"的藩篱，需要回归到"教师评价的本真"。

　　从逻辑上讲，回到"本真"意味着先有"本真"，那么，应用型本科高校教师评价的本真是什么？这需要从应用型本科高校教师的本真谈起。"本真性的探寻是对教师自身的一种本体性思考。这种探寻是根本性的、基础性的，追寻一个真正的教师的良好形象，探寻如何使教师成为一个真正的教师，而不是用控制论、效率论和工程思维去改造教师，寻找教师所需的技能、技术等。"③ 因此，应用型本科高校教师之本真是理想状态下应用型本科高校教师的角色定位与价值期待。对于应用型本科高校教师本真的探讨，主要沿循两种路径开展。一是时间维度，以教师或者大学历史起源、现实存在和未来发展的角度为参照。这也是探求应用型本科高校教师角色本真的主渠道。作为遗传和环境的产物，应用型本科高校在保持传统的同时又必须时刻调适与环境之间的关系。"研究者、教育者和知识分子"是大学教师三种基本社会角色。不过，研究者

---

　　① ［美］菲利普·G. 阿特巴赫：《变革中的学术职业》，别敦荣主译，中国海洋大学出版社2006年版，第3页。
　　② 周川：《"大学教师自我认同"申论》，《湖南师范大学教育科学学报》2019年第6期。
　　③ 曹永国：《论教师发展的本真性追求》，《南京社会科学》2018年第7期。

和教育者的角色都是从知识分子这一角色分化过来的。或者说,大学教师的"前身"在最初意义上都是"知识分子"。随着城市的诞生和劳动分工的加快,"知识分子作为一种专业人员出现了",他们是"一个以写作或教学,更确切地说,同时以写作和教学为职业的人,一个以教授与学者的身份进行专业活动的人"①。"这些精神的手工艺者,在大规模的社团运动中组织起来,这些社团运动在城镇基层运动中发展到顶峰。教师和学生的团体,将是最严格意义上的大学。它们是 13 世纪的产物。"②学术研究是中世纪大学的首要任务,培养人才是在追寻高深知识的学术研究中实现的。所以,教师首先为知识研究者,而后才是知识传授者。应用型本科高校的教师亦是如此。时至今日,应用型本科高校的教师依旧在这三种角色之间不停地来回切换。二是空间维度。"大学教师角色是由'学术—政府—市场—个人'的四角张力结构决定的,不同极对大学教师角色有不同诉求。学术极重在要求大学教师成为学术人,政府极重在要求大学教师是培养现代公民的人师,市场极要求大学教师是服务者,教师个人极要求自身成为不受束缚的自由人。"③ 方向各异的张力迫使应用型本科高校教师使出浑身解数以完成不同角色职司,多重张力下的应用型本科高校教师显然没有了时间维度下角色的从容与自由。在空间维度下,不同的张力对于大学来讲不仅是外力的鞭策,还是利益的诱导,更是评价压力的驱使。教师评价衍生出的大学教师的各种"累"已经说明了这一点。综上,如果说空间维度揭示了大学教师如何更有效地拼命工作,那么,时间维度则清晰呈现了大学教师的应有内核与操守。据此,应用型本科高校教师之本真是建立在教书育人实践中的道德自觉与精神担当。这理应成为每位应用型本科高校教师的终极目标,也是一个永恒命题。只不过,脱离实践的应用型本科高校教师会变得自负与清高,缺少了精神追求与道德恪守的应用型本科高校教师也难免俗气与营钻。为

---

① [法]雅克·勒戈夫:《中世纪的知识分子》,张弘译,商务印书馆1996年版,第4页。
② [法]雅克·勒戈夫:《中世纪的知识分子》,张弘译,商务印书馆1996年版,第58页。
③ 方泽强、刘星:《大学教师角色本真——兼论高职院校教师角色的"破"与"立"》,《现代教育管理》2010年第3期。

此，在当下的高等教育实践中，应用型本科高校教师之本真"常常为诸多繁杂的事务和惯常性观念所遮蔽"，它的维系单靠浸润在烟火气中的大学教师是难以撑持的，还需要有应用型本科高校教师评价的外力护守。

如何才能达致应用型本科高校教师本真的彼岸？一言概之，自我认同。"在教师专业发展的理论与实践中，自我认同是教师变革的核心。它不仅能够促进教师行为、技能和效能，而且关涉教师自我存在的价值、归属感，涉及教师的精神气质和人格结构。"① 不过，变幻的社会环境和功利的大学环境加剧了应用型本科高校教师生活的不确定性。自我认同在外在化认同、功利化认同、流行性认同和大众化认同②的"搅合"下被遮蔽乃至异化了。应用型本科高校的教师虽然有寻求本真性生活之心，但是，现实的遭遇和常人化认同又使其限于庸俗的生活难以自拔，消释了其追求之力。其实，"任何角色都包括一连串的行为，这些行为不仅受个人动机的影响，而且也受社会团体的共同文化心理的影响。一方面，人的社会行为取决于外在的文化与制度，前者从广义上提供了个体行为的可能选项，后者直接塑造了个体的现实行为。……另一方面，角色行为受自我意识的影响"③。根据贾永堂的分析，影响大学教师角色本真行为的因素，有社会期待、考评制度、自我意识、行动能力、客观环境条件等五个方面。"导致大学教师角色扮演偏离理想角色的原因是多方面的，这其中当然包括社会文化的总体浮躁问题，也包括大学教师的态度和能力问题，或许还包括社会期待过于理想化的问题，甚至包括客观条件问题，但制度诱导无疑是根本原因。"④ 即言之，应用型本科高校教师评价制度功能异化，导致了其教师在"不真""褊狭"的处境中侵蚀自我，使得自我与角色之间

---

① 曹永国：《自我的回归——大学教师自我认同的逻辑》，福建教育出版社 2019 年版，第 2 页。

② 需要说明的是，对于外在化认同、功利化认同、流行性认同和大众化认同这些表述，借鉴了曹永国教授在《自我的回归》一书中提到的内容，但是这与我们前文中提及的 N 高校大学教师评价不足与原因分析中的内容相契合。

③ 贾永堂：《大学教师考评制度对教师角色行为的影响》，《高等教育研究》2012 年第 12 期。

④ 贾永堂：《大学教师考评制度对教师角色行为的影响》，《高等教育研究》2012 年第 12 期。

出现了分裂，遗忘了对教师本真理想的逐取。因此，规范和完善应用型本科高校教师评价制度是调适应用型本科高校教师角色行为的关键，也是使其教师尽可能接近本真角色的捷径。

在本书看来，解开应用型本科高校教师评价束缚、释放应用型本科高校教师自我认同、回归应用型本科高校教师角色本真的"牛鼻子"在于对应用型本科高校教师实施包容性评价。然而，包容性评价并不简单地等同于多样性评价。"'包容'一词源于爱米尔·涂尔干的社会团结理论，经历代社会学家发展为社会整合、社会融合等理论，最后由英国社会学家安东尼·吉登斯提出了包容性理论。"[1] 这种理论更多被用在经济发展上，用来讨论和解决经济发展与自然资源之间的紧张关系、组织内部成员收入差距过大以及日趋严峻的环境问题、价值观紊乱现象等。包容性增长则是包容性理论之于经济社会发展领域的具体体现，它的政策导向是实现机会平等，促进经济持续、有效增长，增强个人能力和提供有效的社会保障。[2] 作为破解应用型本科高校教师评价难题的钥匙，包容性评价是在借鉴包容性理论基础上与现有竞争性评价博弈之后提出的。实际上，不论是高校内部教师评价还是外部学校之间的位次排定，竞争性评价占有绝对的主导优势，时刻提醒、不断增强被评价主体的紧迫感与使命感。"我们教育中普遍存在的鼓励'拔高'、追求卓越的取向，是单向度关注优质的选择，这种选择忽视了一个问题，即鼓励'拔高'有可能失落'兜底'，追求卓越有可能失落平常。"[3] 对于学校之间教育资源分配是这样，应用型本科高校教师评价又何尝不是如此。在竞争性评价的指挥下，应用型本科高校教师念兹在兹的是如何获批高层次项目、发表高水平论文、积攒数量足够多的科研经费，而无暇顾及学术的精神性、教学的教育性和高品质的社会服务。所以，包容性评价视角下的应用型本科高校教师评价，是基于高校发展定位和人才培养特点，是基于学校发展的需要和对教师差异性的尊重，在学校

---

[1] 王务均：《包容性治理：大学内部权力结构的新机制》，南京大学出版社2017年版，第16页。
[2] 武鹏：《包容性增长的理论演进研究》，博士学位论文，云南大学，2015年，第16页。
[3] 杨启亮：《转向"兜底"：义务教育优质均衡发展的重心》，《教育研究》2011年第4期。

与社会关系中厘定教师评价的方向，在教师"过去"与"现在"的比较中设定评价的标准，为学校发展与教师进步寻求更为合理与可行的路径。因此，"如果说竞争性评价更加偏重绝对意义的外在比较所形成的强推力量，包容性评价则使得学校发展在'拔高'与'兜底'之间寻找一种较好的平衡，使得学校发展更加倚重评价所催生的'最近发展区'，从而充分发挥发展评价的激励、调节与促进功能，更好地助推学校的自我超越与自我更新"[1]。

当然，对应用型本科高校教师实施包容性评价也并非空穴来风，也是有相应理论作为支撑的。首先，从教育管理学的视角进行分析。以成果量化为突出特征的 N 高校教师评价，将教师视为"物化的人"。在传统教育管理学理论中，所谓物化的人，是指人被降格到物的层次，人与钱财、物质、事务、时间、信息等因素成为平行的或者别无二致的因素。[2] 事实也是如此，N 高校先将教师成果分门别类确定为价位不等的数字，而后点查成果数量，数量多寡和单价高低两者决定了教师成绩大小或收入起伏。这犹如市场商品交换，较好地"运用"了"等价有偿"这一民法原则。于是，被评价者不得不从行动上践行能用数字换算且可测量的评价体系。"唯利是图"这一传统教育管理学理论所持的另一重要观点也得到了印证。正如张新平教授的分析，"与传统教育管理学理论不同，坚持现实关系的互主体性的人的观念是未来教育管理学理论的重要特点，人不再被看成是势力的人、算计的人、可资利用的人，而是平等的、协作的、在共同创造着这个世界的人。……从现实关系的互主体性的人出发，未来教育管理学理论势必把遭遇、危机、时间和空间这样一些在传统教育管理学理论中不见经传的概念囊括进来，赋予它们地位和意义"[3]。在这一理论指导下，应用型本科高校教师包容性评价需要尊重教师差异、认同评价多元，加强专业发展的针对性，突出人才培养的应用性，提高教师发展的适切性，缓解高校办学的趋同化。

---

[1] 杨晓奇：《学校发展的"内卷化"表征与破解》，《教育研究与实验》2017 年第 5 期。
[2] 张新平：《教育管理学导论》，上海教育出版社 2006 年版，第 245—246 页。
[3] 张新平：《教育管理学导论》，上海教育出版社 2006 年版，第 248 页。

其次，教育心理学也为包容性评价提供了暗示。作为一门专门的职业，教师职业具有规范性、复杂性和创造性、专门化以及自我发展性的特点。如果说教师职业的规范性告诉我们对于教师职业行为可以采用评价体系进行评定的话，那么，教师职业的复杂性、创造性以及自我发展性则要求我们需要谨慎地对待教师评价这一实践活动。隶属于"生活世界"中的感性的教师，是具体而非抽象的人，单纯的"实证分析必定会抹煞这个世界及人的完整性，必然会把人之为人最重要的精神性的特征丢弃掉，必然会把人及人的一切当作物来剖析，把人'物化'和'工具化'"[①]。这也正应了狄尔泰那句名言，"自然需要说明，而人需要理解"。理解教师的方式，就是对其进行包容。承担过多无形压力的高等学校在"高标准、严要求"的环境中，呈现出了"千校一面"，办学特色也仅成为停留在高校领导嘴边的噱头。对应用型本科高校教师采取包容性评价，目的是营造宽松的教育氛围，根据自身优势注重应用研究、创新应用型人才培养模式。换言之，包容并非"纵容"，要"有理有利"。具体来说，"所谓有理，就是社会对学校、学校对教师以及教师对学生的宽容要合乎情理、事理，遵循一定事物的客观规律，要持之有据。所谓有利，就是宽容要对宽容者和宽容对象双方利益的促进和满足均起积极作用，而不是一益一损，或两败俱伤，它是一种相互性的美德"[②]。

最后，再来看教育哲学视角的分析。亦如前述，"见物不见人"的教师评价方式，只是触及了教师评价的工具价值，尚且不能理解评价之于教师的根本性意义，造成了教师评价对于人的暂且性遗忘。这是基于传统认识论哲学所得到的结果。与此不同，生存哲学"从本原上去观察现实，并且通过我在思维中对待我自己的办法，亦即通过内心行为去把握现实。……它意味着，一切现实的东西，其对我们所以为现实，纯然

---

① 金生鈜：《理解与教育——走向哲学解释学的教育哲学导论》，教育科学出版社1997年版，第28页。

② 张家军：《论教育宽容》，《教育研究与实验》2004年第4期。

因为我是我自身"①。需要说明的是，生存论哲学"是教育哲学的本有之义"，"回归生存本体的教育即以生存本体论引导自身的教育"②。在生存论视域中，教育不再是与人毫无关系的外在工具，而是彰显人存在的展开方式。因此，从生存论视角观察，教师评价应当激发教师自身存在的价值，为教师存在的正向发展提供可能。顺此思路，应用型本科高校教师评价应始终围绕高校定位和人才培养的"应用型"，采取多元、包容的评价策略，解决教师评价的不公，坚持制度引导，做到评价持续性和多样化的融合，进而形成教师评价认同的文化氛围。

第二节 追逐"本真"：应用型本科高校教师评价的路径敷设

N 高校教师评价以数字作为中介将人们不易直接抓取的教师工作可视化。这种评价方式带有强烈的目标导向和功利化驱动，将评价作为外在于教师主体和教育过程的甄鉴工具，它"关注选拔、注重甄别、重视等级、专注数据、关心形式，这使得教育评价弥散着压力、分布着焦虑、充斥着紧张"③。如果应用型本科高校教师评价的目的还是"执着在"大学发展上，工具主义评价所擅长的控制性功能仍将有大显身手的广阔空间。然而，正如沈红教授所分析的那样，"对大学教师进行评价目的是实现个人、学科、大学的'三发展'"④。只有应用型本科高校教师"发展了"而非"被评价了"才能促进学科和大学发展。为此，针对应用型本科高校教师的包容性评价并非不要"数字评价"，其目的是促进评价数字化与应用型本科高校定位的统一，促进评价数字化与应用型本科高校教师内涵发展的统一，促进评价数字化与应用型本科高校人才培养需求的统一，实现教师评价"硬度与温度"的和谐。

---

① ［德］卡尔·雅斯贝斯：《生存哲学》，王玖兴译，上海译文出版社 2005 年版，第 1 页。
② 高伟：《生存论教育哲学发凡》，博士学位论文，南京师范大学，2003 年，第 11 页。
③ 邵泽斌：《教育生态现代化论纲》，《教育发展研究》2019 年第 17 期。
④ 沈红：《论大学教师评价的目的》，《高等教育研究》2012 年第 11 期。

一 包容理论与包容性评价简评

任何一种理论的提出必有其得以生长的源头。正所谓，根深才能叶茂，源远方能流长。理论之"根"或"源"，或是指社会生活的实践，或是不同思想、观念或学说。就包容理论来说，前文的论述已略解了它在域外的发展演变，下文将对它在国内的表现样态予以陈说。如此行文不是为了锦上添花拼凑字数，而是为了立体式映现包容理论的来龙去脉。作为全面论述"包容性"理论的代表学者，英国学者吉登斯从社会构建的角度来谈"包容性"。他认为，"一个包容性社会必须为那些不能工作的人提供基本的生活所需，同时还必须为人们提供多样性的生活目标，这一社会的基础就是包容性平等"①。更进一步解释说，"在最广泛意义上，'包容性'意味着公民的资格，意味着一个社会的所有成员不仅在形式上，而且在其生活的现实中所拥有的民事权利、政治权利以及相应的义务，还意味着机会以及在公共空间中的参与"②。因此，包容理论在吉登斯这里代表着对弱者的保护、权责一致、民主、平等和多元等内容。

实际上，无论是国内政界还是学界，包容理论更多的是以修辞语的身份出现的，如常见的包容性增长、包容性发展等，其看法与吉登斯的观点相近似。早在十年前，时任国家主席胡锦涛在参加第五届亚太经合组织人力资源开发部长级会议开幕式时，发表了《深化交流合作 实现包容性增长》的致辞。"包容性增长"被国家领导人正式提出并逐渐为国人熟知。③党的十八大以来，建设包容型世界经济，夯实共赢基础。消除绝对贫困和饥饿，推动包容和可持续发展，不仅是国际社会的道义责任，也能释

---

① [英] 安东尼·吉登斯：《第三条道路：社会民主主义的复兴》，郑戈等译，北京大学出版社2000年版，第107—114页。

② [英] 安东尼·吉登斯：《第三条道路：社会民主主义的复兴》，郑戈等译，北京大学出版社2000年版，第107—114页。

③ "包容性增长"这个概念最早是2007年由亚洲开发银行提出来的，之后的时间里，国际组织逐渐完善这个概念。基于中国加入WTO近十年快速发展的实践，GDP的增长也给环境、资源等带来了巨大的压力，收入分配不公等问题也开始显现并日渐突出。于是，时任国家主席胡锦涛在2010年正式将"包容性增长"提了出来，并将其作为后来解决我国发展的关键。

放出不可估量的有效需求。……我们希望向国际社会传递这样一个信号：二十国集团不仅属于二十个成员国，也属于全世界。我们的目标是让增长和发展惠及所有国家和人民，让各国人民特别是发展中国家人民的日子都一天天好起来！① 与此同时，包容理论在政界的热度也影响到了学界对它的关注度，两种领域出现了某种契合。作者以中国知网为检索平台，以"包容理论"为主题，通过对全部检索结果的可视化分析发现，进入 21 世纪，对包容理论的研究，除了在 2002 年和 2008 年出现小幅上升外，以每年个位数的成果量处在相对平稳的状态；到了 2009 年，成果量跌入谷底仅为 1 篇；之后的三年每年的成果量激增，2012 年达到峰值 37 篇，随后对这一理论研究停留在每年两位数成果量的状态。② 作为党的十八大召开之年，2012 年的承前启后意义自然不言而喻。理论界在前几年初涉包容理论的基础上，势必要对其进行全面分析，研究波峰的出现就不难理解了。在我国进入新常态之后，包容理论业已融入了经济社会发展的各个层面，也就进入成果产出的平缓期了。从内容上分析，对包容理论的研究具有很大的"包容性"，研究视角也比较多样。借鉴王务均的分析，

---

① 来源：人民网 - 中国共产党新闻网（习近平出席 B20 峰会开幕式并发表主旨演讲）2016 年 9 月 3 日链接：http://cpc.people.com.cn/GB/http:/cpc.people.com.cn/n1/2016/0903/c64094 - 28689036.html。

② 下图是对包容理论检索结果可视化分析曲线图，检索时间：2020 年 4 月 7 日，检索平台：中国知网。

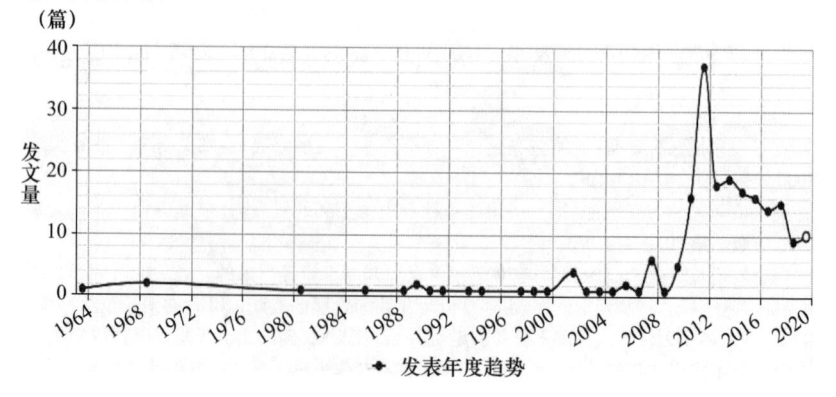

本书认为主要有两个方面①：一是经济学视角。"'包容性'反映了这种理念对公民权利的强调和对社会排斥问题的重视，强调贫困人口不应因其个人背景的差异而受到歧视，不应被排除在经济增长之外，而'包容性增长'所倡导的机会平等则强调贫困人口应享有与他人一致的社会经济和政治权利。"②所以，包容性增长就是机会平等的增长。二是政治学视角。如果经济学对包容性的解读是"包容性增长"，那么政治学的回答是"包容性发展"。"包容性发展，关注包括弱势群体在内的所有国民的实际需求、可行能力、发展环境与机会以及利益分配，追求经济、社会和政治的全面协调发展，因而是一种新的发展理念和模式。"③"推进包容性发展，有助于缓和国际矛盾、缩小发展差距、解决社会问题，推进经济社会全面协调发展，增强发展的可持续性。"④其实，无论是经济学还是政治学，对包容性的定义可谓大同小异，强调机会均等、排斥差异等。这一点在王务均的学术界观点和国际社会观点中也得到了阐明，不再赘述。综上，包容理论旨在通过消斥发展过程中弱势群体参与的不平等，增进合作共赢、发展成果共享，"建一个合作、分享、双赢、规范发展的包容社会"⑤。

与包容性发展、包容性增长等相仿，对应用型本科高校教师的包容性评价是基于应用型本科高校特殊表征的一种相对更加全面也更趋公平的评价方式，同时对教师个人也更具人文关怀和发展性的评价。从包容性评价的要素结构和逻辑框架上看，包容性评价主要囊括评价主体、评价内容、评价过程和评价结果等四个维度。具体来说，其一，应用型本科高校教师包容性评价的逻辑起点是被评价主体的全面参与。教师评价的评价对象是教师，尤其是身处教学科研一线的教师。"被评价主体的全

---

① 王务均：《包容性治理：大学内部权力结构的新机制》，南京大学出版社2017年版，第65—66页。
② 蔡荣鑫：《"包容性增长"理念的形成及其政策内涵》，《经济学家》2009年第1期。
③ 高传胜：《论包容性发展的理论内核》，《南京大学学报》（哲学·人文科学·社会科学版）2012年第1期。
④ 高传胜：《论包容性发展的理论内核》，《南京大学学报》（哲学·人文科学·社会科学版）2012年第1期。
⑤ 王务均：《包容性治理：大学内部权力结构的新机制》，南京大学出版社2017年版，第67页。

民参与"并非单指所有身在教学科研一线教师都要成为被评价对象,同时也暗含着这些被评价主体有全程参与从评价指标制定、评价过程操作以至评价结果形成整个评价过程的权利。换句话说,参与教师评价是所有教师的权利,只要具有教师身份都应参与到教师评价活动中去。限于论证主题,高校职员(非专业技术人员)评价并没有在本书应用型本科高校教师评价的范围内。参与教师评价不仅是教师个人发展的需要,也是学科、学校不断发展提升的基石。其二,应用型本科高校教师包容性评价的特征是教师发展性评价。如前所述,教师发展是学科与学校发展的先决条件。这种发展不是"鉴定式"督促下的"数字累加",而是商讨、诊断应用型本科高校教师发展的问题,合理确立应用型本科高校教师发展的目标和需求,寻找应用型本科高校教师发展的途径和方法,是"统筹式"指引下的"身心和谐"。教师评价不仅应具有鞭策功能,也应兼具启发价值。失去了前者,学校的组织目标没有了实现的依凭,教师如同"无头苍蝇四处乱撞";丢失了后者,学校的"大学理想"也会变得滑稽,教师会沦落为没有"精神贵族"①的"市侩"。基于此,对于应用型本科高校而言,教师发展的目标与需求是始终与应用型本科高校的定位和人才培养需求链接在一起的。其三,应用型本科高校教师包容性评价的本质要求是评价过程的公平性。只有充分实现教师评价过程的公平性,才能保证应用型本科高校教师评价结果的可信度,否则,在失去公平的评价中,不但会造成评价结果有失公允,更可怕的是被评价者丧失了对学校目标举措的热情,"哀莫大于心死"。因此,要实现评价过程的公平性,对教师实施分类评价,保证机会平等、环境公正,才能吸引被评价者由"被评价"向"积极参与"评价转变。只有这样,应用型本科高校教师评价才能有坚实的基础。其四,应用型本科高校教师包容性评价的重要目标是被评价者对学校发展成果的共享。虽然教师应有超脱的精神追求,但是他们也不是不食人间烟火的"圣人",必要乃至丰厚

---

① "精神贵族"是雅斯贝尔斯提到的,指的是每个人对自己严格要求,并非表示要高过他人。参见〔德〕雅斯贝尔斯《什么是教育》,邹进译,生活·读书·新知三联书店1991年版,第168页。

的物质待遇仍是支撑教师投身于学校目标实现的关键支点。前面提及的评价主体全面参与、评价过程的公正等，均是为共享学校发展成果作铺垫的。利益共享是包容性评价的必然结果。"共享"不是"大锅饭"，是有区别与梯度的；但也不是"贫富悬殊"，这不是包容性评价所希望的。因此，应用型本科高校教师包容性评价既要长有"牙齿"，更要充满"温情"。

二 应用型本科高校教师包容性评价的实施逻辑

根据包容性评价的理论内核，以 N 高校为代表的应用型本科高校对于教师评价应当从理念转变切入，以学科评价为依托，建立起尊重学术自由、重视教师发展、与应用型本科高校定位和人才培养需求相匹配的包容性评价体系。

（一）理念转变：从管理导向转到价值导向

在 N 高校教师评价实践中，负责教师评价的是由人事部门牵头组建的评价主体，负责组织教师年度考核、职称晋升和聘期评价等工作。代表学校意志的人事部门会将贯彻执行学校工作计划当作头等大事，将提升学校办学质量所需要的教科研任务和社会服务指标分解给学院乃至教师个人。因此，"评价大学教师时，当人事管理部门来组织对大学教师评价的时候，'二律背反'便形成了，在我国大学教师评价实践中的具体表现是行政力量的主导和学术力量的屈从"[①]。不难理解，作为主司管理且起着主导作用的人事部门必定将成果数量、项目层次等外显特性作为对其分派任务的回应与检验，至于成果的学术水平等内在隐性特质，它无力也无暇眷注。深究起来，科学管理理念始终是人事管理部门应对学校关切、服务师生的"法宝"。"在科学管理理论的指导下，大学开始制定标准化的管理机制，教师被要求报告他们的时间应用效率，而给教师的工作加权则被认为是一种简单的评价方式，尤其是对研究

---

① 沈红、林桢栋：《大学教师评价的主客体关系及其平衡》，《中国高教研究》2019 年第 6 期。

的定量评价被认为是一种最直接、最有效的鉴定教师工作效率的方式，因此，很快这种方法就被高校认可，并作为教师晋升的依据。"① N 高校教师评价的"可量化""工具化"等都反映了科学管理的评价范式，这种评价方式，"梦想着用一个标准的评价系统来比较两个教师的效率在现实中真的就只是一场梦，设计系统的时候期望是如此美好，但应用的时候简直就是一个梦魇，现在根本没有任何一个完美方法来测量教师的效率"②。的确，以追求效率化的行政管理用刻度化标准去衡量学术质量与贡献显然不尽合适，毕竟分属不同领域的行政与学术二者的交集实在不多。

于是，对应用型本科高校教师的包容性评价，需要评价理念的转变，即由"以强调客观的科学准则为导向的"科学管理转向"以尊重教师工作多样性为基础的"价值导向。也就是说，科学管理导向下，忽略了应用型本科高校教师职业的复杂性、特殊性，漠视了科学研究的应用性、实践性，蔑视了教育教学的实践性、创造性等特点的关注，应用型本科高校教师评价的改进功能和诊断功能也被无视了，同时，应用型本科高校自身的客观条件和教师个人实际也不在被考虑的范围内。这种评价方式"秉持'价值中立性'要求，认为科学是中立的和客观的，只与'事实'问题有关，而与'价值'问题无关"③。前面的论述已经提醒我们，对教师评价采取"价值无涉"的实证量化方法，有着诸多缺点与流弊。因此，"随着社会学领域学者在研究中发现环境和背景对人类思想和行为影响的重要性，价值导向理论在评价中也逐渐得到重视，因为无论应用何种模式和方法来评价事物，评价的复杂程度都会超出模式和方法的限制，归根结底是评价人所持的价值观在起作用，无论是设计评价还是执行评价，评价过程中所谓的价值无涉

---

① 王建慧、沈红：《美国大学教师评价的导向流变和价值层次》，《外国教育研究》2016年第 7 期。
② 王建慧、沈红：《美国大学教师评价的导向流变和价值层次》，《外国教育研究》2016年第 7 期。
③ 张晓峰：《对现行教师评价三个基本问题的批判：后现代主义视角》，《教育理论与实践》2004 年第 19 期。

是根本做不到的"①。当然，在应用型本科高校教师评价中引入注重教育环境、专业发展等价值导向，并非彻底否定实证量化方法，只是说科学管理导向方法和价值导向方法两者合力驱动教师评价实践，更进一步展示出应用型本科高校教师工作的真实价值，促进教师在追逐本真中自主发展。以美国应用型高校教师评价制度为例，高校定位和人才培养目标就是其教师评价制度设计的核心价值取向。一方面，美国应用型大学能够基于学校定位设计教师评价制度。诸如，从事规划与设计艺术活动或艺术表演活动等成为以艺术为学科特色大学的教师评价标准之一，充分考虑了学科特点与学校特色。另一方面，美国应用型大学能基于教师发展的需要设计教师评价制度。以威廉姆斯学院的教师评价制度为例，实施教学评价而不涉及学术和社会服务评价，成为新任教师与其他教师的差异化评价标准，充分体现了学校对新任教师群体的充分关注，也将其有限的时间与精力最大化返回给有效的教学。此外，基于学生发展也是美国应用型大学教师评价制度设计的重要价值取向。在教学评价上，将对学生课程的调查、对学生个人意见的收集作为教学评价的重要内容；在科研评价上，突出科研的应用性，提倡教师吸纳学生参与项目研究；在社会服务评价上，拓展服务领域，重视教师为专业学生或非专业学生提供咨询等。从这种意义上说，为学生发展服务已不再是一句响亮的口号和时髦的标语，而已是深深内化为主动变革的实际行动。

那么，与"科学管理导向"的直观、可测度相比，我国应用型本科高校教师评价的"价值导向"又该如何设定呢？按照王建慧等人的分析，教师评价的价值导向包括期望价值、优先价值和等级价值三个层次。第一，期望价值。从心理学角度观察，期望价值的基本假设是"人们从事何种行为，取决于觉察到行为导向目标的可能性，以及目标的主观价值"②。作为评价主体的应用型本科高校期望被评价者教师需要完成的工作任务和作出的贡献，这包括教师基本职责或岗位职责和期望职责或目

---

① 王建慧、沈红：《美国大学教师评价的导向流变和价值层次》，《外国教育研究》2016年第7期。
② 姜立利：《期望价值理论的研究进展》，《上海教育科研》2003年第2期。

标职责。应用型本科高校对教师的期望内含于高校发展的实际，也源自应用型本科高校的办学定位、历史传承和培养高素质应用型人才等核心功能。为此，在设立期望价值时需要兼顾两个方面内容，一是应用型本科高校章程中的宗旨与使命。"学校使命和历史传承会为教师的工作提供一个清晰的努力方向和存在意义，而使命在教师职业生涯中的内化也会塑造教师对学校的忠诚以及增加教师工作的动力。"① 教师加入高校仅是组织上的加入，更重要的是让教师投入到高校所追求的价值目标中，只有这样学校才能取得长足进步。当然，不同类型高校的宗旨使命各不相同，同一高校在不同时期其价值追求也会变动。不过，总体来说，与外界社会相比，应用型本科高校处在一个相对稳定的环境空间中，对教师的期望价值也有较高的稳定性。毕竟，"其他事物都变化，大学大部分持久"②。二是应用型本科高校教师个人目标。稳定的期望价值并非意味着教师个人目标的整齐划一。如此，又会陷入科学管理导向的窠臼。在应用型本科高校，由于工作环境、学科特点、职业发展、年龄、性别等因素影响，教师个人目标的差异性相对比较大。入职不久的教师虽然有着从事学术研究的新鲜感，但迫于稳定生活的压力，更趋向于完成见效快、周期短的目标；在应用型本科高校从事哲学社会学研究的教师纵然非常用功努力，所获得的课题经费也难以媲美研究理工学科的同事。因此，忽略了教师职业差异和个人贡献的含金量，是不容易评定教师的期望价值的。对应用型本科高校教师的包容性评价要求，在设定期望价值时，要在学校宗旨使命与教师之间找到妥协点，尊重教师工作的多样性、差异性，保障教师的主体性。

第二，优先价值。"期望价值是教师工作的基础价值，是学校对教师最基本和最宽容的期望。"③ 言外之意，身居期望价值之后的优先价值确立

---

① 王建慧、沈红：《美国大学教师评价的导向流变和价值层次》，《外国教育研究》2016年第7期。
② ［美］Clark Kerr：《大学之用》（第五版），高铦等译，北京大学出版社2008年版，第11页。
③ 王建慧、沈红：《美国大学教师评价的导向流变和价值层次》，《外国教育研究》2016年第7期。

了教师评价内容标准的位阶关系。"学院制是我国大学组织结构的基本选择。"① 高校教师不仅是"大学人",也是"学院人"。一般来说,学院是根据人才培养需求和学科属性而设置的,同时根据办学需要加以调整。这就决定了应用型本科高校内部各学院所肩负的任务和功能是不同的。为此,教师所承载的学校期望价值必定要与学院的学科发展、人才培养、社会服务等纠葛在一起,作为教师"栖息地"的学院调剂着应用型本科高校教师评价价值的位次顺序。"优先价值是各学系(院)对教师工作的文化目标设定、目标内涵理解及目标价值排序。"这种排序表现为,在期望价值基础上,学院对于教师工作角色予以再次定位,核减或增加相关领域、工作的权重,使得教师据此厘定努力方向,分配时间精力。教师晋升机会的大小取决于个人完成学院重点工作的多少。就拿N高校来说,承担公共课教学的学院(部)与作为学校主干专业的汽车、土木等学院对教师年度考核要求肯定是不一样的,前者重视对教师课时量或课堂效果的评价,如何产出大成果应该成为后者的重点工作目标。如果教师逆势而为,结果就相当悲催了。这就是优先价值在应用型本科高校教师评价中的展现。

第三,等级价值。这是针对教师评价的结果。实际上,在现有关于教师评价结果表述上,大多数学者倾向于采取"定性评价与定量评价相结合,确立以质量为本的价值取向"②;也有的学者对此嗤之以鼻,认为采取等级制"遮蔽了大学教师评价的本真追求,阻碍了教师专业发展"③。亦如前述,应用型本科高校教师评价是不可能完全脱离科学管理导向的,纯量化式的评价已然没有了立足之地。"完善考评制度的一个重要前提是承认教师在学术生产中的主体性地位以及教师追求自身权利的合理性。"④ 在此条件下,任何有利于尊重教师主体性地位发挥的手段

---

① 宣勇:《论大学的校院关系与二级学院治理》,《现代教育管理》2016年第7期。
② 李福华:《论我国大学教师绩效评价的价值取向》,《学术论坛》2013年第8期;田静、裴兆宏:《高校教师个体评价的研究》,《清华大学教育研究》2002年第5期。
③ 王向红、谢志钊:《大学教师评价:从"鉴定与分等"到"改进与发展"》,《江苏高教》2009年第6期。
④ 贾永堂:《大学教师考评制度对教师角色行为的影响》,《高等教育研究》2012年第12期。

均是可以采用的。我们并不能在一味否定量化的前提下走向教师评价的虚无化。因此，重视大学教师发展并不是完全舍弃等级制。"等级价值是在优先价值的约束下，对教师各种工作角色所取得的成绩分别进行鉴定和排序。等级价值被看作是对教师学术工作内在特质的评价，相对于优先价值而言，等级价值更偏重于科学和客观的评价理念。"[①] 当然，对应用型本科高校教师进行等级评价也是需要明确和详细的评价指标体系的。等级制评价不是按照原来的量化评价标准评价，而是以等级制方式表现评价结果。在应用型本科高校中，等级评价标准体系采信的应是经过被评价教师所在学科长期积累并公认的行业标准，与量化式评价标准相比，在内容上也更加专业化、富有创新、注重学科或行业影响等。比如前面述及的 N 高校某位文科教师竟然以申请专利作为岗位评价的佐证，在等级价值评价体系中这种现象是不会再出现了。此外，由于等级价值注重的是专业或学术评价，为此，确认教师工作等级的主体不再是人事部门牵头成立并由高校其他职能部门组成的评价小组或聘任委员会，而是"以专业知识为共同特征的大小同行"。这里，我们仍然可以借鉴美国应用型高校教师评价的具体做法。定性评价与定量评价相结合的方法是美国应用型大学普遍采用的评价方法。这其中，既有对教学学时、论文、出版物等的量化折算，又可通过专业或学术机构对教师的部分教学、科研、社会服务情况作定性描述，对教师教学水平、学术水平及社会服务的实然状况作出综合性评判。可以说，这种"一定量化"的方式赋予了教师更多的话语权，体现了知识生产与精神生产本身的平等性与自由性。

（二）逻辑起点：基于不同学科的教师评价

正如包容性理论所诠释的那样，对教师包容性评价要承认并尊重教师之间的差异，认同且包容教师的多元发展。以学科评价为依托的大学教师评价恰恰满足了包容性评价的要求。其实，包容性评价还有另外一种选择，即对教师分类评价。按照教学的学术、科研的学术、发现的学

[①] 王建慧、沈红：《美国大学教师评价的导向流变和价值层次》，《外国教育研究》2016年第7期。

术和综合的学术这一多元学术观,教师可以划分为教学型、科研型、教学科研型和综合应用型。"基于多元学术观的教师分类发展不仅面向所有类型教师的职业生涯,同时也满足教师多层次的需求。"① 本书之所以选择以学科为依托的应用型本科高校教师评价,主要有两点原因:其一,分类评价是以应用型本科高校内所有参与评价教师为范围的,没有消除不同教师之间的学科差异。科研型教师的评价标准适用于所有选择科研型这一岗位的教师,无论其从属的学科是工学还是管理学,即言之,只要选择了科研型岗位,所有教师均适用同一评价标准。这也就意味着,以学科为依托的应用型本科高校教师评价要根据高校发展定位和学科特点拟定针对不同学科教师的评价标准。其二,以学科为依托的教师评价更能找准应用型本科高校发展的命门,促进学校办学质量的提升。"在国际学术界,学科就是产品线,院校即为地理中心,高等教育必须以学科为中心"②,"学科已成为大学的'第一原理',知识的专业化是构成其他一切的基石"③。为此,学科是应用型本科高校生存的关键,也是其发展的原动力。着眼于学科的教师评价能够诊断制约应用型本科高校学科发展的"病灶",培植有利于孕育一流学科发展的土壤,形成科学的学科发展机制。

随着知识的不断涌现及专业化,出现了专门化的知识生产组织形式学科。在最初起源上,学科是由具有相同研究志趣和类似知识基础的学术人形成的学术共同体,这种学术共同体的内部具有紧密的结合力和突出的自主性。后世大学的发展即是学科分化或学科综合的结果。大学教学科研活动组织单位的划分就是以学科作为标准的。"大学以学科共同体为内核、以行政职能为结点而构成"④,"主宰学者工作生活的力量是学

---

① 张泳、张焱:《多元下的统一——关于高校教师分类发展的探讨》,《江苏高教》2018年第12期。
② [美]伯顿·R.克拉克:《高等教育系统——学术组织的跨国研究》,王承绪等译,杭州大学出版社1994年版,第78页。
③ [美]伯顿·R.克拉克:《高等教育系统——学术组织的跨国研究》,王承绪等译,杭州大学出版社1994年版,第41页。
④ 沈红:《论学术职业的独特性》,《北京大学教育评论》2011年第3期。

科而不是所在院校"①。换言之,应用型本科高校教师不仅是组织视角中的"单位人",也是学科领域中的"学科人"。不同领域的学科有着不同的知识内容、表现形式和实现路径,知识生产所遵循的逻辑也各有差别。由此,也就影响了所在学科成员的思维模式、精神追求和语言表达。比如,社会学的核心在于"探究各种社会力量的行为"与"理解社会变化的规律",法学关心的则是制度规则及其运行。前者在于发现"普遍的社会学规律",后者强调的是用法学知识描述社会现象的解释力。"标准化""量化式"教师评价恰恰忽视了被评价主体的学科差异。"尽管学科之间的交叉与渗透日趋频繁,学科界限也不像以往那样泾渭分明,但学科差异依然存在,无论是知识属性和研究范式还是价值取向和成果形式,均可识别各学科之间的差异。"② 学科交叉催生了新的知识,并没有完全消弭学科之间的差异,而只是印证了学科之间的"兼容并蓄"③。因此,在应用型本科高校开展教师评价时,需要充分尊重教师之间的学科差异,采取分学科评价模式。

更进一步说,"基于知识的学术差异性与基于现实的社会差异性构成了学科差异性的内涵。从知识逻辑的维度看,知识属性的不同是形成学科学术性差异的认识论基础。从现实逻辑的维度看,不同学科在声望评价、资源及权力占有之间存在地位的不同形成了学科社会功能的差异性"④。学科的学术性差异表现为三方面,由学科知识边界形成的知识专门化,针对学科研究范式的知识规范化,以及不同学科知识体系的理论化。正所谓,"一个专门化知识领域之所以称为学科,通常是因为它有自己确定的知识体系、方法体系、学术评价体系、典范的

---

① [美]伯顿·R. 克拉克:《高等教育系统——学术组织的跨国研究》,王承绪等译,杭州大学出版社1994年版,第35页。
② 顾建民:《学科差异与学术评价》,《高等教育研究》2006年第2期。
③ "兼容并蓄"是当代学科建设的基础,旨在推动不同学科交叉融合,实现基础学科与应用学科的结合,建立跨学科研究组织和人才培养体系。参见吴叶林、崔延强《基于学科文化创新的一流学科建设路径探论》,《清华大学教育研究》2017年第5期。
④ 贾莉莉:《基于学科的大学学术组织研究》,博士学位论文,华东师范大学,2008年,第83页。

培养体系与工作体系"①。当然，学科发展并非完全是自主性的，势必受到外力的干涉与影响。"各个国家对不同学科有差别的支持力度，不完全是学科之间自由竞争的结果，也不完全来自学科研究成本的差异，其中还渗透着各国政府有意识的权力干预。"② 不仅如此，在应用型本科高校内部，划分给不同学科的经费、人力与物力资源也不会等量齐观，资源分配中权力占有、关系亲疏和学校发展定位等或显或隐的因素都有左右学科资源配置的能力。国家层面的"一流学科"与"非一流学科"，高校内部的"强势学科"与"弱势学科"，均是学科社会差异性的标签。不过，学科的社会差异性并非单纯取决于国家和高校的外力干预，学科自身在国家系统和高校系统的竞争力也不可小觑。总而言之，学科的社会差异性主要表现为国家和高校对学科的价值期待。对于应用型本科高校教师学科评价，不同领域的学科有不同的学科属性，不同学科属性的教师应采用各自适切的教师评价方式。

既然要对教师分学科评价，那么又该如何"分学科"呢？按照托尼·比彻的学科范围间的界限标准，即"研究对象的特点；知识发展的性质；研究人员和知识的关系；研究程序；研究成果的信度和研究标准；研究成果的表现形式"③，以及认识论和社会论的四个维度，即"认识角度的硬/软和纯/应用维度以及社会学角度的会聚/分散和城市/乡村维度"④，将学科划分为纯硬科学、纯软科学、应用硬科学和应用软科学。具体来说，纯硬科学是以物理学为代表的自然科学。这类学科关注知识的普遍性，以数量方式来表现知识的纯度与硬度。所以，这类知识是可以反复被验证的，具有客观性，不受人的主观意志的影响。这一学术共同体致力于解释某种发现或现象，进而达成一致意见，形成知识。

---

① 赵炬明：《学科、课程、学位：美国关于高等教育专业研究生培养的争论及其启示》，《高等教育研究》2002年第4期。
② 万力维：《控制与分等：大学学科制度研究》，南京师范大学出版社2005年版，第221页。
③ [英]托尼·比彻、保罗·特罗勒尔：《学术部落及其领地——知识探索与学科文化》，唐跃勤等译，北京大学出版社2008年版，第39页。
④ 蒋洪池、李文燕：《大学教师学术评价制度创新：基于学科文化的视角》，科学出版社2017年版，第115页。

与纯硬科学不同，应用硬科学的目的非常明确，强调通过硬科学所获取知识的实用性，能够用知识来解决现实问题是应用硬科学的旨归。因此，这种学科的表现载体为产品或实用技术，以机械工程或临床医学为代表，它的判断标准为技术目的或技术功能。因此，纯硬科学侧重于理论研究，"遵循以理论为导向的形成知识体系的路线"，在借鉴吸收前人学科知识的基础上，按照逻辑模式累积知识。而应用硬科学则关注实践，强调知识从实践中来到实践中去，以实践需求为导向，遵从着实践驱动理论的同时以实践验证理论的模式贡献知识。与这两种学科不同，纯软科学和应用软科学则相对主观与功利。纯软科学有人文学科和纯社会科学，如历史、人类学等。在纯软科学中，"缺乏对知识边界的清晰界定，存在相邻知识领域间边界的松散划定而导致知识具有明显的渗透性，学术研究通常可以横跨其他已被探究的领域"①。这类学科由于易受个人主观价值的影响，所以对于证实知识和判断知识的标准存在争议，要想在重大问题上达成一致意见实属不易。因此，众说纷纭式的理解或说明是这种学科的成果。不过，一些约定俗成的规则或程序，如法律制度、官僚体制等，虽然也浸染着纯然科学主观成分，却更加实用与功利，它们则属于应用软科学了。其实，应用软科学是纯软科学知识在专业实践中的提升，区别在于，应用软科学"把纯软知识作为一种对人类处境复杂性的理解和妥协的手段，而不是一种解释和掌握物质世界的方法"②。因而，在具体实践中，应用软科学发挥作用的媒介很大程度上依靠个案研究或判例法等。实际上，知识社会下，交叉学科已然呈现新常态，这种分类研究"确实无法描述过程的复杂性和多变性，也无法描述不同学科里的知识结构"③，可是，托尼·比彻学科分类观的确"为描述学科的变化指明了有效的维度"。

然而，应用型本科高校学科现状要比托尼·比彻的学科分类丰富得

---

① 蒋洪池：《托尼·比彻的学科分类观及其价值探析》，《高等教育研究》2008年第5期。
② 蒋洪池：《托尼·比彻的学科分类观及其价值探析》，《高等教育研究》2008年第5期。
③ [英]托尼·比彻、保罗·特罗勒尔：《学术部落及其领地——知识探索与学科文化》，唐跃勤等译，北京大学出版社2008年版，第42页。

多。在这部分内容中，本书将统计应用型本科高校的学科现状，结合比彻的学科理论，从中选定本书拟依托的学科类别，以期下文中所设计的不同学科教师评价方式更具指导性和推广性。首先，需要筛选应用型本科高校。从学科专业角度分析，"应用型本科院校应以本科教育为主，可进行一定数量的研究生教育，可以进行适量的高职教育。应用型本科院校的主要任务则在于实施应用型本科教育，培养大量应用型创新人才"①。以此为标准，N 高校所在 S 省高校中有数量不明的应用型本科院校。从统计学角度来说，如果统计样本的数据失真，那么所统计结果的可信度也就会大打折扣。在作者看来，S 省教育行政部门在对本省某些高校是否属于应用型本科院校这一问题的做法上有些暧昧，在建设应用型本科院校与应用型本科专业之间左右摇摆。② 另外，S 省某些高校自称为应用型本科院校，但是，它们的办学章程中又没有"应用型"的办学定位。因此，碍于在 S 省没有强有力的佐证应用型本科院校的材料，作者将统计对象放在了 S 省的兄弟省 H 省。由于 H 省筹建了应用型本科高校联盟③，共有 27 所高校加盟，这不仅为本书分析提供了便利，也增加了所选对象的可靠性。这 27 所加盟高校的学科分布④是这样的，工学和管理学覆盖了所有高校，占比为 100%；紧接着是均占 96% 的文学和艺术学；经济学（81%）、理学（56%）和法学（48%）紧随其后；身居后四位的是教育学（44%）、农学（26%）、医学（22%）和历史学（4%）。结合托尼·比彻的学科分类法和应用型本科高校学科分布比率，教师评价所依托

---

① 潘懋元、车如山：《略论应用型本科院校的定位》，《高等教育研究》2009 年第 5 期。
② 如 S 省教育行政部门早在 2011 年就发布了高等教育名校工程建设实施意见，重点建设 10—15 所应用型人才培养特色名校；到了 2016 年，在推进高水平应用型大学建设实施方案中，又提到了按照应用型专业建设应用型大学。当然这也无可厚非。不过，这为一些办学历史较长、拥有博士点高校提供了"吸金"机会，而这些高校在拿到这些资金后只用来建设某些专业，但高校的发展目标依然是研究型或教学研究型院校。也就是说，前后两个文件在应用型本科院校建设的目标上出现了南辕北辙的现象。到底是建设应用型专业，还是建设应用型本科院校，S 省教育行政部门显然有些拖泥带水。这一点在 2019 年推进新时代高等教育高质量发展若干意见中又得到证明，在这里又提到了一流专业建设，持续推动高水平应用型专业建设。后果不难想象，拥有博士点的高水平院校会继续将自己某些专业"包装"成"应用型"，延续前面"吸金"的做法。
③ 参见网址：http://auahb.hbpu.edu.cn/lmgk/lmcy.htm，访问时间：2020 年 4 月 2 日。
④ 27 所应用型本科高校的学科类别均来自各自高校官方网站中的"学校简介（概况）"。

的学科类别包含四个，即属于"应用硬科学"的工学，"应用软科学"的管理学和经济学，"纯软科学"的文学和艺术学，以及"纯硬科学"的理学，依次为工科、社会科学、人文学科和理科。下文将依托这四个学科分别设定应用型本科高校教师评价的方法举措。

需要着重指出的是，在重视"分学科"评价的同时，应用型本科高校在设计教师评价体系时还应注重评价依据的多源化。正如美国威廉姆斯学院的教师评价体系中所呈现的：学生可以为教师技能、课程内容与结构、教学信息量、师生互动、讲解清晰度及面向学生的咨询服务等作出评价；教师同行可以为教学材料、主题掌握熟练程度与准确程度、过往研究成果、职业认可度、在学术界的活跃程度、对教学的兴趣与关注度、新近发表与出版及对非学术界的服务情况等作出诊断；行政人员可以为教学工作量、其他教学责任的承担、学生课程注册、对所在学院的贡献、对教学改进等作出评估；教授则可以为教师、学生顾问、科研专职人员及学术界与非学术界成员提供自我评价。① 这样一来，任何单一来源的证据均可为评价提供重要的见解与佐证，极大地丰富了教师评价依据，保证了教师评价的信度和效度。

（三）施行路径："重应用、分学科"的包容性教师评价方式

"学科是科学学的概念，它既是指一个知识体系，又是指一种学术制度。专业是社会学的概念，其意是专门学业或专门职业。"② 在应用型本科高校教师评价指标中，学科建设主要有师资队伍、科学研究、人才培养质量、社会服务与学科声誉等。那么，依托学科的教师评价也分别从教学、科研和社会服务等层面展开。换言之，虽然应用型本科高校教师评价是按照学科分类进行的，但是评价层次依然围绕应用型本科高校的职能定位来展开。

1. 应用型本科高校工科教师的评价体系

工科或工程学是"应用科学和技术的原理来解决问题"的，具有很强

---

① Williams College, Williams College Faculty Handbook［EB/OL］.（2016 - 07 - 01）［2020 - 02 - 20］. https：//faculty.williams.edu/faculty-handbook/.

② 周光礼：《"双一流"建设中的学术突破——论大学学科、专业、课程一体化建设》，《教育研究》2016 年第 5 期。

的实用性和目的性，最终成果是产品或技术。与强调知识发现的理科不同，工科更加注重运用知识的结果，以数学、物理等学科发现的原理作为基础解决实践领域的技术问题，所以，这门学科是"结合生产实践所积累的技术经验而发展起来的"。在人才培养目标上，工科培养的是"在相应的工程领域从事规划、勘探、设计、施工、原材料的选择研究和管理等方面工作的高级工程技术人才"①。时下的新工科代表了最新的产业或行业发展方向，其建设目标为"主动布局、设置和建设服务国家战略、满足产业需求、面向未来发展的工程学科与专业，培养造就一批具有创新创业能力、跨界整合能力、高素质的各类交叉复合型卓越工程科技人才"②。

正所谓，学科对专业具有引领作用，学科领域所产生的研究成果为应用型本科高校专业的设置提供了理论依据；专业对学科具有促进作用，通过专业将学科研究成果与社会需求实现对接，从而发挥学科研究的应用价值。据统计，应用型本科高校工科可以分为土建类、电工类、水利类等55个种类。亦如对H省27所应用型本科院校进行的学科统计，工科不但覆盖了所有高校，而且在专业数量上也是稳坐"头把交椅"。在N高校亦是如此。在N高校七大学科门类59个本科专业中，以土木工程、交通运输工程、飞行技术等为代表的工科专业占73.5%。可见，工科在应用型本科院校的强大影响力。

从研究特点上看，工科主要有四点："一是研究对象为实际应用问题；二是研究内容关注现实需求；三是研究方法强调理论联系实践；四是研究成果为产品或技术。"③ 在此基础上，新工科建设更体现了"引领性、交融性、创新性、跨界性和发展性"等特征。因此，从研究成果价值与研究周期性上分析，应用型本科高校工科教师评价的重点在于成果应用价值、科技成果推广和转化运用方面的价值；在经费投入与条件支

---

① 参见网站：https://baike.baidu.com/item/%E5%B7%A5%E7%A7%91/9824985，访问时间：2020年4月2日。
② 林健：《面向未来的中国新工科建设》，《清华大学教育研究》2017年第2期。
③ 蒋洪池、李文燕：《大学教师学术评价制度创新：基于学科文化的视角》，科学出版社2017年版，第134页。

持上，工科显然需要大量经费支持，因此，经费数量应该成为衡量应用型本科高校教师科研水平和社会服务能力的一个指标。

具体来说，应用型本科高校工科教师评价的教学、科研、社会服务指标应包含以下内容：

第一，教学方面。"在社会对当代大学的许多期望中，最重要的就是大学能够教好学生。在这个期望中包含了有关大学应当将学生培养成什么样的人的许多不同要求，比如学生应具有文化意识，具有分析能力，智力上有好奇心，适应工作要求，以及具有领导力。"[①] 为此，应用型本科高校工科教师根据学科特点对学生开展了有针对性的教学。工科教师教学有着不同于其他学科的特点，"课程门数多，上课周期短，注重理论与实践相结合，以解决实际问题为导向，重点培养学生的实际操作能力"[②]。这就要求应用型本科高校工科教师改进教学方法，引导学生主动探究、解决问题，在注重实践能力的培养的同时，需要将理论知识转化为工作实践技能。因此，应用型本科高校工科教师教学评价应该包括教师工作量、教学过程质量、教学效果、教育教学能力（见表5-1）。

表5-1　　应用型本科高校工科教师教学评价指标

一级指标	二级指标	考核点描述
教学	教学工作量	理论教学时数、学生数量、授课门数；指导学生实践课时数；其他课时数（指导学生参与毕业设计、科研实践活动等）
	教学过程质量	教案的编写；教学大纲的设计；教学态度；教学素质；参与各种教研活动；学生工程实践思维的培养；学生创新创业能力的培养等
	教学效果	学生评教；同行评教；督导评教；指导学生参与工程实践比赛活动；指导学生发表专利、论文、参与评奖等
	教育教学能力	教学比赛获奖；教学论文或项目获奖；教材获奖；教学项目立项等

第二，科研方面。"科研过程就是不断创新与尝试的过程，所有的科研行为必须有足够的创造力，假如科研失去创造力与创新，就很难实现

---

① ［美］唐纳德·肯尼迪：《学术责任》，阎凤桥等译，新华出版社2002年版，第75页。
② 刘波、肖茜尹、熊凤：《工科高校教师教学评价指标体系的构建与测评方法研究——以西南石油大学为例》，《文教资料》2015年第11期。

预期的目标值。"① 那么，以解决实际问题为鹄的的应用型本科高校工科教师评价应注重教师的"工程科学研究能力"。"教师的工程科学研究能力表现为三个方面：第一，系统地进行过科学研究的训练，主持过一般工程项目或参与过大型工程项目的研究；第二，具有多学科专业领域的广博知识和良好的工程创新能力；第三，能够将现代科学技术应用于解决工程问题，并取得业内认可的结果。"② 因此，应用型本科高校工科教师科研评价可包含成果发表和成果应用两个方面。成果发表注重关注论文、著作的创新性和引用率等；成果应用主要考察纵向和横向项目、专利、成果社会效益等（见表5-2）。

表5-2　　　　应用型本科高校工科教师科研评价指标

一级指标	二级指标	考核点描述
科研	成果发表	论文、著作原创性、实用性、被引用率；权威报纸发表情况；翻译出版著作情况等
	成果应用	专利获得情况；承担国家级、省级等纵向课题及经费；承担横向课题及经费；科研获奖等

第三，社会服务。对于应用型本科高校工科教师而言，社会服务是实现成果转化的关键，也是彰显工科价值的应有之义。如果说科研指标考核的是工科教师的研究能力，那么，社会服务指标就考察他们的工程成果的应用价值。社会服务指标包括科研成果转化和工程实践参与两个方面。科研成果转化指标主要包括技术、产品转化、行业标准制定、成果经济社会效益等"硬指标"；工程实践参与和推广服务稍微偏向于"软指标"，有工程知识普及、各种决策服务、工程理论与技术讲座等内容（见表5-3）。

---

① 李宝斌、许晓东：《高校教师评价中教学科研失衡的实证与反思》，《高等工程教育研究》2011年第2期。
② 林健：《胜任卓越工程师培养的工科教师队伍建设》，《高等工程教育研究》2012年第1期。

表 5-3　　应用型本科高校工科教师社会服务评价指标

一级指标	二级指标	考核点描述
社会服务	科研成果转化	技术、产品等工程创新成果转化；推动国家、行业标准的制定；主持或参与除纵向横向项目之外的各类工程实践；成果的社会经济效益等
	工程实践参与和推广服务	向政府机构提供决策服务；向企事业单位提供决策服务；向其他单位提供决策服务；各种工程理论知识和专业技术实践讲座；参与工程技术知识宣传普及活动等

2. 应用型本科高校社会科学教师的评价体系

一般来说，在我们的表达习惯中社会科学与人文科学是捆绑在一起描述的，即"人文社会科学"，也就是通常的"文科"，"指与自然科学相对的，以人的现实存在、人的社会属性和社会发展规律为对象的学问"[1]。实际上，围绕人文学科和社会科学是否能够统一，在学界引起了一番论争。[2] 姑且不论两者是否存在统一性，但是从学科角度来讲，将这两者区分开来是有必要的。毕竟，"对人文科学与社会科学的界定、区分与术语规范，不仅仅是学科分类问题，也是发展相关学科群，建构学术思维空间的重要问题"[3]。同样需要补充的是，由于学科之间的开放与互动，不同学科之间交流与协助只会愈加频繁，这不是对学科之间界限的抹杀，而是"体现了学界学科方法论意识的觉醒，显示出其对学科定

---

[1] 蒋重跃：《关于人文社会科学的学科性与科学性问题》，《渤海大学学报》（哲学社会科学版）2019 年第 3 期。

[2] 武汉大学汪信砚教授在 2009 年 6 月 16 日《光明日报》发表了《人文学科与社会科学的分野》。半年之后，天津师范大学教授余金成同样在《光明日报》发表了《人文科学与社会科学的统一》，对汪信砚教授的观点予以反驳。2010 年，汪信砚教授在《学术研究》上的论文《人文学科与社会科学的统一》，和 2011 年，余金成教授同样在《学术研究》上的《再论人文科学与社会科学的统一》的论文，是这场论争的第二回合。从哲学上看，人文学科与社会科学都是从人类自身出发认识并实现与自然关系的发展，两者是统一的。具体参见汪信砚《人文学科与社会科学的分野》，《光明日报》2009 年 6 月 16 日；余金成《人文科学与社会科学的统一》，《光明日报》2010 年 2 月 23 日；汪信砚《人文学科与社会科学的统一性——答余金成教授》，《学术研究》2010 年第 9 期；余金成《再论人文科学与社会科学的统一——回应汪信砚教授》，《学术研究》2011 年第 9 期。

[3] 胡立耘：《"人文学科""社会科学"及其通称术语的由来与非规范性现象探讨》，《宁夏社会科学》2005 年第 5 期。

位的理性思考，以及对过于专门化和职业化的反动"①。

社会科学是于 19 世纪逐步发展起来的。法国哲学家孔德把知识分为六类，逻辑学、数学、天文学、物理学、生物学和社会学。恩格斯在批判性继承了历史上合理的知识分类思想的基础上，按照物质运动形式进行科学分类的理论，将科学分为力学、物理学、化学、生物学和社会科学。"社会科学以人类社会生活领域的一切事物和现象为对象和内容，描述、解释和预测社会系统以及社会存在、社会意识各子系统的结构、功能和历史发展；探讨作为社会生产力、社会关系的人，研究人们之间的经济、政治、法律、文化等各方面的关系和活动方式；研究社会的自然前提，说明地理环境、自然资源等对于人类社会发展的作用和影响。"②

对于社会科学的范围，说法各异但大致相同。如联合国教科文组织出版的巨著《社会科学和人文科学研究中的主要趋势》中包括了 11 个学科：社会学、政治学、心理学、经济学、人口学、语言学、人类学、史学、艺术及艺术科学、法学、哲学。前五种被归纳为社会科学，后六种学科则被归入到人文科学。再比如，联合国于 1977 年制定、1997 年修订的《教育分类国际标准》认为，社会科学包括经济学、政治学、人口学、人类学、心理学等 12 个门类。在应用型本科院校中，社会科学显然没有这两种标准所划分的这般复杂，主要包括经济学、管理学、法学、教育学、政治学和社会学等。前四种或者前三种是应用型本科院校的"常设"学科，位居后两位的政治学和社会学在应用型本科院校中并不那么普遍，尤其是内容略显宏大且就业门路相对宽泛的社会学。

在研究特点上，社会科学与人文学科有诸多的相同点，如具有主观性和相对性，以及发展的连续性特点、积累性特点。③既然社会科学属

---

① 胡立耘：《"人文学科""社会科学"及其通称术语的由来与非规范性现象探讨》，《宁夏社会科学》2005 年第 5 期。
② 陈波等：《社会科学方法论》，中国人民大学出版社 1989 年版，第 28 页。
③ 可参见周来祥《人文社会科学研究的特点与规律》，《文史哲》2003 年第 1 期。

于"应用软科学",那么,它与人文学科"纯然科学"相比,在研究特点上又别具一格。在研究对象上,社会科学研究对象是"以人的活动为中心的一切社会现象"。由于人在社会中既是"思考者"也是"被思考者"、既是主体也是客体,加之社会事件个体性、偶然性特点,这就决定了社会学研究对象的复杂性。在研究方法上,社会科学借鉴了物理学的实验方法,注重调查研究,强调实证分析,大量采用个案研究、数据统计、模型设计等方法。在研究成果上,"社会科学研究成果绝大多数是以文字、图表、图片等形式出现,主要表现为专著、论文、调查报告、调研报告、建议、方案、工具书、译著、资料汇编、论文集等具体形式。这些社会科学研究成果都旨在对社会现象的礼仪或程序进行重构,……会被不同的个人、单位,不同的地区甚至不同的国家共同使用,甚至有的社会科学研究成果往往会成为社会变革的思想理论先导"①。既然如此,社会科学研究具有明显的目的性、功利性和实用性。如法学中的案例指导制度、管理学中的"'新'木桶理论"等。

基于此,应用型本科高校社会科学教师的评价指标应该呈现如下样态:

第一,教学方面。在应用型本科院校中,社会科学是除了工科之外的另一占比较大的学科,"占比较大"不但意味着属于社会科学的学科专业多,从事社会科学教学和研究的教师多,同样也有主(辅)修社会科学专业的莘莘学子。加之应用型本科高校以本科人才培养为主兼具培养一定量的研究生,所以,教学在社会科学教师评价中有着较重的分量。据此,应用型本科高校社会科学教师教学评价应该包含教学工作量、教学过程质量、教学效果、教育教学能力。虽然社会科学教师教学评价二级指标与工科教师相同,但是,在考核点内容的设置上则各抒己见。社会科学教师评价在注重强调对常规教学工作考核的同时,注重培养学生回应社会实践关切的能力。比如,2020年新冠疫情防控为社会科学教师

---

① 蒋洪池、李文燕:《大学教师学术评价制度创新:基于学科文化的视角》,科学出版社2017年版,第141页。

提供了发挥本学科专业领域知识分析社会问题的机会，引导、培养学生在生动社会实践中提升分析问题、解决问题的能力。所以，应用型本科高校社会科学教师的教学评价不能仅限定在"空对空"式传统课堂教学内容、方法的评价，而更应考评教师是如何培养学生利用本学科知识分析社会问题的（见表5-4）。

表5-4　　应用型本科高校社会科学教师教学评价指标

一级指标	二级指标	考核点描述
教学	教学工作量	理论教学时数、学生数量、授课门数；指导学生实践课时数；其他课时数（指导学生参与毕业论文、科研实践活动等）
	教学过程质量	教案的编写；教学大纲的设计；教学态度；教学素质；参与各种教研活动；注重知识交叉融合和学生批判思维的培养；注重传授学生本学科发现和解决问题的方法；能用本学科已学知识观察理解现实社会问题；学生创新创业能力的培养等
	教学效果	学生评教；同行评教；督导评教；指导学生参与社会实践活动或比赛；指导学生撰写论文、实践项目方案、参与评奖等
	教育教学能力	教学比赛获奖；教学论文或项目获奖；教材获奖；教学项目立项等

第二，科研方面。"高校社会科学教师科研评价是指对在高校中从事社会科学研究的教师的科研活动及科研成果进行价值判断，进而对教师的科学研究活动进行调控，使教师的科研行为更合目的性。"[①] 从成果形式上看，应用型本科高校社会科学教师的成果载体依然有传统意义上的论文、著作等出版物，或者由政府或专业学会评选的各种奖项，以及不同级别的科研项目等。既然社会科学所揭示的规律或发表的见解等"越来越具有生产职能、管理职能"，可以和自然科学一样成为推动社会发展的生产力，那么，社会科学教师提交的调查报告、调研报告或者获得某级党委政府领导的批示等应用成果也一并囊括其中。因此，所提交成果既能体现对基础理论研究的理论性、创新性等学术价值方面的判断，也有对应用成果的实用性、功利性等社会价值的鉴定。不过，由于社会成

---

① 史万兵、曹方方：《高校社会科学教师科研评价主体权力配置及其运行机制研究》，《东北大学学报》（社会科学版）2017年第3期。

果的产出不仅要受制于教师的主观努力程度,还有诸多外在条件的制约,比如学术条件、科研环境等,因此,对应用型本科高校社会科学教师科研评价除了要关注显性的成果,还要留意隐性的科研行为表现,如对学科发展的贡献等。总的来说,应用型本科高校社会科学教师科研评价应该包括成果发表、项目获得、成果应用、日常服务等四个方面(见表5-5)。

表5-5　　　应用型本科高校社会科学教师科研评价指标

一级指标	二级指标	考核点描述
科研	成果发表	发表期刊论文、出版专著、译著;出版工具书、资料汇编、论文集等;权威报纸发表情况等
	项目获得	承担国家级、省级等纵向课题及经费
	成果应用	提供调查报告、咨询报告、建议、方案;承担横向课题及经费;科研获奖;获得批示情况等
	日常服务	参与学术会议或研讨;受邀作学术演讲或报告等

第三,社会服务。与工科"应用硬科学"相比,社会科学虽然也被冠为"应用",但是自带的"软科学""基因"又使对其在社会服务的评定上充满了踌躇。其一,工科社会服务价值可以用经济效益来计量,社会科学也有服务社会的经济效益,但不易测算;其二,工科贡献给社会的是实用操作技术,社会科学供给的是思想观念方法;其三,工科服务于社会的局部或细微之处,见效快,社会科学服务于社会整体,影响不易见但持久。因此,在本书看来,对应用型本科高校社会科学教师社会服务的评价可从服务校内与服务社会两个层面展开。服务校内侧重于服务学校发展、校内学科专业建设等,以社会科学学科专业优势为学校助力;服务社会则强调为社会提供决策咨询、担任行业或学会学术职务、参与政府组织的各种宣传、咨询活动,扩大社会科学的辐射力(见表5-6)。

表 5-6　　应用型本科高校社会科学教师社会服务评价指标

一级指标	二级指标	考核点描述
社会服务	服务校内	对社科学科专业贡献度；对学校其他学科专业贡献度；服务学校发展（如法律服务）；担任学校或学院学术职务等
	服务社会	担任政府决策咨询专家；经学校允许为其他企事业单位提供决策咨询；组织专业学会学术活动；担任专业学会咨询专家；担任专业学会学术职务；担任学会常务理事及以上职务；受邀专访、采访等；参与咨询、宣传服务工作等

3. 应用型本科高校人文学科教师的评价体系

从起源上讲，人文学科与下文将要展开论述的理科近乎同时出现，均比工科和社会科学早很多。人文学科"源于古希腊哲学家西塞罗一种理想化的教育思想'humanitas'（拉丁文，意为'人性'或'人情'；又与'paideia'通用，有'开化''教化'之意），是指古罗马时代成长为人，即'公民'（自由民）所必修的科目，大致包括哲学、语言修辞、历史、数学等"[①]。到了12、13世纪，在与基督神学相对立的世俗性学校中，开设了除神学学科之外的关于人类自身的学科，即"人文学科"，只不过这时包含语言、历史、哲学乃至自然科学在内的知识，更多是为神学服务，如哲学是"神学的婢女"、科学是"宗教的仆人"等。文艺复兴之后，新兴的资产阶级学者或启蒙思想家反对一切以神学为中心，崇尚理性和智慧，探索关于人类自身生活的知识，近代意义上的人文学科雏形渐现。然而，到了18世纪，人文学科不再仅是对社会现象和文化艺术的研究，而是被政治化了，成为资产阶级引导民众争取自由民主的思想武器；19世纪，随着社会实践的发展和学科分化，社会科学与人文科学分开，并与自然科学成为三足鼎立之势。"人文科学"范围远超"人文学科"了。[②] 原因在于，"人文学科"与教育有关，指的是文学、史学、哲学、艺术学等学科；"人文科学""不仅仅只是与教育

---

① 张光忠：《社会科学学科辞典》，中国青年出版社1990年版，第5页。
② 关于"人文科学"与"人文学科"的区分，具体参见张永宏《论"人文科学"的学科定位》，《云南社会科学》2005年第5期；胡立耘《"人文学科""社会科学"及其通称术语的由来与非规范性现象探讨》，《宁夏社会科学》2005年第5期等。

有关，而且与'人'、与人文传统的全部内容有关"①。当然，结合论证主题，本书采纳人文学科这一说法。

总的来说，人文学科是"某些教育性学科的综称（其中不包括自然科学和社会科学）"②，构成了"人道主义的知识领域"，是通过观察、分析和批判的方法去研究人的境况的学科，包括文学、语言、宗教、历史等内容，甚至某些与社会科学相交叉的内容，如法律语言学、传播文化学等，也被涵盖其中。由于这门学科是以"人"为中心的，所以，它在研究对象、研究方法等方面与社会科学相比，明显偏"虚"、偏"软"。具体来说，"第一，研究对象是具有主体性的'人'之价值及其内在精神表现，如理想、信念、情感、体验、想象等；第二，研究方法主要是评价而非客观陈述，重心灵感悟、轻科学实证，重演绎推理、轻统计分析；第三，研究目的在于对人之尊严的维护，人之意义的发掘，人之价值的实现；第四，研究结果具有非实用性，常带有鲜明的个性特征"③。因此，从事人文学科教学与研究的教师，需要具有强烈的人文精神、广阔的视野、独立思考的禀赋以及对现实关怀的精神追求。

具体到人文学科的分类，说法虽不尽相同但涵盖学科种类相似，这也体现了学科范围的流动与变迁。按照联合国教科文组织的《教育分类国际标准》，人文学科有史学、哲学、文学等。美国国会在建立人文学科捐赠基金时采用了较为宽泛的用法："人文学科包括（但不限于）下列学科：现代语言和古典语言、语言学、文学、历史学、法学、哲学、考古学、艺术史、艺术理论和艺术实践，以及含有人道主义内容并运用人道主义的方法进行研究的社会科学。"④ 根据国务院学位委员会2018年4月更新的《学位授予和人才培养学科目录》，人文学科包括哲学、文学、历史学和艺术学等。在应用型本科院校中，前述统

---

① 张永宏：《论"人文科学"的学科定位》，《云南社会科学》2005年第5期。
② 尤西林：《人文科学导论》，高等教育出版社2002年版，第190页。
③ 吕鹏娟：《基于学科特性的人文学科人才评价机制研究》，《中州大学学报》2019年第2期。
④ 尤西林：《人文科学导论》，高等教育出版社2002年版，第190页。

计并没有发现哲学的身影，文学和艺术学受到追捧，历史学只是一闪而过。

既然围绕"人的精神生活"作为研究展开的中心点，这也就决定了"人文学科既不像自然科学那样严谨、确切，也不像工程技术学科那样精细、实用，在研究方法的量化、规范化、实证化程度上远不如经济学、管理学、法学等社会科学学科"①。于是，对应用型本科高校人文科学教师评价在强调成果的理论性、严谨性、创新性等学科共同标准要求之外，还需要考虑到它的"全局性、深刻性、融贯性、启发性和解释力"等特殊性。

那么，对应用型本科高校人文学科教师的评价可沿着下列具体指标展开：

第一，教学方面。一般来说，在应用型本科院校中，由于人文学科专业数量不多，除了部分人文学科教师从事专业课教学之外，大部分教师负责全校人文通识课程的教学，如大学生艺术修养、大学语文、古典文学。因此，教学工作量依然是评价人文学科教师的重点之一。再者，与学生相关思维的培养有关。在《人文学科毕业生及其就业：澄清是非》这一报告中，"93%的雇主都认为，对于那些即将踏入工作岗位的学生来说，比其拥有的学士学位更重要的是，毕业生应该具有批判性思维能力、流畅的表达能力和解决复杂问题的能力——而这样的能力，恰恰就是人文学科着力培养学生的重点"②。这就要求人文学科教师在讲授学科基础理论、基本知识、技能的同时，更要在课堂教学方式上大胆创新，丰富和提高学生的人文素养。这样一来，应用型本科高校人文学科教师教学评价应当涵盖工作量、教学方法创新与推广、教学效果等（见表5-7）。

---

① 王前：《从认识论视角思考人文学科理论创新》，《中国社会科学报》2019年4月2日第1版。
② 转引自郭英剑《人文学科的现实意义与经济价值》，《西北工业大学学报》（社会科学版）2018年第4期。

表5-7　应用型本科高校人文学科教师教学评价指标

一级指标	二级指标	考核点描述
教学	教学工作量	理论教学时数、学生数量、授课门数；指导学生参与实践课时数；其他课时数（指导学生参与毕业论文、科研实践活动）等
	教学过程质量	教学大纲的执行；教学方式方法的创新；注重学生表达能力、批判思维的培养；注重传授学生人文学科的学习和研究方法；注重学生人文素养养成等
	教学效果	学生评教；同行评教；督导评教；提高学生表达能力、批判思维能力；指导学生撰写论文、实践项目方案、参与评奖等
	教育教学能力	教学比赛获奖；教学论文或项目获奖；教材编写与获奖；教学项目立项等

第二，科研方面。毫无疑问，应用型本科高校人文学科教师科研评价需要结合不同学科领域具体成果的共性特点。由于"人文学科的学术研究总体上具有学术产出周期长、注重知识积累和学术积淀、注重理解和阐释、关涉价值判断等特点"①，因此，在设计评价指标时，要切中"人文学科认知模式"的要害，统筹成果产出周期、定量评价与定性评价等方面的关系。在本书看来，对人文学科教师科研评价可采用代表性成果制，目的是尊重个性、容忍失败、鼓励创新。总之，对应用型本科高校人文学科教师评价要做到近期评价与长远评价相结合（见表5-8）。

表5-8　应用型本科高校人文学科教师科研评价指标

一级指标	二级指标	考核点描述
科研	成果发表	代表性成果；发表期刊论文、出版专著、译著；出版资料汇编、论文集、系列丛书等；学术评论、综述、随笔、短评；自传、自述等
	项目获得	承担国家级、省级等纵向课题及经费
	成果应用	成果获奖等
	日常表达	参与学术会议或研讨；受邀作学术演讲或报告；各种演出等

---

① 蒋洪池、李文燕：《大学教师学术评价制度创新：基于学科文化的视角》，科学出版社2017年版，第131页。

第三，社会服务。人文学科社会服务效果更难以计算。人文学科"是以构建和更新人类文化价值体系，唤起人类的良知与理性，提高原有的精神世界，开发人的心性资源，开拓更博大的人道主义和人格力量等方式来推动历史发展和人类进步的"①。这也就决定了，应用型本科高校人文学科教师社会服务的评价，不能仅仅追求经济效益，重点应放在"以人为本"的理念评价上来。因此，"人文学科的社会服务评价应尊重和符合其自身的研究规律，符合学术自由的价值理念和学术健康的发展思路，重视学术的本质和人的发展"②。至于评价指标，应用型本科高校人文学科教师评价有服务校内与服务社会两方面。在服务校内上，基本与社会科学教师类似，如担任学术职务，促进院系学科专业发展等；在服务社会上，除了在学术团体任职或参与学术活动外，人文学科教师要注重充当为公益事业服务的角色，支持人文学科知识的生产、传播与应用，进而促进社会公众的人文教育的发展（见表5-9）。

表5-9　　应用型本科高校人文学科教师社会服务评价指标

一级指标	二级指标	考核点描述
社会服务	服务校内	对人文学科专业贡献度；对学校其他学科专业贡献度；服务学校发展；担任学校或学院学术职务等
	服务社会	组织专业学会学术活动；担任专业学会咨询专家；担任专业学会学术职务；参与公益咨询、宣传、服务工作等

4. 应用型本科高校理科教师的评价体系

"作为理科教育的发源地，欧洲19世纪的社会生活和政治斗争促成了理科教育学校，使理科课程在学校教育中获得了应有的地位，同时也在一定程度上决定了理科教育的性质和目标。"③ 19世纪的欧洲，古典教

---

① 李建华、胡训军、周谨平：《论人文科学的学科特质和体系分层》，《现代大学教育》2004年第6期。
② 蒋洪池、李文燕：《大学教师学术评价制度创新：基于学科文化的视角》，科学出版社2017年版，第133页。
③ 孙可平、邓小丽：《理科教育展望》，华东师范大学出版社2002年版，第3—4页。

育体系占有绝对统治地位，这种教育以古代希腊、罗马文学为主要教授内容，借以反对中世纪神学、宗教教育和经院学风。随着科学技术和资本主义发展，以及工业化和城市化的加快，科技、工业等在现实生活中扮演着越来越重要的角色。德国、瑞士开始将理科教育引入古典教育，之后的英国也效仿和接受了德国的做法。到了19世纪70年代，理科教育意义逐渐被美国认知，并在大学教育中提出了相应要求。从此，德国等国家在教育中设立理科课程的做法渐次在欧美国家推广开来。

我国古代理科教育与自然科学的发展和对自然科学人才的需要有着密切的关系，相继经过了"萌芽、雏形和发展三个阶段"①。萌芽阶段是先秦社会时期，如西周形成了以"九数"为骨干、以计算为中心的框架式数学教学，《墨经》中力学、光学等自然科学理论也相当丰富。秦汉时期进入了理科教育雏形阶段，以《九章算术》为代表的书籍资料标志着我国数学体系的形成。隋唐以后一直到清是我国古代理科教育的发展阶段。算学作为独立组织机构正式进入中央官学，"理科教育进入了专门教育阶段"。新中国成立以来，我国理科教育在社会发展变迁中斗折蛇行，相继经历了初步创建期、探索期、调整与曲折前进期、初步改革期以及改革深化期②，逐渐形成了具备我国特色的高等理科教育体系。

其实，"高等教育中的'理科'本来是指数学和物理、天文、化学、生物、地学（含地质、地理、气象等）自然科学基础学科"③。不过，理科教育发展演变过程已经昭示了"理科的学科理论是在理论与实际、研究与应用的同频共振中发展的"。于是，在科教兴国的推动下，理科走出"深闺"，将基础研究与社会发展需求相结合，衍生出了空间科学、电子学等边缘、交叉学科，"应用理科"破茧而出。根据理科学科现状，可

---

① 王根顺、郭芮：《论我国古代理科教育的产生与发展》，《高等理科教育》2008年第1期。

② 郝杰：《新中国成立以来高等理科教育改革的探索与实践》，《黑龙江高教研究》2020年第3期。

③ 王义遒、祝诣博：《关于"应用理科"的几点思考》，《高等理科教育》2015年第1期。

以分为三个层次：一是基础理科，如数学、物理、化学、生物科学等；二是应用理科，如信息与计算科学、应用物理学、应用化学、应用统计学等；三是理科的技术学科，如控制科学、信息科学、系统科学等。从这一分类中，我们看出理科与其他学科交叉融合的趋势非常明显。在"新工科、新医科、新农科、新文科"建设的契机下，从基础理科中培植新的应用学科和技术学科已成为必然。在应用型本科院校，基础理科类专业不能说是销声匿迹，但可以说凤毛麟角；大部分理科类专业皆表现为应用理科专业，N高校就设置了应用物理学和信息与计算科学专业；至于理科的技术学科，尚处在筹谋阶段，这些专业在应用型本科院校也是屈指可数的。

从研究特点上分析，应用型本科高校理科研究具有四个方面特点："一是，研究对象为自然界中存在的现象与规律；二是，研究内容具有普遍性，不受主观价值判断的影响；三是，研究方法关注'理想模型'的构建，以哲学方法为灵魂；四是，研究成果以发现或解释为目标。"①

因此，结合理科专业设置和研究特点，应用型本科高校理科教师评价指标应包含以下方面：

第一，教学方面。教和学不仅是对知识内容的说明，同时也将创造知识的意义背景得以社会化。在传统的理科教学中，学科基本原理、概念以及新的研究方法、知识是教师教学的常规内容。"在这里，权威、标准、理性思考成为人们最为关注的焦点，理科课程只强调科学的意义，而忽视科学的人文意义。"② 20世纪80年代许多国家理科教育界所提出的培养现代公民的目标，深刻影响了理科教学。理科教学不再仅是单纯的智力训练和实验技能传授，还需要将社会行为和意识形态方面的议题引入到教学中，培养学生批评性判断能力和思考能力。换言之，在理科课程教学中加入道德和价值的因素，使学生通过课程学习，体验并渐渐习得创新精神、判断决策能力。总之，"为了切实、有效地发展学生的智

---

① 蒋洪池、李文燕：《大学教师学术评价制度创新：基于学科文化的视角》，科学出版社2017年版，第120—123页。

② 孙可平、邓小丽：《理科教育展望》，华东师范大学出版社2002年版，第51页。

力独立性,理科教学必须摆脱传统理科教育中的权威观念,在课堂教学中合理地分配知识要求、科学理性与独立判断、决策能力之间的分量,不应该对某一方面有所偏颇"[1]。

总之,应用型本科高校教师理科教学要兼具知识传授与学科文化传递和理性思维培养两方面内容。与文科教师教学评价相仿,理科教师教学评价也应遵循多元化评价原则,做到评价过程的科学化与民主化。据此,应用型本科高校理科教师教学评价指标如表5-10所示。

表 5-10　应用型本科高校理科教师教学评价指标

一级指标	二级指标	考核点描述
教学	教学工作量	理论教学时数、学生数量、授课门数;指导学生参与实践课时数;指导学生参与毕业论文、科研实践活动等
	教学过程质量	教学大纲的执行;教学方式方法的创新;注重培养学生理性思维;注重传授学生人文理科的学习和研究方法;注重学生创新精神、独立判断思维能力培养;注重培养学生人文素养等
	教学效果	学生评教;同行评教;督导评教;提高学生实验操作能力和科学精神;指导学生撰写论文、实践项目方案、参与各种创新创业大赛等
	教育教学能力	教学比赛获奖;教学论文或项目获奖;教材编写与获奖;教学项目立项等

第二,科研方面。应用型本科高校理科教师科研是以实验为基础展开的,所涉及知识面较宽,尤其是在交叉学科领域,需要多学科协作与渗透;再者,科研工作周期长,大量理论计算和实验耗费不菲的人力、物力和财力资源,动辄几年或数年才能产出成果也屡见不鲜;另外,实验设备、实验环境和实验耗材等,都对经费投入有着"强依赖"。这就需要拓展理科教师科研评价内容,突破论文、著作等成果形式的限制。据此,应用型本科高校理科教师科研评价指标具体如表5-11所示。

---

[1] 孙可平、邓小丽:《理科教育展望》,华东师范大学出版社2002年版,第55页。

表 5－11　应用型本科高校理科教师科研评价指标

一级指标	二级指标	考核点描述
科研	成果发表	代表性成果；论文著作创新性；发表期刊论文、出版专著、译著；国内外学术会议论文等
	成果应用	专利申请与获得；承担国家级、省级等纵向课题及经费；承担横向课题及经费；成果获奖等

总的来说，理科教师科研成果偏重于基础研究的创新，追求新知识和新发现，这一点与工科教师成果的实用性是有距离的。也就是说，对理科教师科研成果，绝不能以量为单位简单叠加计算，一项成果的创新价值和社会效益不一定少于多项成果。这就需要从长远角度去考量应用型本科高校理科教师科研成果，更加注重成果的基础性和创新性，否则，功利性考核将会销蚀理科研究的根基，不仅使理科的学科专业难以有更大作为，也会使得工科"难为无米之炊"。

第三，社会服务。除了能够通过理科基础理论创新来推动经济、社会和科技发展之外，理科教师服务社会不仅能够提高研究成果的社会影响，使更多社会公众感受到基础研究的魅力，认识科学、走进科学，而且也能够创造经济效益。只不过在应用型本科高校理科教师社会服务的评价上，应注重："第一，教师的社会服务满足国家重大发展需求的情况；第二，教师的社会服务对原始创新能力提升的推动作用；第三，教师的社会贡献对国家中长期发展规划的支撑作用"[①]（见表 5－12）。

表 5－12　应用型本科高校理科教师社会服务评价指标

一级指标	二级指标	考核点描述
社会服务	服务校内	对学科专业贡献度；服务学校发展；担任学校或学院学术职务等
	推广服务	做学术讲座或学术交流；为企事业单位做科研规划、设计、培训；参与专项技术支持、成果开发与转化项目；参与科学知识宣传普及活动等

---

① 蒋洪池、李文燕：《大学教师学术评价制度创新：基于学科文化的视角》，科学出版社 2017 年版，第 127 页。

综上所述，现代大学本质上是一种围绕学科和行政单位进行活动的矩阵型组织。① 依托学科的应用型本科高校教师评价将教师纳入到了不同类型范围之中，避免了教师评价中的"一把尺子量到底"，遵循了不同类型教师各自的学科特点，囊括了多源化的评价依据，使得教师评价更具包容性和适切性。不过，学科评价也只是教师评价的切入点之一，随着"新工科、新医科、新农科、新文科"的大力发展，学科交叉增多，学科界限也愈发模糊。为此，上述教师学科评价标准的设计也倾向于着眼宏观，应用型本科院校可以以此为参照，设计出切合自身实际的教师评价体系。

第三节 善待"本真"：应用型本科高校教师评价的保障举措

"现代社会组织结构决定了组织对工作任务进行正式分解、组合和协调的方式，从根本上决定着组织内部管理模式和权力体系的运行态势，进而影响着组织的人员行为与组织功能发挥。"② 作为一个现代组织，大学"既有一切组织在发展中表现出来的矛盾普遍性，又有它作为特殊组织在发展中表现出来的矛盾特殊性"③。为此，横亘在维系学校运行整体性和一致性的行政权力与保持学校学术自主性和开放性的学术权力之间的纠葛博弈，这一大学组织的矛盾性，始终在刺痛着教师评价的神经。正如法国学者费埃德伯格的分析，"在任何一个行动领域中，权力都可被定义为行动的诸种可能性的不均衡交换，也就是说，一群个体之间行为的可能性的不均衡交换和/或集体行动者之间的行为的可能性的不均衡交换"④。更

---

① [美]伯顿·R. 克拉克：《高等教育系统——学术组织的跨国研究》，王承绪等译，杭州大学出版社1994年版，第36页。
② [加]亨利·明茨伯格：《卓有成效的组织》，魏青江译，中国人民大学出版社2012年版，第3页。
③ 眭依凡：《关于大学组织特性的理性思考》，《高等教育研究》2000年第4期。
④ [法]埃哈尔·费埃德伯格：《权力与规则——组织行动的动力》，张月等译，格致出版社2017年版，第83—84页。

进一步说，作为大学组织内部成员联结的学术权力和行政权力，其设置目的是让教师之间相互合作而非冲突，即言之，学术权力和行政权力的根本利益或权力目标是一致的，或者说两者可以做到包容共生。实际上，以学科为依托的应用型本科高校教师评价并非要完全摒除大学组织中的行政权力，将大学带回到"无政府"的运行状态之中。因此，善待教师评价的"本真"，显然不仅需要设计依托学科的应用型本科高校教师评价指标体系，还需要建构调适应用型本科高校中行政与学术之歧见的支撑环境。

"任何社会组织，其存在的基本动力均在于通过成员之间的合作达成单个人难以完成的目标，而组织研究要解决的核心问题之一就是组织如何维系成员之间的合作。"① 对于这一问题的解决，大体遵循着两种思路，一种是采用引导型方式，以经济或物质激励作为手段敦促组织成员努力完成工作，高效率地实现组织目标的最大化，如泰勒的科学管理理论和马约等人提出的人际关系理论②。在现在看来，这种理论视组织为"有边界的人和机器结合的实体"，并没有涉及组织文化、组织与外界关系等内容。所以，这种组织理论在当今社会已成为明日黄花，不过，它的理论盲点成为后世组织理论的议题。另一个是韦伯的科层制形式。在他看来，组织效率的实现在于它的控制能力，通过严格规章制度的执行和合理安排的职位，促使人们各司其职、照章办事。"科层制特性包括劳动分工与专门化、权威等级、行政管理班子、基于工作绩效的货币酬尝、非人格化的契约职责和组织中的雇员制。"③ 与泰勒和马约等人的理论业已"谢幕"不同，韦伯的理论仍在当今社会备受热捧，依然在保障社会正常运行中风生水起。"高校作为现代社会的重要组成部分，时代性的使

---

① 杨甜甜：《作为行动领域组织中的权力与规则——评费埃德伯格的〈权力与规则〉》，《社会学研究》2007年第4期。

② 具体来说，泰勒的理论的贡献在于把管理从作业中分离出来，强调监督的重要性，同时引入了客观测量机制，以此获得组织效率；人际关系理论认为企业的效力取决于人的物质和精神双重需求的满足程度，要从调动和满足人的需求出发去提升组织效率。参见邱泽奇《在工厂化和网络化的背后——组织理论的发展与困境》，《社会学研究》1999年第4期。

③ [美] 彼得·布劳、马歇尔·梅耶：《现代社会中的科层制》，马戎等译，学林出版社2001年版，第85页。

命与要求将它与科层制紧密地联系在一起,其权力结构在纵向上分为若干层次,横向上每个层级又分为若干职能部门,形成纵横交错的权力关系网络,即所谓的高校内部权力系统的'科层制'结构。"①

由此,科层制结构中高校不仅享受着科层制带来的实惠与便利,也遭遇着不同权力主体的种种非议与责难。如果将教师评价中的所有"罪过"都交由科层制来背负,将其视为"万恶之源",这是有失公允的。对此,"韦伯观察到,对正式规则的不断强调提高了行政效率。但是,他从来没有说理性算计是人类生产的唯一主宰。相反,韦伯的社会学方法强调价值取向在人类生产和社会实践中的重要性"②。换言之,科层制虽然"任性"但不"恣意",关键在于分析对待科层制的审视态度。其实,"正式组织本身不存在任何固有的僵化的东西。相反,如果善于组织,组织结构就会提供一种有利的环境,从而使个人当前和未来的成绩都有利于实现集体的目标"③。那么,在本书看来,应用型本科高校教师评价中所表露的问题在于过分相信评价组织、评价制度以及评价活动参与人④的理性思维,认为教师评价就是科学制定标准、严格执行标准、公正评价成果,如此评价既做到了公允又兼顾了学校目标,可谓一举多得。这种做法将应用型本科高校教师评价放置在了严格规章制度和明确职责分工的框架之下,并没有考虑评价规则不可避免的局限性和评价参与人的行动自由。为评价活动更加科学、公正所拟定的评价规则和组建的评价主体,只是对评价活动参与人之间协商和"游戏"的环境建构,只有当评价活动参与人在评价中"发现并利用环境的各种机会和空间,且为了实现目标而动用他们的资源以及诸种协商谈判的能力时,职位和规则的作用才能真正发挥"⑤。

---

① 詹瞻远、严燕:《我国高校内部权力系统的科层制超越》,《江苏高教》2011年第4期。
② [美]彼得·布劳、马歇尔·梅耶:《现代社会中的科层制》,马戎等译,学林出版社2001年版,第57页。
③ 薛天祥:《高等教育管理学》,广西师范大学出版社2001年版,第339—340页。
④ 这里的"评价活动参与人",既指被评价主体教师,也指评价者,如由学校人事处、教务处、科研处等相关职能部门组织的评价委员会或评价小组等。下文中出现的"评价活动参与人"也是此意。
⑤ 杨甜甜:《作为行动领域组织中的权力与规则——评费埃德伯格的〈权力与规则〉》,《社会学研究》2007年第4期。

这也就是费埃德伯格所提出的"具体行动系统",它能为善待应用型本科高校教师评价的"本真"提供理论引导。在费埃德伯格看来,组织并非是科层制眼中的由严格规则搭建参与人理性活动且最大化实现目标的系统,"所有组织全都类似于'松散结合的系统',那么这些组织中也不会有一个组织,甚至在综合性大学中间也不会有任何一个组织,在其运行过程中,完全与给出的有关模式的描述相对应"①。"具体行动系统"并非我们认为的"统一的、具有凝聚力的实体",而是"一种场所抑或行动环境的观念",更进一步说,它用来分析组织行为的推论模式。与科层制等从整体出发研究组织行为不同,"具体行动系统"强调"行动领域的局部性、暂时性和行动者行动的策略性、积极性"②。在应用型本科高校教师评价"具体行动系统"中,行政权力与学术权力对评价对象采取的评价策略虽各不相同,但是交织且联结在一起,殊不知教师评价标准弥漫着两者的"明争暗斗";在应用型本科高校评价标准的执行上,学校利益与教师利益之间即使不是互相矛盾的,至少也是相互分离的。因此,应用型本科高校教师评价"局部秩序"的形成,需要有维系"局部秩序"的规则和协调机制,也依赖被评者参与互动和谈判协商。在这个秩序中,作为被评价的教师"不只是被动地服从周围的环境,而且也是对周围环境进行建构的人,一个在适应他的行动领域之中的游戏规则的同时,又反过来通过自己的行动来改变这些规则的积极的存在者"。由此,教师的角色由"被动评价"转身到了"主动参与",而这种"转身"的完成仰赖应用型本科高校教师评价的保障举措。

一 制度优先:走向包容性教师评价之前提

既然科层制下的教师评价"伤痕累累",那么,如果将其置于"松

---

① [法]埃哈尔·费埃德伯格:《权力与规则——组织行动的动力》,张月等译,格致出版社 2017 年版,第 50 页。
② 杨甜甜:《作为行动领域组织中的权力与规则——评费埃德伯格的〈权力与规则〉》,《社会学研究》2007 年第 4 期。

散组织"下是否会"安然无恙"？实际上，这就好比教师评价"避坑跳井"，类似于组织行为学中的"二分法"。"这种两分法将正式组织的世界与另一世界区分开来：正式组织的世界的特征，表现为一种建立在正式结构基础之上的秩序，这一秩序是刻意为之的、明确显在的，并且业已法规化了的秩序；而另一个世界的特征则表现为，更趋于向各个不同的方向移动，更缺乏集体行动的意向性形式。"① 然而，费埃德伯格的"具体行动系统"虽然强调对行动领域的局部分析，但并非否定正式化规则的作用。行动参与者之间的合作之所以可能，并且能够使合作保持在某种最低限度之上的关键，在于"正式化的重要性"。应用型本科高校教师评价"局部秩序"对这种合作的最低限度尤为迫切，毕竟，无论是对于评价主导方学校还是被评价者教师，都有从评价中获取利益的原始冲动，而这恰恰需要双方的合作。"正式化，也就是成文规则的存在，它不仅可在组织之中找到，而且也是任何行动领域的一种基本特征"②，也是社会互动领域得以控制和稳定的手段。因此，应用型本科高校教师评价"局部秩序"的形成也需要借助"正式化"。

（一）筑牢应用型本科高校"大学章程"的基础地位

大学章程是个舶来品，它的原型是中世纪教皇或国王颁发给大学的特许状，类似于现代版的办学许可证。"大学章程的主要功用是规制大学权力运行，为办学自主权的有效运作提供法律框架。"③ 据作者粗略统计，N 高校所在 S 省省属本科院校基本上已经完成了各自章程的制定工作，甚至有的高校相继推出了修订后的章程。④ 当然，有了章程并不意

---

① ［法］埃哈尔·费埃德伯格：《权力与规则——组织行动的动力》，张月等译，格致出版社 2017 年版，第 107 页。
② ［法］埃哈尔·费埃德伯格：《权力与规则——组织行动的动力》，张月等译，格致出版社 2017 年版，第 108 页。
③ 周光礼：《中国高等教育治理现代化：现状、问题与对策》，《中国高教研究》2014 年第 9 期。
④ 参见网址：http://edu.shandong.gov.cn/col/col12042/index.html，访问时间：2020 年 4 月 3 日。

味着章程内容的完备和执行的全面①。章程的制定或许只是满足了"应景之需",解决有无问题,仅为一"形象工程"而已,学校实际运行和管理与章程制定之前别无二致。毋庸置疑,建立以大学章程为载体的现代大学制度已经成为国家共识。现代大学制度需要协调两个方面的关系,"在宏观上表现为理顺政府与大学之间的关系,全面理解和把握公办大学作为独立法人所应具有的权力和责任;在微观上表现为理顺大学内部的政治权力、行政权力、学术权力之间的关系,在党委领导的校长负责制框架下完善内部治理结构"②。为此,应用型本科高校教师评价显然也属于章程规制与调整的内容。

具体来说,其一,应用型本科高校的大学章程要搭建学术权力与行政权力"合作治理"的框架。在高校事务的处理中,行政活动与学术活动相互交织在一起,很难截然分开。部分行政决策作出之前,总要咨询学术委员会的意见;决策后的学术事务又需要借助行政机关和行政人员的付出来完成。应用型本科高校教师评价显然是这类事务的一个典型。因此,调谐和平衡行政权力与学术权力的关系非常重要,避免两者引发新的对抗,形成共生制约、优势互补的"合作治理"模式。这就需要,明确"主辅关系",即学术委员会的最高学术决策权,对重大决策拥有知情权、建议权乃至否决权,行政权力服从、服务于学术活动,执行学术委员会的决策;廓清职责范围,即划分学术与行政各自的势力范围,让"行政归行政、学术归学术",做到"井水不犯河水";健全运行机制,即减少行政权力运行层次,形成扁平化运行机制,下放学术权力给二级学院;搭建沟通协商平台,即"应借鉴西方先进经验和制度成果,引入民主协商机制,创建行政

---

① 据调查,在执行章程过程中,存在章程文本的先天不足、利益群体的获得感不强、监督制约机制不完善、法治文化的建设乏力、政策传播的力度不够等问题。具体参见陶光胜、付卫东《我国大学章程执行"肠梗阻"的病理解剖——基于64所高校的数据分析》,《理论月刊》2017年第10期。
② 周光礼:《从管理到治理:大学章程再定位》,《湖南师范大学教育科学学报》2014年第2期。

权力与学术权力沟通协商平台"①。其二，完善应用型本科高校以章程为统领的大学制度体系。"任何一个团体，为了进行正常的活动以及达到各自的目的，都要有一定的规章制度，约束其成员，这就是团体的法律。"② 应用型本科高校的大学章程是利益相关者通过民主协商达成合意的制度表达，是高校组织行为的"宪法"，所有行为均应以此作为行动纲领和基本依据。因此，作为应用型本科高校"根本法"的大学章程需要具体"部门法"予以细化与保障，这就需要依"章"建"制"，修改、完善校内制度体系，形成以章程为统率，以教学、科研、社会服务等"部门法"为主干的多层次制度体系，实现对应用型本科高校行为内容的全规制和制度内容的无抵牾。用斯科特的话说，"我们之所以遵守这些惯例，是因为我们理所当然地认为那些惯例是'我们做这些事情'的恰当方式"③。所以，制度的存在是组织成员行为的前提，也是读懂对方行为的依凭，更是确保组织运行的"最低要求"。

（二）健全应用型本科高校学术评价组织

行动者是行动领域中的另外一个"事实问题"。正是由于行动者行为的存在才建构了行动领域。如果说章程规划了学术评价的路线，行政机关、学术评价组织、被评价者都是构建教师评价"局部秩序"的行动者。关于行政机关的内容，前文已经用墨甚多，不再赘述。被评价者留待下文说明。本部分主要着墨于应用型本科高校的学术评价组织。

对于学术评价组织，教育部于 2014 年初颁布实施了《高等学校学术委员会规程》，"为推进高校学术管理机构'一元化'设置提供了理论和制度支持"④。该文件明确指出，学术委员会是校内最高学术机构这一定位，是积极探索教授治学的有效途径，是负责审议或直接作出决定的事

---

① 刘金龙：《行政权力与学术权力在大学章程中的设计与重构》，《现代教育管理》2015 年第 10 期。
② 邹永贤：《现代西方国家学说》，福建人民出版社 1993 年版，第 322 页。
③ ［美］W. 理查德·斯科特：《制度与组织——思想观念与物质利益》（第 3 版），姚伟等译，中国人民大学出版社 2010 年版，第 66 页。
④ 王务均：《包容性治理：大学内部权力结构的新机制》，南京大学出版社 2017 年版，第 316 页。

关学校学科专业建设、人才培养、教师职务聘任、高层次人才引进等重大问题的重要机构。同时，在高校学术委员会之下，可以下设教学指导委员会、学术评价委员会等各专门委员会，各教学单位也可设分学术委员会，均纳入学校学术委员会的指导、监督之下。尤为可喜的是，各高校要为学术委员会的运行提供专项经费和场地，为人员作出预算和安排，独立设置学校学术委员会秘书处，确保正常工作的开展。

虽然行动领域中的个体"并不凭借他或她对诸种事件的理解和控制而获得行动者的身份"[①]，但是，应用型本科高校的学术评价组织应在构建教师评价"局部秩序"中保持其"学术性"。其一，保持应用型本科高校学术评价组织的"学术性"，防止演变成"科层化"组织。比如学术评价组织中"双肩挑"的成员比较普遍。以N高校为例，校长已不再担任学术委员会主任，改由副校长兼任该职；在24名学术委员中，以"某某长"称呼的委员有18人，占75%[②]。这样一来，学术决策难免带有"行政化"的痕迹。如果学术组织成员的学术标签完全被行政化遮蔽，那么，学术组织将逃脱不了被行政机关驾驭的厄运，学术评价只不过是披在行政决策上的"外衣"而已，代表、维护不了大学学术发展和教师的合法学术权益。因此，减少乃至杜绝学术评价的行政化，重要的是提高学术组织中无行政兼职教师代表的比例。其二，坚持应用型本科高校学术评价的发展性功能。出于目标完成和管理需要的奖惩性评价诱发了教师的浮躁、急功近利和过度焦虑，也容易造成教师发展的两极分化。"为促进教师的可持续发展，学术评价应尽可能强调过程性和发展性特征，既评价学术成果，又评价学术态度和行为，以保护教师尤其是青年教师从事学术活动的自尊，并帮助教师查找学术活动中存在的问题。"[③]

---

① [法]埃哈尔·费埃德伯格：《权力与规则——组织行动的动力》，张月等译，格致出版社2017年版，第157页。

② 实际上，这也是N高校的无奈之举。按照国家和学校相关文件规定，这24名委员各自代表了学校职能业务部门和相应学科类别。限于学校层次和人员现状，N高校显然采纳不了一流高校完全由非行政职务教师担任委员的做法。这也是应用型本科院校较为普遍的现象。

③ 刘国艳、曹如军：《文化视野中的大学教师学术评价研究》，南京大学出版社2017年版，第164页。

其三，尽量做到学术权力与行政权力之间的制衡。同是法国人的孟德斯鸠说过，"一切有权力的人都容易滥用权力，这是万古不易的一条经验。有权力的人们使用权力一直到遇有界限的地方才休止。……从事物的性质来说，要防止滥用权力，就必须以权力约束权力"①。既然学术评价组织中也难免需要行政权力的支应，那么就尽量制衡行政权力与学术权力，首先是合理划清应用型本科高校中学术权力与行政权力的界限以及列出权力清单，做到各行其是、规范运行。以教师岗位聘任为例，可将评价组织分为行政事务组和学术评价组，岗位指标的总量和分配由行政事务组掌控，后者承担评价标准、成果认定和确定评价结果等事宜。实际上，在应用型本科高校的实际运行中，完全做到行政权力与学术权力之间的制衡是比较困难的，原因在于其内部治理的碎片化②。

二 民主参与：践行包容性教师评价之关键

"正式化"的章程和学术评价组织以及前文已设的分学科教师评价指标体系，这些内容在传统意义上的组织分析方法看来，是组织的"正式结构"，即"包含结构的正式化、行成条文的组成部分"③。顺此而下，评价参与者启动并铺展开教师评价事宜，得出评价结论乃至兑现岗位待遇。费埃德伯格认为，正式结构从来都不可能对组织做到完全绝对的控制④。换言之，正式结构也只是为教师评价"局部秩序"的形成提供了可能，还依赖于教师评价参与者的组织能力，同时还有评价参与者在评价合作与冲突实践中"他们所能够运用的认知技能与关系技巧"。这种"认知技能与关系技巧"需要通过民主参与来展现。总之，"组织的正式

---

① [法]孟德斯鸠：《论法的精神》（上册），张雁深译，商务印书馆1961年版，第154页。
② 具体参见金姗姗《高校内部治理碎片化困境及其突破：整体性治理的视角》，《教育发展研究》2014年第3期。
③ [法]埃哈尔·费埃德伯格：《权力与规则——组织行动的动力》，张月等译，格致出版社2017年版，第109页。
④ [法]埃哈尔·费埃德伯格：《权力与规则——组织行动的动力》，张月等译，格致出版社2017年版，第110页。

特征，其真正作用并不是直接决定行为，而是对行动者之间的协商和游戏的诸种环境进行建构。只有当参与者在行为中吸收并在此激活正式结构的这种或那种特征，由此同意为了完成组织的这一规定目标动用他们的资源以及诸种协商谈判的能力，正式结构的确认能力，即有效地整合参与者行为的能力，才能够真正出现"①。

实际上，教师评价的参与者都有理性选择能力，或者是利益计算能力。但是，深究起来，这种理性有局限性，如认知的局限、感情的局限、文化的局限等②。所以，"有限理性"是教师评价参与人在教师评价"局部秩序"中的真实写照。这也就决定了评价参与人在作出行为决策时，其行为体现不同的特征，有的参与人行为会屈从于功利理性，只要评价结果遂人意，一切都是"浮云"；有的行为选择价值理性，只唯"学术至上"，对评价结果"无所谓"；更有的行为表达的是情感理性，这是些评价中胡搅蛮缠式的非理性行为。因此，要调适应用型本科高校诸种不同形式的理性行为，需要教师评价的民主参与。

具体来说，第一，推动应用型本科高校中评价参与者的有效参与。这里的有效参与主要面向三个群体。首先是被评价者本人。大学教师是知识人，也是社会人，有对物质的冲动，也有对精神的追求。从关注大学教师精神诉求出发，开展民主平等、协商理解、合作交流的参与方式。在评价准备阶段，邀请大学教师参与评价调研、标准制定、内容推敲、程序设定等活动；在评价实施阶段，教师不是被评价的"鱼肉"，而是"有限理性"的人，这就更需要从材料提交、成果认定等方面全程参与，而不是被动地提交佐证、等待被计算之后的分数；在评价结果反馈阶段，

---

① ［法］埃哈尔·费埃德伯格：《权力与规则——组织行动的动力》，张月等译，格致出版社2017年版，第115页。
② 比如说，在N高校第二次和第三次岗位评价中，均出现了不同程度的向省教育行政部门、省人事管理部门投诉的现象。教师向学校领导面对面反映问题的现象更是不计其数。举例来说，马克思学院某思政课教师"专门"收集本学院教师评价成果原始佐证，如发现岗位评价所提交材料与以前某时所撰写材料针对同一问题出现不一致时，就以实名形式向学校评价委员会举报，并将举报材料公之于众。这种做法被戏谑为"损人不利己"。抛开公平与否，这个事件至少反映了评价参与人的"理性的局限性"。

被评者和潜在被评价者都要知晓评价结果，并针对评价标准或方案提出个人看法，这些都需要学术评价组或行政评价组予以反馈。其次是评价主体。评价主体指的是各级学术评价委员会以及相关专门委员会。学科评价不同于行政评价的根本在于学术性与专业性。只有充分将各学科专业权威吸纳到评价主体之中，才能高质量完成评价活动。为此，应用型本科高校评价主体的权威既要有学术专业性也要兼备代表性。当然，在评价中，学术委员会虽然身居高位，但不能越俎代庖，如将应该由教学评价组评价的事宜不由分说地代为办理。最后是利益相关者。大学教师评价虽然评价的是被评价者，但是利益相关者的参与更能提升评价活动的公平性，为教师评价顺利开展营造良好的舆论环境，保障评价的有序开展、顺利进行。在国家政策引导和社会形势迫使下，改革始终是教师评价的常态。因此，"在改革过程中，学校管理者要使自己避免成为评价改革的独行者，要使评价改革能获得最广泛的支持，就必须考虑所有利益相关者的利益，同时争取各种利益相关者的共同投入、共同实践。从实践层面来看，为促使利益相关者的共同参与能落到实处，大学就必须在制度上予以规范，通过合理的制度设计来为大学内、外部利益相关者的参与活动提供充分的资源保障，创设良好的运行平台"[①]。

第二，设置应用型本科高校的"自下而上"评价程序。行政主导下的教师评价明显属于"自上而下"评价模式，即使做到了行政与学术的严格分工，在评价上依然沿着"上令下达"程序模式，只不过是发号施令的主体由行政部门变成了学术组织。在这一点上，域外的经验值得借鉴。以美国密苏里大学为例，教师评价程序是这样的，被评价者选择校外专家并向学校学术委员会提交名单；校学术委员会将根据学术地位、学术道德、学术成果等标准确定校外评审专家。如果对审核结果有异议，所有被评价者均可申诉，如申诉成立，校学术委员会将启动再审程序。透过这一程序，充分体现了被评价者民主参与程度。因此，对于应用型

[①] 刘国艳、曹如军：《文化视野中的大学教师学术评价研究》，南京大学出版社2017年版，第173页。

本科高校而言，吸纳这种"自下而上"优点的做法是，将教师评价重心下移，由二级学院或相应学科组负责评价指标体系的运行，承担具体教师评价工作，至于专家的选择可采用域外做法；而学校层面则宏观把控评价目标、原则和标准，督导评价过程，处理评价争诉问题。如此一来，既可减轻学校学术组织评审负担，也可提高基层学术组织和被评价者参与度。

第三，完善应用型本科高校评价回避程序。充满人情的中国社会有温情脉脉的一面，也为大众徇私纵情提供了口实。"人性善恶的问题无须从理论上证明，从人类几千年的实践中就可得出结论：人兼有善恶双重本性，人的一半是天使，一半是魔鬼。"[①] 因此，在教师评价中，如果评审专家与被评价者有利害关系或者存在其他影响评价公正的关系，那么，回避是保证教师评价过程和结果的公正性的必然之选。不过，现行回避制度存在回避制度缺失、回避对象狭隘、程序粗放和监督机制不健全的问题[②]。回避是教师评价结果公正与否的程序选择。有利益关联的评审专家即使在评价过程中做到了公正，但是，这一评价程序上的瑕疵也难以说服被评价者和其他利益相关者。所以，这就需要从评价专家信息完善、扩大回避范围、强化回避程序和健全回避监督上下功夫。不过，在本书看来，应用型本科高校教师评价难以做到评价的完全回避，毕竟评价对象与评价主体之间本身就是同事甚至同学关系，再说完全邀请校外专家的评价方式由于成本过高，恐怕也不易全面推开。对应用型本科高校来说，较为可行的回避方案是详细列出评价专家回避的理由，如亲属关系；在程序上采用评审专家公示，如有异议可直接申诉；采取校外评价与校内评价相结合模式，进一步完善评价回避程序。

三　文化形塑：推进包容性教师评价之动力

实际上，还有一种力量在"默默"地左右着教师评价"局部秩序"

---

① 李海平：《人性与法治——中国法治道路的构建》，《长白学刊》2004年第2期。
② 具体评价问题，参见刘国艳、曹如军《文化视野中的大学教师学术评价研究》，南京大学出版社2017年版，第178页。

的形成，这就是文化环境。"组织受到复杂的环境的渗透，会改变其结构或行为，但也能够创造性地和策略性地应对环境的影响意图，选择包括遵守、妥协、回避、重新界定、反抗、操纵等应对策略。"① 在应对环境压力时，组织颇有一种无力、无助感，除了机械地应付之外，貌似并没有更高明的应对之举。不过，在后来的组织理论中，组织与环境之间这种关系已被颠覆了，组织在与环境的相处中不再被动，而是多策略地与其交流互动。"组织现象建构一种局部的、暂时的秩序，如其所做的那样，它始终将自然与文化、结构化的特征与自发突然的特征、强制与契约、意图与或然性混合在一起，叠置在一起。"② 应用型本科高校教师评价中的制度或程序都是组织"规则机制的可见部分"，这些内容以其正式化和法规化特点外显于评价参与人或评价利益相关者，它不仅与大学办学总目标相关联，且内部各规则之间辅车相依。仅有刚性制度和硬性程序尚不足以构建"局部秩序"，还取决于"参与者对规则的认知程度和内化程度"。也就是说，评价参与人对教师评价制度或程序的内在理解，这种理解决定了其参与评价活动的意志力和对评价结果的认同度，而达致这种理解需要借助文化的塑造。"个体与组织在很大程度上都要受到各种信念体系与文化框架的制约，会接纳各种信念体系与文化框架。"③ 因此，应用型本科高校包容性教师评价仍需在与评价有关的组织文化上蓄力有为。

第一，以内部管理去行政化，强化尊崇学术的大学文化。"所谓大学管理的行政化，主要指在大学内部管理过程中，行政权力居于主导地位，大学管理染上了浓厚的行政色彩。"④ 从组织学角度来看，行政机构的组织特点主导了应用型本科高校内部的管理运行。那么，高校内部管理去

---

① 王务均：《包容性治理：大学内部权力结构的新机制》，南京大学出版社2017年版，第304页。
② ［法］埃哈尔·费埃德伯格：《权力与规则——组织行动的动力》，张月等译，格致出版社2017年版，第118页。
③ ［美］W.理查德·斯科特：《制度与组织——思想观念与物质利益》（第3版），姚伟等译，中国人民大学出版社2010年版，第67页。
④ 胡建华：《略论大学去行政化》，《中国高教研究》2014年第2期。

行政化，实际也就是要解决大学行政运行的"遵循"与"归宿"问题。实际上，对"内部管理行政化"，还有一种更为直白且易遭到非议的表达，即内部管理是为了服务师生还是服务领导。① 应用型本科高校的教学、科研、社会服务三大职能明晰地传递了大学职责，以创造、传播和使用知识为己任，而这一切落脚在了学术进步上。建立和运行行政系统并非要使身居该系统内的成员享受请示汇报的"快感"，如此一来，行政系统就真的变成了"自娱自乐"的工具，某些"学场失意"的教师以"长"的称呼频繁"刷存在感"，"尽情"安逸于"官场得意"之中。当然，"行政"与"行政化"迥然不同，前者是组织分工，后者是职能异化。因此，"内部管理去行政化"是去"化"而非"行政"，"目的在于把异化为行政机构的大学彻底地回归为作为学术与文化机构的大学"②。具体而言，在应用型本科高校行政管理中，行政系统工作的立足点是学术进步，尊重学术权力，强化学术导向，淡化行政利益，始终正确定位行政在大学终极目标实现中的位置。再有，应用型本科高校行政重心服务于从事学术活动的主体教师。在其教师评价中，要有甘为人梯的奉献精神，以造就有利于大学发展的大师、名师。③ 总之，应用型本科高校"内部管理去行政化"，通过将"异化"组织"正常化"，目的是为教师评价提供良好的内部环境，所保障的不仅是被评价者的利益，也有行政系统成员的利益。

第二，培植包容文化。在应用型本科高校教师评价中，不仅行政权力与学术权力之间，被评价者以及利益相关者之间也有着不同冲突和矛盾。塑造和谐包容的大学文化不失为调谐纠纷的一种有效途径。在应用型本科高校的包容文化中，利益包容是根本。"每一个社会的经济关系首

---

① 就在作者撰写本部分内容之际，N 高校学校办公室发布了一个关于学校领导接待预约制度。大概意思是，向学校主要领导或分管领导汇报请示工作时需要提前与学校办公室联系，统一安排约见时间，目的是进一步联系师生，改进工作作风。从工作程序上，这个文件面向学校中层干部未尝不可。但是，也有部分师生戏言，现在见领导一面很是难得啊！

② 宣勇：《外儒内道：大学去行政化的策略》，《教育研究》2010 年第 6 期。

③ 对于这一点，以高校人事处长为例。如果人事处长心胸过于狭窄，对职称高、称号多的教师颇有微词，那么，在教师评价标准设定上，就很难保证是出于公心的。

先是作为利益表现出来的。"① 有了利益上的包容,组织秩序创建才有了前提。这就需要"建立公开透明的利益分配机制、充满关爱的利益协调机制、健全利益增长的保障机制,畅通利益表达的渠道和代表机制,做到利益分配公平公正,鼓励所有大学成员参与利益创造,实现利益增长的期望"②。心理包容是支撑。按照心理学的分析,包容是人有修养、高品质和性格成熟的表现。心理包容指的是对意见有别或职责有分的人之间的区别有容纳能力和认同度,直接决定了人的心智。从大学层面上,需要畅通组织内各类岗位人员晋升提高的渠道,岗位虽不同但工作标准几近相同;从教师层面上,需要将眼光放得长远,不宜嫉贤妒能,要有大格局。价值包容是彼岸。价值包容意味着教师不仅要关注他人与大学,还要将视野延伸到人和人类社会,对不同事物的看法和理性评价。因此,应用型本科高校的被评价者要将个人发展与学校目标、国家需求结合,历史性和辩证式看待评价中的个人成绩、他者贡献以及学校发展。

第三,厚植诚信文化。教师评价不单仅指成果评价,也是学术道德评价。"学术道德是指从事学术活动的主体在进行学术研究、学术评价、学术奖励等活动的整个过程及结果中处理个人与他人、个人与社会等关系时所应遵循的行为准则和规范的总和。"③ 近几年屡次被曝光的论文抄袭、成果剽窃、数据造假等学术不端行为污染着整个学术界。早在2016年教育部就颁行了《高等学校预防与处理学术不端行为办法》,时至今日,学术不端仍然屡禁不止。这也凸显了惩戒和预防学术不端行为的重要性。显然,应用型本科高校教师评价中应注重加强对学术道德的评价。大学教师学术道德的内容包含学术态度上严谨朴实的求真精神和业务上谦逊真诚的专研精神以及兢兢业业的务实精神。实际上,大学教师兼具学术道德被评价者和评价者双重身份。在教师评价时,是以被评价者身

---

① 中共中央马克思、恩格斯、列宁、斯大林著作编译局:《马克思恩格斯选集》(第2卷),人民出版社1995年版,第537页。
② 王务均:《包容性治理:大学内部权力结构的新机制》,南京大学出版社2017年版,第306—307页。
③ 江新华:《大学学术道德失范的制度分析》,博士学位论文,华东科技大学,2004年,第18页。

份出现的；在各种项目、成果评审时，又是评价他人学术道德的评价者。因此，"对大学教师学术道德的考察，不应只有对教师从事学术研究、学术传递与学术应用等活动中所涉及的情感、态度、价值观的考察，还应包含学术评价道德的考察，对于违反学术评价道德，在评价中徇私舞弊、违背自己学术良心的现象要坚决加以遏制"①。这就需要开展诚信教育。除了日常的诚信讲座、警示教育等活动之外，应用型本科高校诚信教育还应从建章立制上下功夫。首先，应该建立学术诚信管理体制，制定规范学术诚信活动的规范性文件，确保诚信管理活动有据可依。以学校科研处或学术委员会秘书处为依托，成立学术诚信管理机构，负责对诚信的督导、受理申诉、处置学术不端行为。其次，借鉴银行业的征信记录，为教师建立学术诚信档案，对每个成果、每篇论文等记录在档案中，判断是否符合学术道德规范要求，同时，对参与学术评价活动的表现，也可在诚信档案中予以表载。另外，按照分级管理模式，给予不同教师的学术道德予以认定不同的级别，以此作为教师评价中学术道德评价的主要依据。最后，教师个人须加强道德自省。单凭高压的制度是难以提高道德修养的。按照圣人所述"修身养性以成仁德"的教诲，经常反思以求己，加强内心修炼，同时躬身实践强化道德信念，进而渐至学术道德的完善。

本章小结

套用法学界的一句俚语，"法律一明确就会产生罪恶"，那么，教师评价就会产生不公。虽然如此，法治依旧是国家治理能力提升不可忽略的重要因素。应用型本科高校"险象环生"的发展环境促使其仍将教师评价作为获取未来发展的筹码，进而作为在竞争中赢得先机的有效手段。依托学科的包容性教师评价不仅要极力避免掉进量化式评价造成的误区，

---

① 刘国艳、曹如军：《文化视野中的大学教师学术评价研究》，南京大学出版社2017年版，第166页。

同时也要为组织发展贡献成果支撑和进行人才识别。"理性追求统一，但它并不是单纯地为统一而追求随便哪种统一，而是追求一切真理全在其中的那个统一。这个统一是仿佛从无限辽远的地方由理性给我们呈现出来的，仿佛是消除一切分裂的一股牵引力。"[①] 对应用型本科高校教师的包容性评价岂敢奢谈包含评价中的"一切真理"，但它是一种对教师评价的姿态，一种尝试消除评价"分裂"的"牵引力"。

---

① ［德］卡尔·雅斯贝斯：《生存哲学》，王玖兴译，上海译文出版社2005年版，第45页。

结　　语

其实，"根本就不存在完全解决了的问题，或者完全处于控制之下的社会"①。对于教师评价来说，同样如此。即言之，在应用型本科高校教师评价上，问题表现为教师评价在"绝对主义的火坑"与"相对主义的油锅"之间踌躇。② 症结在于，当对教师采取依托学科的包容性评价时，不能仍然以数量化或功利性的思维方式来看待。因此，对于教师评价方式的选择，没有对错，只有合理与否。"评价的标准，无论从形式上看多么超现实，它都是在现实的基础上，以现实为前提而形成的。"③ 合理的应用型本科高校教师评价所指的就是评价的合目的性、合规范性，同时，这种合理性是以应用型本科高校教师生存与发展的需要作为最高层次的需要。

应用型本科高校教师评价立足于应用型本科高校教师使命和责任的担当，服务于大学教师主体功能的发展。教学、科研和社会服务作为应用型本科高校教师"三位一体"的功能定位，反映着其使命责任的不变属性和核心品质。支撑这种"三位一体"功能定位的是教师承担的创新使命和知识生产属性。无论是教学、科研，还是社会服务，教师都需要依托其高深学问这一"高贵品性"和"高雅品质"。从这个意义上讲，大学作为生产高深学问的领域，主要是依托教师这一角色实现的。这种

---

① ［法］米歇尔·克罗齐耶、埃哈尔·费埃德伯格：《行动者与系统——集体行动的政治学》，张月译，上海人民出版社2007年版，第14页。
② 参见冯平《评价论》，东方出版社1995年版，第284页。
③ 冯平：《评价论》，东方出版社1995年版，第284页。

高深学问的生产既有迎合社会、适应世俗、配合体制、回应政策的特点，也体现为对社会的反思、对世俗的背离、对体制的抗拒和对政策的离弃。从另外一个意义上讲，正是由于教师在思想领域的"决不妥协"、在真理领域的"孤芳自赏"，甚至是体制内生活的"孤独苦闷"，才推进了人类知识的解放、创新和超越。

　　长期以来应用型本科高校将评价定位于考核、区分、激励与奖惩，通过这种评价实现"奖优罚劣"和"优胜劣汰"的目标，这样的评价固然可以有效发挥杠杆和激励作用，也可以有效增强高校的科研和教学"生产力"。然而，这样的评价方式由于其内在具有"制造弱者"的运行特征，使得其广受诟病，备受争议。基于此，激励性评价似乎成为应用型本科高校教师评价的另一种可接受方式。相对于区分性评价，激励性评价将评价的目的定位于发现教师专业发展的优势和长项，如果说区分性评价是一种"制造弱者"的评价，那么激励性评价则是"发现强者"的评价。这样的评价取向，实实在在地实现了通过评价促发展的目的，体现了评价价值取向的重大进步。但仔细推敲会发现，激励性评价与区分性评价从根本上具有高度的"家族相似性"，两者同属于作为手段和工具的评价类系，即评价是一种教师促进专业发展、高校提高管理绩效的手段。从这个意义上讲，激励性评价并没有改变评价对教师的控制功能。因为，即使是发现教师优势的激励性评价，在发现一部分优秀教师的同时，也给"未激励""未肯定"的教师贴上了"弱者"的标签。为此，以案例高校为代表的应用型本科高校应当从理念转变切入，以学科评价为依托，围绕应用型办学定位和应用型人才培养，建立起尊重学术自由、重视教师发展的包容性评价体系，这是应用型本科高校面对当前教师评价改革所需着重加以关注的变革取向。

　　基于此，应用型本科高校教师评价研究理应依托于应用型本科高校教师这一独特角色、特殊使命和独立人格，将应用型本科高校教师建设政策是否切近于这一核心属性，作为评价优劣的重要判据；将应用型本科高校教师专业发展和教师管理方式是否适切于这一关键特征，作为评价成效的重要根据；将应用型本科高校教师发展方式和发展状态是否契合于这一内在要件，作为评价效果显示度的重要标识。为此，必须深化和强化反思性评价研究和批判性评价研究。我们不仅要改变长期以来"重科研评价、轻教学评价、去社会服务评价"的弊端，深入推进应用型本科高校教师教学、科研和社会服务评价的"三位一体"，更要从高深知识再生产和再创造的角度，深入教学、科研和社会服务的内在要件、核心制度和独特构成中进行深度的挖掘与反思。正是基于这样的判断和认识，应用型本科高校教师评价研究的深度视域，理应背离既往那种"跟着体制走、围着制度转、傍着规则做"的配合型评价研究，将建构评价新标准、建设评价新维度、设计评价新方案和规划评价新路图作为重要的目标追求，推进应用型本科高校教师评价的学术自信和成果自信。

附 录

附录一 应用型本科高校教师评价研究调查问卷

尊敬的老师：

您好！感谢您支持我们的调查研究！

本研究团队希望了解应用型本科高校开展教师评价的基本情况及您对教师评价政策的评价，所以组织了本次调查。请您根据您所在高校的实际情况予以作答，我们对您提供的信息仅用于数据统计和分析研究，并一定予以保密。再次感谢您的支持和配合！

如无特殊说明，每一项选择题只能选择一个答案，请在相应选项序号上打"√"。

南京师范大学教育科学学院

一、以下是关于您个人基本情况的描述，请选出最符合您实际情况的选项。

1. 您的性别：
A. 男　　B. 女

2. 您的年龄：
A. 30 岁及以下　　B. 31—40 岁　　C. 41—50 岁
D. 51—60 岁　　E. 61 岁及以上

3. 您的教龄：

A. 5 年及以下　　B. 6—15 年　　C. 16—25 年　　D. 26 年及以上

4. 您最高学历毕业的院校：

A. "985" 院校　　B. "211" 院校　　C. 一般本科院校

D. 国外院校

5. 您的最高学位：

A. 本科　　　　B. 硕士　　　　C. 博士

6. 您所在的学科：

A. 哲学　　　B. 经济学　　C. 法学　　D. 教育学　　E. 文学

F. 历史学　　G. 理学　　　H. 工学　　I. 农学　　　J. 医学

K. 管理学　　L. 艺术学　　M. 军事学

7. 您的职称是：

（1）教　　授：A. 二级　B. 三级　C. 四级

（2）副教授：A. 五级　B. 六级　C. 七级

（3）讲　　师：A. 八级　B. 九级　C. 十级

（4）助　　教：十一级

8. 您是否担任行政职务：

A. 是（任何职务请说明_____）　　B. 否

9. 您的主要工作重心：

A. 主要是教学　B. 主要是研究　C. 两者兼有

10. 您的主要工作兴趣：

A. 主要是教学　B. 主要是研究　C. 两者兼有

二、以下是关于您所在学校有关教师评价状况及相关政策的描述，请选出最符合您及所在学校的实际情况的选项。

（一）职称晋升	非常不同意	不同意	中立	同意	非常同意
11. 贵校的职称晋升政策合理	1	2	3	4	5
12. 贵校的职称晋升政策具有科学性	1	2	3	4	5
13. 贵校的晋升标准都非常明确、客观	1	2	3	4	5

续表

（一）职称晋升	非常不同意	不同意	中立	同意	非常同意
14. 贵校当前的职称晋升政策充分考虑了不同学科之间的差异性	1	2	3	4	5
15. 贵校当前的职称晋升政策充分考虑了不同年龄的差异性	1	2	3	4	5
16. 贵校当前的职称晋升政策充分考虑了不同岗位（教学、科研）的差异性	1	2	3	4	5
17. 您认可贵校当前的职称晋升政策中的教学工作的评价方式	1	2	3	4	5
18. 您认可贵校当前的职称晋升政策中的科研工作的评价方式	1	2	3	4	5
19. 您认可贵校当前的职称晋升政策中的其他工作的评价方式	1	2	3	4	5
20. 贵校当前的职称晋升政策造成了同事之间的紧张关系	1	2	3	4	5
21. 您会根据职称晋升的具体条件确定工作优先顺序和重点	1	2	3	4	5

22. 对贵校的职称晋升，您的改进意见是：

（二）教学评价	非常不同意	不同意	中立	同意	非常同意
23. 您认为贵校对教师教学评价的标准比较合理	1	2	3	4	5
24. 您认为贵校对教师的教学评价促进了教学工作	1	2	3	4	5
25. 您认为贵校教师的教学评价促进了教师们的团结	1	2	3	4	5
26. 您认为贵校教学评价政策对教师造成了较大压力	1	2	3	4	5
27. 职称晋升压力使您不得不从事超负荷教学	1	2	3	4	5

28. 贵校教学评价的主体是：（可多选）

A. 学生　　　　B. 校内（外）同行　　　C. 校系行政领导

D. 校外专家　　E. 自我评价　　　　　　F. 中介组织

G. 其他（请说明）

29. 您认为评价教师教学最具有说服力的主体是：（可多选）

A. 学生　　　　B. 校内（外）同行　　　C. 校系行政领导

D. 校外专家　　　E. 自我评价　　　　　　F. 中介组织

G. 其他（请说明）

30. 您认为最具有说服力的教学评价指标是：（可多选）

A. 课时数　　B. 学生评教结果　　C. 专家评价结果

D. 教研教改论文发表　　E. 课外指导学生时间　　F. 教学奖励

G. 其他（请说明）

31. 对贵校的教学评价，您的改进意见是：

（三）科研评价	非常不同意	不同意	中立	同意	非常同意
32. 您认为贵校对教师科研评价的标准比较合理	1	2	3	4	5
33. 您认为贵校对教师的科研评价促进了科研工作	1	2	3	4	5
34. 您认为贵校教师的科研评价促进了教师们的团结	1	2	3	4	5
35. 您认为贵校科研评价政策对教师造成了较大压力	1	2	3	4	5
36. 职称晋升压力使您不得不从事科研	1	2	3	4	5

37. 您认为最具有说服力的科研评价指标是：（可多选）

A. 成果数量　　　　　B. 成果级别　　　　C. 被引次数/影响因子

D. 代表性成果的水平　　E. 科研项目级别　　F. 科研项目经费数

G. 其他（请说明）

38. 您认为最具有说服力的科研评价方法是：（可多选）

A. 计量评价法　　　B. 因子分析法　　　C. 层次分析法

D. 结构方程模型　　E. 定性评价与定量评价相结合

F. 其他（请说明）

39. 请对贵校的科研评价提出改进意见：

40. 您认为教学、科研、社会服务在教师评价中权重的合理百分比分别是：（　）%、（　）%、（　）%。

（四）年度考核	非常不同意	不同意	中立	同意	非常同意
41. 学院在年度考核决策时能够考虑教师的切身利益	1	2	3	4	5
42. 学院不断调整年度考核评价政策，让评价政策向更合理方向发展	1	2	3	4	5
43. 院领导能够积极和教职员工沟通	1	2	3	4	5
44. 您从事科研是为了科研收入和科研奖励	1	2	3	4	5
45. 您从事超负荷教学是为了教学收入和教学奖励	1	2	3	4	5
46. 科研考核使您不得不从事科研	1	2	3	4	5
47. 教学考核使您不得不从事超负荷教学	1	2	3	4	5
48. 您可以接受年度考核中对学生评教的规定	1	2	3	4	5
49. 您可以接受年度考核中规定的教学工作量	1	2	3	4	5
50. 您可以接受年度考核中规定的科研工作量	1	2	3	4	5
51. 您可以接受年度考核中规定的其他工作量	1	2	3	4	5
52. 您认为年度考核公开公正公平	1	2	3	4	5

附录二　访谈提纲

（一）教师对教师评价的认识与看法

·教师对教师评价的认识

1. 您认为改革前后的教师评价制度存在的最大区别在哪里？

2. 您认为教师评价存在的主要问题是什么？应如何改进？

3. 您如何看待教师评价与绩效考核、职称评定的关系？

4. 您认为贵校现行的教师评价办法对教师的个人职业发展在哪些方面有帮助，哪些方面有障碍？为什么？

5. 您认为合理的评价方法是什么？

6. 您所在学校教师评价的结果是否反馈给教师本人？您认为合理的反馈方式是什么？

7. 作为一所应用型本科高校，您认为贵校教师评价制度的改革方向有哪些？

·教师在评价中的表现

8. 您有参与教师评价的意识吗？为什么？

9. 您是否具有自我反思的意识？自我反思的方法是什么？

10. 您是如何进行自我评价的？

11. 您通过教师评价提升自我的措施是什么？

（二）管理者（学校领导、二级学院负责人、部门管理人员等）对教师评价的认识与看法

1. 您认为应用型本科高校与普通本科高校的区别和联系是什么？

2. 您认为贵校目前的教师评价制度是否符合应用型本科高校的办学定位？存在哪些尚待改进的问题？

3. 假设您来设计贵校的教师评价体系及相关指标，您最注重什么？

4. 您认为在制定评价目标、与学校签订岗位目标合同的过程中，学校（学院）与教师双方沟通、协商是否充分？对您提出的关于教师评价的有关意见、建议，校方采纳的程度如何？

5. 据您了解，目前贵校教师评价制度在制定和实施过程中存在哪些优点、哪些不足？还有哪些需要改进的问题？

6. 您认为贵校现行的教师评价办法对教师的个人职业发展在哪些方面有帮助，哪些方面有障碍？为什么？

7. 您认为作为一所应用型本科高校，应如何构建教师评价体系？目前存在哪些问题？

参考文献

一 著作类

艾术林:《地方应用型本科高校科研评价研究》,经济科学出版社 2017 年版。

北京大学校史研究室编:《北京大学史料》(第 1 卷),北京大学出版社 1993 年版。

蔡克勇:《高等教育简史》,华中工学院出版社 1982 年版。

曹如军:《应用型本科教师评价研究》,吉林大学出版社 2013 年版。

曹永国:《自我的回归——大学教师自我认同的逻辑》,福建教育出版社 2019 年版。

陈波等:《社会科学方法论》,中国人民大学出版社 1989 年版。

陈向明:《质的研究方法与社会科学研究》,教育科学出版社 2000 年版。

陈玉琨:《教育评价学》,人民教育出版社 1999 年版。

陈玉琨:《中国高等教育评价论》,广东高等教育出版社 1993 年版。

风笑天:《社会调查原理与方法》,首都经济贸易大学出版社 2008 年版。

冯平:《评价论》,东方出版社 1995 年版。

高平叔:《蔡元培教育论著选》,人民教育出版社 1991 年版。

胡金平:《学术与政治之间的角色困顿:大学教师的社会学研究》,南京师范大学出版社 2005 年版。

蒋洪池、李文燕:《大学教师学术评价制度创新:基于学科文化的视角》,科学出版社 2017 年版。

金生鈜:《理解与教育——走向哲学解释学的教育哲学导论》,教育科学出版社 1997 年版。

金耀基：《大学之理念》，生活·读书·新知三联书店 2001 年版。

李景鹏：《权力政治学》，黑龙江教育出版社 1995 年版。

刘国艳：《制度分析视野中的学校变革》，吉林大学出版社 2010 年版。

刘国艳、曹如军：《文化视野中的大学教师学术评价研究》，南京大学出版社 2017 年版。

刘海峰：《高等教育历史与理论研究》，中国海洋大学出版社 2009 年版。

刘明：《学术评价制度批判》，长江文艺出版社 2006 年版。

刘献君：《大学教师聘任制——基于学术职业的视角》，科学出版社 2009 年版。

马俊峰：《评价活动论》，中国人民大学出版社 1994 年版。

马力：《个人与组织——职业发展的双赢模式》，华南理工大学出版社 2007 年版。

缪榕楠：《学术组织中的人——大学教师任用的新制度主义分析》，南京师范大学出版社 2008 年版。

潘懋元：《应用型人才培养的理论与实践》，厦门大学出版社 2011 年版。

钱国英等：《高等教育转型与应用型本科人才培养》，浙江大学出版社 2007 年版。

邱均平：《文献计量学》，科学技术文献出版社 1988 年版。

曲世培：《中国大学教育发展史》，北京大学出版社 2006 年版。

邵泽斌：《新中国义务教育治理方式的政策考察》，北京师范大学出版社 2012 年版。

司晓宏：《面向现实的教育关怀》，安徽教育出版社 2008 年版。

宋恩荣、章咸：《中华民国教育法规选编（1912—1949）》，江苏教育出版社 1990 年版。

眭依凡：《大学的使命与责任》，教育科学出版社 2007 年版。

孙可平、邓小丽：《理科教育展望》，华东师范大学出版社 2002 年版。

孙正聿：《哲学通论》，辽宁人民出版社 1998 年版。

万力维：《控制与分等：大学学科制度研究》，南京师范大学出版社 2005

年版。

王汉澜：《教育评价学》，河南大学出版社2000年版。

王景英：《教育评价学》，东北师范大学出版社2005年版。

王务均：《包容性治理：大学内部权力结构的新机制》，南京大学出版社2017年版。

薛天祥：《高等教育管理学》，广西师范大学出版社2001年版。

闫凤桥：《大学组织与治理》，同心出版社2006年版。

杨东平：《教育蓝皮书：中国教育发展报告（2014）》，社会科学文献出版社2014年版。

叶芬梅：《当代中国高校教师职称制度改革研究》，中国社会科学出版社2009年版。

尹晓敏：《利益相关者参与逻辑下的大学治理研究》，浙江大学出版社2010年版。

尤西林：《人文科学导论》，高等教育出版社2002年版。

翟学伟：《中国人行动的逻辑》，生活书店出版有限公司2017年版。

张光忠：《社会科学学科辞典》，中国青年出版社1990年版。

张维迎：《大学的逻辑》，北京大学出版社2004年版。

张新平：《教育管理学导论》，上海教育出版社2006年版。

张新平：《教育组织范式论》，江苏教育出版社2001年版。

张应强：《精英与大众——中国高等教育60年》，浙江大学出版社2009年版。

张玉堂：《利益论——关于利益冲突与协调问题的研究》，武汉大学出版社2001年版。

中共中央马克思、恩格斯、列宁、斯大林著作编译局：《马克思恩格斯选集》（第二卷），人民出版社1995年版。

周春燕：《复杂性科学视野下的高校教师评价研究》，江苏大学出版社2008年版。

周光迅等：《哲学视野中的高等教育》，中国海洋大学出版社2006年版。

周浩波：《教育哲学》，人民教育出版社1999年版。

邹永贤：《现代西方国家学说》，福建人民出版社1993年版。

［德］黑格尔：《逻辑学》（上卷），杨一芝译，商务印书馆1977年版。

［德］卡尔·雅斯贝斯：《生存哲学》，王玖兴译，上海译文出版社2005年版。

［德］雅斯贝尔斯：《什么是教育》，邹进译，生活·读书·新知三联书店1991年版。

［法］埃哈尔·费埃德伯格：《权力与规则——组织行动的动力》，张月等译，上海格致出版社2017年版。

［法］布迪厄、［美］华康德：《实践与反思——反思社会学导引》，李猛等译，中央编译出版社1998年版。

［法］孟德斯鸠：《论法的精神》（上册），张雁深译，商务印书馆1961年版。

［法］米歇尔·克罗齐耶、埃哈尔·费埃德伯格：《行动者与系统——集体行动的政治学》，张月译，上海人民出版社2007年版。

［法］米歇尔·克罗齐耶：《法令不能改变社会》，张月译，格致出版社2008年版。

［法］雅克·勒戈夫：《中世纪的知识分子》，张弘译，商务印书馆1996年版。

［加］C. B. 麦克佛森：《占有性个人主义的政治理论：从霍布斯到洛克》，张传玺译，牛津克兰登出版社1962年版。

［加］亨利·明茨伯格：《卓有成效的组织》，魏青江译，中国人民大学出版社2012年版。

［加］加里·P. 莱瑟姆、肯尼斯·N. 韦克斯利：《绩效考评》，萧鸣政等译，中国人民大学出版社2002年版。

［加］迈克尔·富兰：《教育变革新意义》（第3版），赵中建等译，教育科学出版社2005年版。

［加］迈克·富兰：《变革的力量——透视教育改革》，中央教育科学研究所等译，教育科学出版社2000年版。

［美］Clark Kerr：《大学的功用》，陈学飞等译，江西教育出版社1993

年版。

［美］Clark Kerr：《大学之用》（第五版），高铦等译，北京大学出版社2008年版。

［美］C. 赖特·米尔斯：《社会学的想象力》，陈强等译，生活·读书·新知三联书店2005年版。

［美］D. P. 约翰逊：《社会学原理》，南开大学社会学系译，国际文化出版公司1988年版。

［美］D. 普赖斯：《小科学·大科学》，宋剑耕等译，世界科学社1982年版。

［美］E. 马克·汉森：《教育管理与组织行为》（第五版），冯大鸣译，上海教育出版社2005年版。

［美］Thomas R. Guskey：《教师专业发展评价》，方乐等译，中国轻工业出版社2005年版。

［美］W. 理查德·斯格特：《组织理论：理性、自然和开放系统》，黄洋等译，华夏出版社2002年版。

［美］W. 理查德·斯科特等：《组织理论：理性、自然与开放系统的视角》，高俊山译，中国人民大学出版社2011年版。

［美］W. 理查德·斯科特：《制度与组织——思想观念与物质利益》（第3版），姚伟等译，中国人民大学出版社2010年版。

［美］彼得·布劳、马歇尔·梅耶：《现代社会中的科层制》，马戎等译，学林出版社2001年版。

［美］伯顿·R. 克拉克：《高等教育系统——学术组织的跨国研究》，王承绪等译，杭州大学出版社1994年版。

［美］伯顿·R. 克拉克：《高等教育新论——多学科的研究》，王承绪等译，浙江教育出版社2001年版。

［美］伯顿·R. 克拉克：《高等教育新论》，王承绪译，浙江教育出版社1988年版。

［美］伯顿·R. 克拉克：《探究的场所——现代大学的科研和研究生教育》，王承绪译，浙江教育出版社2001年版。

［美］丹尼尔·平克:《驱动力》,尹碧天译,中国人民大学出版社 2012年版。

［美］丹尼尔森、[美] 麦格里:《教师评价:提高教师专业实践能力》,陆如萍译,中国轻工业出版社 2005 年版。

［美］道格拉斯·C. 诺思:《制度、制度变迁与经济绩效》,杭行译,格致出版社 2008 年版。

［美］德里克·博克:《美国高等教育》,乔佳义编译,北京师范学院出版社 1991 年版。

［美］菲利普·G. 阿特巴赫:《变革中的学术职业》,别敦荣主译,中国海洋大学出版社 2006 年版。

［美］加里·S. 贝克尔:《人类行为的经济分析》,王业宇等译,上海三联书店 1995 年版。

［美］杰弗里·菲佛、杰勒尔德·R. 萨兰基克:《组织的外部控制:对组织资源依赖的分析》,闫蕊译,东方出版社 2006 年版。

［美］罗伯特·K. 殷:《案例研究:设计与方法》,周海涛等译,重庆大学出版社 2017 年版。

［美］唐纳德·肯尼迪:《学术责任》,闫凤桥等译,新华出版社 2002 年版。

［美］梯利:《西方哲学史》(增补修订版),葛力译,商务印书馆 1995 年版。

［美］沃尔特·W. 鲍威尔、保罗·J. 迪马吉奥:《组织分析的新制度主义》,姚伟译,上海人民出版社 2008 年版。

［美］约翰·S. 布鲁贝克:《高等教育哲学》,王承绪等译,浙江教育出版社 1987 年版。

［美］约翰·W. 克雷斯维尔、薇姬·L. 查克:《混合方法研究:设计与实施》,游宇等译,重庆大学出版社 2017 年版。

［美］约翰·吉尔林:《案例研究:原理与实践》,黄海涛等译,重庆大学出版社 2017 年版。

［美］约瑟夫·A. 马克斯威尔:《质的研究设计:一种互动的取向》,朱

光明译，重庆大学出版社 2007 年版。

［美］詹姆斯·L. 吉布森、约翰·M. 伊凡塞维奇、小詹姆斯·H. 唐纳利：《组织学：行为、结构和过程》，王常生译，电子工业出版社 2002 年版。

［美］詹姆斯·P. 沃麦克、丹尼尔·T. 鲁斯、［英］丹尼尔·琼斯：《丰田精益生产方式》，沈希瑾译，中信出版社 2008 年版。

［英］H. K. 科尔巴奇：《政策》，张毅译，吉林人民出版社 2005 年版。

［英］阿什比：《科技发达时代的大学教育》，滕大春等译，人民教育出版社 1983 年版。

［英］安东尼·吉登斯：《第三条道路：社会民主主义的复兴》，郑戈等译，北京大学出版社 2000 年版。

［英］罗素：《西方哲学史》（上卷），马元德译，商务印书馆 2014 年版。

［英］玛丽·亨克尔、布瑞达·里特：《国家、高等教育与市场》，谷贤林等译，教育科学出版社 2005 年版。

［英］迈克尔·欧克肖特：《人文学习之声》，孙磊译，上海译文出版社 2012 年版。

［英］托尼·比彻、保罗·特罗勒尔：《学术部落及其领地》，唐跃勤等译，北京大学出版社 2008 年版。

［英］约翰·亨利·纽曼：《大学的理想（节本）》，徐辉等译，浙江教育出版社 2001 年版。

Beach, B., Reinhartz, L., *Supervision: Focus on Instruction*, New York: Allyn & Bacon, 1999.

Charles Finley, Richard I. Miller, Candace S. Vancko, *Evaluating, Improving, and Judging Faculty Performance in Two-Year Colleges*, London: Bergin & Garvey, 2000.

Creswell, J. W., *Research design: Qualitative, quantitative, and mixed methods approaches* (3rd ed.), Thousand Oaks, CA: Sage, 2009.

Gene V. Glass, *Teacher Evaluation*, Policy Brief: ERIC Document Reproduction Service, 2004.

F. Larkins, *Australian Higher Education: Research Policies and Performance 1987 - 2010*, Carlton, Victoria: Melbourne University Press, 2011.

Goe, L., Bell, C., & Little, O., *Approaches to evaluating teacher effectiveness: A research synthesis*, Washington, DC: National Comprehensive Center for Teacher Quality, 2008.

Jeffrey Friedman, *The Rational Choice Controversy: Economic Models of Politics Reconsidered*, New Haven: Yale University Press, 1996.

Ian Austin, Glen Jones, *Governance of higher education: Global perspectives, theories, and practices*, New York: Routledge, 2016.

Larry A. Braskamp, Dale C. Brandenburg, John C. Ory, *Evaluating Teaching Effectiveness: A Practical Guide* (1st Edition), 1984.

McGreal, *Thomas L.*, *Successful Teacher Evaluation*, Virginia: Association for Supervision and curriculum Development. 1986.

Mclarty, *A practical Guide to teacher education evaluation*, Boston: Kluwer Academic Publishers, 1989.

Merriam, S. B., *Qualitative Research: A Guide to Design and Implementation* (2nd ed), San Francisco: Jossey-Bas, 2009.

Merriam, S. B., *Case Study Research in Education: A Qualitative Approach*, San Francisco: Jossey-Bass Publishers, 1988.

Miller R. L. Charles Finley and Candace Shedd Vancko, *Evaluating, Improving and Judging Faculty Performance in Two-year Colleges*, London: Bergin & Garvin, 2000.

Peterson, K. D., *Teacher Evaluation: A Comprehensive Guide to New Directions and Practices*, California: Corwin Press, 2000.

Peter F. Olive, *Supervision for Today's Schools* (7th Edition), New York: Longman Publishing Group, 2004.

Raoul A. Arreola, *Developing a Comprehensive Faculty Evaluation System*, San Francisco: Jossey-Base, 2007.

Scott, W. R., *Institutions and Organizations* (2nd Ed.), London: Sage

Publications, Inc. 2001.

Seidman, I. E., *Interviewing as qualitative research: A guide for researchers in education and the social sciences*, New York: Teachers College Press, 1991.

Seldin P., *Evaluating Faculty Performance: A Practical Guide To Assessing Teaching*, (JB-Anker), 2006.

Smith, K., *The Function of Modeling: Teacher educators as assessors of student teachers' learning*, Tel Aviv, Israel: Mofet Institute, 2006.

Spradley J. P., *Participant Orlando*, Holt, Rinehart & Winston, 1980.

Stake, R. E., *The Art of Case Study Research*, London: Sage, 1995.

二 论文类

安宁、邓开喜、莫雷：《高校科研评价体系构建的探讨——以华南师范大学科研业绩评价体系构建为例》，《华南师范大学学报》2008年第3期。

别敦荣：《论高等学校发展战略及其制定》，《清华大学教育研究》2008年第2期。

边国英：《学术文化的影响因素分析——〈学术部落与学科领地〉述评》，《北京大学教育评论》2007年第4期。

毕进杰：《从工具走向价值：教育政策执行的理性回归》，《现代教育管理》2019年第10期。

包永强等：《应用型高校教师科研评价现状与对策》，《南京工程学院学报》（社会科学版）2017年第9期。

陈蓓：《高校教学质量评价体系研究综述》，《江苏教育学院学报》（社会科学版）2008年第3期。

陈彬：《关于理性选择理论的思考》，《东南学术》2006年第1期。

程国庆、曾忠毅：《高校二级学院绩效考核排名与人才队伍状况相关性研究：福州大学的实践与思考》，《高等理科教育》2016年第3期。

陈寒：《应用型本科院校教师工作考核制度研究》，博士学位论文，华中师范大学，2019 年。

曹如军：《地方高校教师评价制度设计：问题及变革思路》，《重庆科技学院学报》2017 年第 1 期。

曹如军：《大学教师与大学教师评价：人性理论的视角》，《江苏高教》2010 年第 6 期。

曹如军：《地方高校教师评价制度设计：问题及变革思路》，《重庆科技学院学报》（社会科学版）2017 年第 1 期。

曹如军：《高校教师评价中的三个基本问题及其解决策略》，《闽西职业技术学院学报》2017 年第 9 期。

曹如军：《制度创新与制度逻辑：新制度主义视野中地方高校的制度变革》，《高教探索》2007 年第 5 期。

蔡荣鑫：《包容性增长：理论发展与政策体系——兼谈中国经济社会发展的包容性问题》，《领导科学》2010 年第 34 期。

陈瑞华：《程序正义论——从刑事审判角度的分析》，《中外法学》1997 年第 2 期。

蔡荣鑫：《"包容性增长"理念的形成及其政策内涵》，《经济学家》2009 年第 1 期。

曹如军：《试论大学教师评价的制度基础》，《大学教育科学》2011 年第 2 期。

陈韶峰：《试论学术评审中的委员会决策》，《高等教育研究》2003 年第 5 期。

操太圣：《高校教师评价标准化的问题及反思》，《大学教育科学》2019 年第 2 期。

陈霞玲、屈潇潇：《地方高校转型发展策略探析——基于全国 185 名地方高校校级领导的调查研究》，《中国高教研究》2017 年第 12 期。

陈晓枫、孟令战：《民国时期教学自由权的四个向度》，《法学评论》2010 年第 6 期。

曹永国：《论教师发展的本真性追求》，《南京社会科学》2018 年第 7 期。

董立平：《高等教育管理的价值问题研究》，博士学位论文，厦门大学，

2009年。

杜伟：《高校科研评价现状与完善途径探析》，《高等教育研究》2004年第4期。

董云川、张建新：《多种形态一样化的中国高等教育》，《教育发展研究》2004年第12期。

邓毅：《高校学术评价问题研究》，硕士学位论文，华南师范大学，2007年。

董泽芳、岳奎：《完善大学治理结构的思考与建议》，《高等教育研究》2012年第1期。

付八军、黄俭根：《高校教师教学评价的三个结合与三个主导》，《高校教育管理》2009年第9期。

冯晋祥：《抢抓机遇 求真务实 努力建设特色鲜明的高水平大学》，《山东交通学院学报》2002年第2期。

方明军：《大学教师隐性激励论》，博士学位论文，华中科技大学，2008年。

符敏捷：《纵横交错畅通内外——解读"交通"特色之院校》，《高校招生》2019年第10期。

冯向东：《从精神生产视角看中国特色现代大学制度建设》，《高等教育研究》2015年第4期。

方泽强、刘星：《大学教师角色本真——兼论高职院校教师角色的"破"与"立"》，《现代教育管理》2010年第3期。

高传胜：《论包容性发展的理论内核》，《南京大学学报》（哲学·人文科学·社会科学版）2012年第1期。

顾海良：《完善内部治理结构 建设现代大学制度》，《中国高等教育》2010年第Z3期。

高军：《我国大学教师学术评价制度研究》，博士学位论文，南京师范大学，2008年。

顾建民：《学科差异与学术评价》，《高等教育研究》2006年第2期。

宫珂、张志文：《高等学校绩效考核研究文献的内容分析：基于CNKI（

1999—2014）文献》，《黑龙江高教研究》2016年第1期。

宫珂：《高校教师内部评价政策研究的元分析》，《高等理科教育》2017年第3期。

宫珂、程晋宽：《如何构建适合应用型高校的教师评价制度——以美国威廉姆斯学院教师评价制度为个案》，《外国教育研究》2021年第6期。

桂庆平、祝宁：《新时代行业高校如何探索"双一流"建设之路——访"高水平特色型大学发展高端论坛"书记/校长》，《大学》（研究版）2018年第10期。

高伟：《生存论教育哲学发凡》，博士学位论文，南京师范大学，2003年。

高欣秀：《甘肃省属本科院校绩效评估研究：基于应用因子分析法》，《高等理科教育》2016年第1期。

郭英剑：《人文学科的现实意义与经济价值》，《西北工业大学学报》（社会科学版）2018年第4期。

黄斌、徐彩群：《我国农村中等职业学校学生接受高等职业教育意愿的影响因素分析》，《高等教育研究》2012年第12期。

胡国强、弋顺超：《基于层次分析法和熵权法的高校教师教学质量评价——以学生评价教师为例》，《内蒙古师范大学学报》（教育科学版）2019年第8期。

郝杰：《新中国成立以来高等理科教育改革的探索与实践》，《黑龙江高教研究》2020年第3期。

郝进仕：《新建地方本科院校发展战略与战略管理研究》，博士学位论文，华中科技大学，2011年。

胡建华：《略论大学去行政化》，《中国高教研究》2014年第2期。

胡建华：《日本大学教师任期制改革述评》，《比较教育研究》2001年第7期。

侯利文：《行政吸纳社会：国家渗透与居委会行政化》，《深圳大学学报》（人文社会科学版）2019年第2期。

侯利文：《被围困的居委：基层社会治理中的组织、社会与国家——基于宜街的实地调查》，《公共行政评论》2017年第6期。

侯利文:《国家政权建设与居委会行政化的历史变迁——基于"国家与社会"视角的考察》,《浙江工商大学学报》2019年第1期。

胡立耘:《"人文学科""社会科学"及其通称术语的由来与非规范性现象探讨》,《宁夏社会科学》2005年第5期。

胡仁东:《人·关系·方法:大学组织内部治理的三个维度》,《大学教育科学》2015年第3期。

黄晓波:《大学的自治与尽责——基于高等教育理性主义和实用主义的思考》,《华南师范大学学报》(社会科学版)2011年第4期。

韩秀景:《高校科研成果考核应以创新为准绳》,《科技管理研究》2008年第1期。

何宇媚:《高职院校教师评价制度改革研究》,硕士学位论文,华南师范大学,2011年。

贺扬:《公立高校教师和学校的契约关系研究》,硕士学位论文,西南大学,2007年。

蒋重跃:《关于人文社会科学的学科性与科学性问题》,《渤海大学学报》(哲学社会科学版)2019年第3期。

蒋洪池:《托尼·比彻的学科分类观及其价值探析》,《高等教育研究》2008年第5期。

John S. Levin、刘隽颖:《新自由主义背景下美国高校终身制教师学术身份的冲突与适应——John S. Levin教授专访》,《苏州大学学报》(教育科学版)2018年第3期。

贾莉莉:《基于学科的大学学术组织研究》,博士学位论文,华东师范大学,2008年。

姜立利:《期望价值理论的研究进展》,《上海教育科研》2003年第2期。

焦师文:《坚持发展性评价方向 推进教师考核评价改革》,《中国高等教育》2014年第10期。

江新华:《大学学术道德失范的制度分析》,博士学位论文,华中科技大学,2004年。

靳云全、王攀:《高校教师科研评价存在的问题及对策探析》,《科技与管理》2007 年第 4 期。

贾永堂：《大学教师考评制度对教师角色行为的影响》，《高等教育研究》2012 年第 12 期。

邝邦洪：《论高校领导的政绩观》，《高教探索》2004 年第 4 期。

大卫·科伯：《高等教育市场化的底线》，《北京大学教育评论》2017 年第 4 期。

刘爱生：《美国大学教师与行政人员的人际关系研究》，《高校教育管理》2017 年第 3 期。

刘爱东：《高校内部资源梯度配置的策略选择》，《国家教育行政学院学报》2009 年第 7 期。

李爱萍、沈红：《大学教师晋升时间影响因素的实证分析——基于"2014 大学教师调查"》，《复旦教育论坛》2017 年第 1 期。

李爱萍、沈红：《社会阶层背景与大学教师的就职选择——基于"2014 中国大学教师"调查的分析》，《教师教育研究》2017 年第 4 期。

刘爱生、顾建民：《公共理性与大学有效治理》，《江苏高教》2013 年第 6 期。

李宝斌、许晓东：《高校教师评价中教学科研失衡的实证与反思》，《高等工程教育研究》2011 年第 2 期。

刘波、肖茜尹、熊凤：《工科高校教师教学评价指标体系的构建与测评方法研究——以西南石油大学为例》，《文教资料》2015 年第 11 期。

林春凉：《应用型本科高校教师绩效考核体系改善研究——以泉州信息工程学院为例》，硕士学位论文，华侨大学，2016 年。

李宝斌：《转型时期通往教育自觉的高校教师评价》，博士学位论文，华中科技大学，2012 年。

李宝斌、许晓东：《高校教师评价中教学科研失衡的实证与反思》，《高等工程教育研究》2011 年第 2 期。

李德全：《科层制及其官僚化过程研究》，博士学位论文，浙江大学，2004 年。

李福华：《论高等学校教师职称评审的结果公正与程序公正》，《清华大学教育研究》2016 年第 2 期。

刘福才：《大学智库文化的特质及其培育》，《教育研究》2019 年第 2 期。

李福华、孙百才：《论我国高等学校管理决策中的票决制与议决制》，《清华大学教育研究》2015 年第 4 期。

刘芳：《美国教师同行评价动态》，《基础教育参考》2003 年第 10 期。

李福华：《论我国大学教师绩效评价的价值取向》，《学术论坛》2013 年第 8 期。

刘国艳、曹如军：《地方高校教学评价制度：解析与重构》，《高等理科教育》2013 年第 3 期。

李国年、高燕林：《英国高校科研评估体系的演变、特点与启示》，《当代教育科学》2016 年第 11 期。

李会转：《我国高等教育功利化倾向的矫治措施》，《现代教育管理》2019 年第 10 期。

李化树：《论大学办学特色》，《清华大学教育研究》2006 年第 2 期。

李海平：《人性与法治——中国法治道路的构建》，《长白学刊》2004 年第 2 期。

骆洁敏：《试论大学组织特性及理论模型》，《江西电力职业技术学院学报》2007 年第 4 期。

刘晶：《实践知识：复杂治理场域中公共行政知识的新隐喻》，《江苏行政学院学报》2015 年第 1 期。

刘金龙：《行政权力与学术权力在大学章程中的设计与重构》，《现代教育管理》2015 年第 10 期。

林健：《胜任卓越工程师培养的工科教师队伍建设》，《高等工程教育研究》2012 年第 1 期。

李建华、胡训军、周谨平：《论人文科学的学科特质和体系分层》，《现代大学教育》2004 年第 6 期。

李均：《"教育大革命"刍议——对 1958 至 1961 年高等教育改革的再审视》，《教育与现代化》2003 年第 2 期。

李均、何伟光：《应用型本科大学 40 年：历史、特征与变革》，《南京师大学报》（社会科学版）2018 年第 5 期。

林健：《面向未来的中国新工科建设》，《清华大学教育研究》2017 年第 2 期。

鹿林：《以市场需求为导向打造高校核心竞争力》，《中国高等教育》2015 年第 8 期。

鹿林：《应用型人才培养的逻辑》，《中国高等教育》2015 年第 Z3 期。

李立国：《为"科层制"正名：如何看待科层制在高等教育管理中的作用》，《探索与争鸣》2018 年第 7 期。

刘莉：《欧洲各国大学科研评价及其启示》，《科学学与科学技术管理》2005 年第 9 期。

刘明：《论民国时期的大学教员聘任》，《资料通讯》2004 年第 6 期。

李楠：《我国高校教师教学评价目的研究——基于职业生涯发展周期视角》，《高教探索》2012 年第 6 期。

林楠、郭祥林：《高校教师业绩量化评估现状》，《河海大学学报》（哲学社会科学版）2004 年第 9 期。

吕鹏、朱德全：《未来教育视域下教育评价的人文向度》，《现代远程教育研究》2019 年第 1 期。

吕鹏娟：《基于学科特性的人文学科人才评价机制研究》，《中州大学学报》2019 年第 2 期。

刘庆昌：《学术评价的主体资格、内在标准与价值追求》，《中国社会科学评价》2017 年第 3 期。

李强、孙贺：《论高校精细化管理理论体系的四个层面》，《中国高等教育》2010 年第 1 期。

雷文静：《应用型高校教师分类评价与教师发展探究》，《高教论坛》2018 年第 2 期。

李薇、王雪原：《高校教师绩效评价指标体系的设计》，《统计与决策》2012 年第 4 期。

刘献君、张俊超、吴洪富：《大学教师对于教学与科研关系的认识和处理调查研究》，《高等工程教育研究》2010 年第 2 期。

刘欣：《我国应用型本科教育学科建构的基本理论探讨》，《理工高教研究》2010年第4期。

李小军：《论学术共同体视域下的高校学术腐败治理路径》，《广州大学学报》（社会科学版）2012年第6期。

刘晓慧：《从世界一流大学看我国高校管理队伍专业化建设》，《人力资源管理》2016年第9期。

刘雪：《应用型本科高校教师专业发展研究——以安徽省为例》，硕士学位论文，淮北师范大学，2012年。

刘向东、陈英霞：《大学治理结构剖析》，《中国软科学》2007年第7期。

刘彦博：《激励视角下高校教师岗位管理的创新》，《华中农业大学学报》（社会科学版）2012年第2期。

刘彦军：《我国应用型高等教育的发展历程与展望》，《高等工程教育研究》2018年第5期。

柳友荣：《我国新建应用型本科院校发展研究》，博士学位论文，南京大学，2011年。

李泽彧、曹如军：《大众化时期大学教学与科研关系审视》，《高等教育研究》2008年第3期。

陆正林：《新建本科院校转型发展的逻辑研究》，《应用型高等教育研究》2018年第4期。

刘战雄：《基于全责任的负责任创新研究》，博士学位论文，东南大学，2017年。

陆正林：《论新建本科院校转型发展的逻辑》，《职教论坛》2018年第11期。

马凤岐：《教育中的自由问题》，博士学位论文，华东师范大学，1997年。

米俊魁：《大学章程法律性质探析》，《现代大学教育》2006年第1期。

毛利丹：《中小学教师评价研究——基于教师的视角》，博士学位论文，华东师范大学，2016年。

马力、王晓君、柳兴国：《高校教师教学质量评价指标体系与方法》，

《决策参考》2005 年第 8 期。

牛风蕊：《我国高校教师职称制度的结构与历史变迁——基于历史制度主义的分析》，《中国高教研究》2012 年第 10 期。

牛风蕊、张紫薇：《地方高校教师聘任制改革 30 年：回顾、反思与展望》，《中国石油大学学报》2017 年第 8 期。

欧小军、卢晓中：《大学文化场域下学术与行政之关系——一种关系思维方法论的视角》，《教育发展研究》2010 年第 23 期。

潘懋元、吴玫：《高等学校分类与定位问题》，《复旦教育论坛》2003 年第 5 期。

彭兰、唐慧君：《构建高校内部科研评价体系之思考》，《黑龙江高教研究》2005 年第 2 期。

潘懋元、车如山：《略论应用型本科院校的定位》，《高等教育研究》2009 年第 5 期。

潘懋元、石慧霞：《应用型人才培养的历史探源》，《江苏高教》2009 年第 1 期。

潘懋元：《船政学堂的历史地位与中西文化交流——福建船政学堂创办 140 周年纪念》，《中国大学教学》2006 年第 7 期。

彭雨明、陈琼兴、胡婉谊：《应用型本科高校教师评价体系指标研究》，《科教导刊（中旬刊）》2017 年第 9 期。

庞振超：《人类心灵的叩问与追寻——关于人文学科历史与现状的考察》，《现代大学教育》2005 年第 3 期。

丘海雄、张应祥：《理性选择理论述评》，《中山大学学报》（社会科学版）1998 年第 1 期。

邱均平、杨思洛、王明芝：《改革开放 30 年来我国情报学研究的回顾与展望（二）：情报学研究论文的作者分析》，《图书情报研究》2009 年第 2 期。

钱萌、田东平：《中美大学教师教学质量评价之比较》，《高等工程教育研究》2003 年第 1 期。

钱民辉：《教育变革动因研究：一种社会学的取向》，《清华大学教育研究》1998 年第 3 期。

钱强：《大学发展内涵与价值取向探析》，《教育评论》2007 年第 4 期。

邱泽奇：《在工厂化和网络化的背后——组织理论的发展与困境》，《社会学研究》1999 年第 4 期。

任珂：《新建本科院校教学与科研关系的制度分析》，博士学位论文，华中科技大学，2017 年。

荣凤杰：《高校行政人员的"身份焦虑"及其成因》，《宁夏大学学报》（人文社会科学版）2011 年第 4 期。

孙芳明：《高校内在权力冲突分析及其协调机制的构建——以学术权力和行政权力的冲突为基点》，《国家教育行政学院学报》2006 年第 4 期。

沈红：《论大学教师评价的目的》，《高等教育研究》2012 年第 11 期。

沈红、王建慧：《大学教师评价的学科差异——对美国一所公立研究型大学的质性研究》，《复旦教育论坛》2017 年第 3 期。

沈红：《论学术职业的独特性》，《北京大学教育评论》2011 年第 3 期。

沈红、林桢栋：《大学教师评价的主客体关系及其平衡》，《中国高教研究》2019 年第 6 期。

沈红、刘盛：《大学教师评价制度的物化逻辑及其二重性》，《教育研究》2016 年第 3 期。

史万兵、曹方方：《高校社会科学教师科研评价主体权力配置及其运行机制研究》，《东北大学学报》（社会科学版）2017 年第 3 期。

宋旭红：《论我国学术评价中的程序正当和结果公正》，《清华大学教育研究》2019 年第 4 期。

眭依凡：《关于大学组织特性的理性思考》，《高等教育研究》2000 年第 4 期。

邵泽斌：《教育生态现代化论纲》，《教育发展研究》2019 年第 17 期。

涂朝莲：《高校内部资源配置失衡问题》，《江苏高教》2013 年第 2 期。

陶光胜、付卫东：《我国大学章程执行"肠梗阻"的病理解剖——基于 64 所高校的数据分析》，《理论月刊》2017 年第 10 期。

唐慧君：《大学科研评价体系及应用研究》，硕士学位论文，湖南大学，

2006年。

唐忠：《地方行业特色应用型高校教师多维度评价体系的构建摭谈》，《新课程研究（中旬刊）》2013年第3期。

田静、裴兆宏：《高校教师个体评价的研究》，《清华大学教育研究》2002年第5期。

唐忠、杨宁、陈春莲：《浅析行业特色型高校教师多维度评价体系》，《海南广播电视大学学报》2013年第1期。

唐忠、杨宁、陈春莲：《应用型高校教师多维度评价体系存在的问题透析》，《中国电力教育》2013年第19期。

田正平、吴民祥：《近代中国大学教师的资格检定与聘任》，《教育研究》2004年第10期。

吴波：《地方教学研究型大学教师绩效评价问题及对策研究》，硕士学位论文，长沙理工大学，2014年。

王保星：《目的·责任·道德：克尔的现代大学观》，《北京师范大学学报》（社会科学版）2004年第1期。

王斌华：《发展性教师评价制度研究》，博士学位论文，华东师范大学，1998年。

王斌华：《教师评价：绩效考评法》，《全球教育展望》2005年第5期。

王东梅：《关于运用"农校对接"推动创业就业的思考》，《高校后勤研究》2015年第6期。

王钢：《地方本科院校教师教学评价研究：利益相关者的视角》，硕士学位论文，河南师范大学，2012年。

王光彦：《大学教师绩效评价研究——基于教师自主发展的探索》，博士学位论文，华东师范大学，2009年。

王根顺、郭芮：《论我国古代理科教育的产生与发展》，《高等理科教育》2008年第1期。

吴洪富：《大学场域变迁中的教学与科研关系》，博士学位论文，华中科技大学，2011年。

王海清：《S大学科研绩效评价体系研究》，硕士学位论文，山东大学，

2017 年。

王建华:《重温"教学与科研相统一"》,《教育学报》2015 年第 3 期。

王建慧、沈红:《美国大学教师评价的导向流变和价值层次》,《外国教育研究》2016 年第 7 期。

王建华:《高等教育适应论的省思》,《高等教育研究》2014 年第 8 期。

王建民:《大学教师绩效评价:向哈佛学什么?》,《中国报道》2009 年第 12 期。

王景英、陈旭远:《高校教师教学质量评价的三个问题》,《教育理论与实践》1999 年第 10 期。

王建华:《高等教育的应用性》,《教育研究》2013 年第 4 期。

王津津、任保平:《路径演化视角下的中国经济大转型:兴衰探源与历史比较》,《江苏社会科学》2017 年第 1 期。

王建华:《第三部门视野中的现代大学制度》,《高等教育研究》2007 年第 1 期。

王建华:《高等教育的应用型》,《教育研究》2013 年第 4 期。

王建慧:《大学教师评价的院系个性:学科文化与学科组织行动的交互——来自一所美国研究型大学的质性研究》,博士学位论文,华中科技大学,2017 年。

王务均:《大学学术权力与行政权力的包容机制研究》,博士学位论文,南京农业大学,2014 年。

王绿原:《对应用型高校科研定位和评价的思考》,《重庆第二师范学院学报》2016 年第 3 期。

王灵心:《中美研究型大学教师评价制度比较研究》,硕士学位论文,中国海洋大学,2015 年。

吴佩:《研究型大学科研评价制度对教师科研绩效影响研究》,硕士学位论文,中南大学,2010 年。

温平川:《公共目标与个体责任:高校教师绩效评价模型构建与实证研究》,博士学位论文,西南大学,2017 年。

武鹏:《包容性增长的理论演进研究》,博士学位论文,云南大学,

2015 年。

王若梅：《近十年国内高校教师教学评价研究与实践综述》，《江苏高教》2008 年第 3 期。

王树洲：《高校课堂教学评价指标体系的构建》，《江南大学学报》（教育科学版）2009 年第 3 期。

王向红、谢志钊：《大学教师评价：从"鉴定与分等"到"改进与发展"》，《江苏高教》2009 年第 6 期。

王昕红：《20 世纪 80 年代后我国大学教师发展政策研究》，《教师教育研究》2007 年第 1 期。

邬小平、田川：《从工具理性到价值理性：我国高校教师考核评价的政策转向》，《现代教育管理》2019 年第 5 期。

王秀丽：《从教授治校走向共同治理》，《黑龙江高教研究》2012 年第 1 期。

汪信砚：《人文学科与社会科学的统一性——答余金成教授》，《学术研究》2010 年第 9 期。

吴勇：《关于个人投票的非理性现象分析》，《广西社会科学》2003 年第 9 期。

王义遒、祝诣博：《关于"应用理科"的几点思考》，《高等理科教育》2015 年第 1 期。

王英杰：《大学学术权力和行政权力冲突解析——一个文化的视角》，《北京大学教育评论》2007 年第 1 期。

王勇明、顾远东：《浅谈高校教师"需要"的层次》，《江苏高教》2008 年第 2 期。

吴叶林、崔延强：《基于学科文化创新的一流学科建设路径探论》，《清华大学教育研究》2017 年第 5 期。

汪洋、龚怡祖：《"校长退出学术委员会"的改革取向分析——兼论大学校长选拔制度的去行政化》，《高等教育研究》2014 年第 6 期。

王章豹、徐枞巍：《高校科技创新能力综合评价原则、指标、模型与方法》，《中国科技论坛》2005 年第 2 期。

邢建辉：《高校领导的政绩观与高校教学质量》，《中国高教研究》2010年第9期。

熊岚：《人本取向的高校教师评价研究》，《高校教育管理》2007年第1期。

夏鲁惠：《外国高等教育区域化发展研究》，《高等工程教育研究》2008年第2期。

徐其怀：《加强绩效考核，提高高校管理水平问题研究》，《辽宁省高等教育学会2016年学术年会暨第七届中青年学者论坛》2016年第12期。

徐向龙、李文杰：《基于核心竞争力的大学院系绩效管理研究》，《人力资源管理》2013年第12期。

宣勇：《论大学的校院关系与二级学院治理》，《现代教育管理》2016年第7期。

宣勇：《外儒内道：大学去行政化的策略》，《教育研究》2010年第6期。

徐涌金、白瑞：《试析激励理论在高校教师激励工作中的运用》，《黑龙江高教研究》2009年第1期。

杨长青：《激励视角下的高校教师评价研究》，博士学位论文，北京师范大学，2008年。

杨丹青：《略论社会科学哲学视野中社会科学的发展趋势》，硕士学位论文，沈阳师范大学，2009年。

叶芬梅：《政府·市场·学术：论高校教师职称制度改革的动力机制》，《国家教育行政学院学报》2009年第6期。

叶芬梅：《当代中国高校教师职称制度改革研究》，博士学位论文，南京大学，2008年。

杨建民、姜希、陈天柱：《高校领导班子树立正确政绩观的理论思考》，《乐山师范学院学报》2005年第1期。

姚加惠：《现代大学的科层管理及其改造》，《高等教育研究》2005年第6期。

余金成：《再论人文科学与社会科学的统一——回应汪信砚教授》，《学术研究》2011年第9期。

于家杰：《可持续发展视角下的高校教师评价逻辑》，《当代教育科学》2019 年第 7 期。

俞可平：《全球化时代的政治管理模式》，《方法》1999 年第 2 期。

杨克瑞：《美国高校教师体制的变迁及其现实意义》，《教师教育研究》2005 年第 3 期。

叶芃：《地方高校定位研究》，博士学位论文，华中科技大学，2005 年。

杨平：《大学教师量化考核的弊端》，《高教论坛》2011 年第 9 期。

杨启亮：《转向"兜底"：义务教育优质均衡发展的重心》，《教育研究》2011 年第 4 期。

杨琼：《应用型本科高校教师绩效评价研究——以英国博尔顿大学为例》，《教育发展研究》2017 年第 7 期。

姚荣：《中国本科高校转型如何走向制度化——基于组织分析的新制度主义视角》，《教育发展研究》2015 年第 3 期。

杨甜甜：《作为行动领域组织中的权力与规则——评费埃德伯格的〈权力与规则〉》，《社会学研究》2007 年第 4 期。

余婉娜：《应用本科时代地方高校教师评价的问题与出路——基于教师专业发展的视角》，《教育探索》2016 年第 6 期。

叶信治：《美国大学教师手册的性质、内容和功能》，《西南交通大学学报》2010 年第 6 期。

杨显贵、张昌民：《精细化管理与大学管理精细化》，《上海管理科学》2008 年第 2 期。

杨晓奇：《学校发展的"内卷化"表征与破解》，《教育研究与实验》2017 年第 5 期。

俞亚萍：《高校教师评价制度：问题检视、成因诊断与优化策略》，《黑龙江高教研究》2018 年第 10 期。

阎亚林：《论我国高校学术权力行政化》，《陕西师范大学学报》（哲学社会科学版）2003 年第 1 期。

翟安英、成建平：《应用型高校服务地方经济和社会发展的思考》，《宁夏大学学报》（人文社会科学版）2010 年第 1 期。

朱宝忠、孙运兰：《"卓越计划"背景下的能源与动力工程专业教师队伍建设》，《教育教学论坛》2018 年第 3 期。

张波、叶晓：《应用型高校的科研评价》，《北京联合大学学报》2015 年第 1 期。

周川：《"大学教师自我认同"申论》，《湖南师范大学教育科学学报》2019 年第 6 期。

周成海、靳涌韬：《美国教师评价研究的三个主题》，《外国教育研究》2007 年第 1 期。

周春燕：《复杂性视阈中的高校教师绩效评价研究》，博士学位论文，江苏大学，2009 年。

周光礼：《"双一流"建设中的学术突破——论大学学科、专业、课程一体化建设》，《教育研究》2016 年第 5 期。

周光礼：《"行业划转院校"的"去行业化"与"再行业化"：环境变迁与组织应对》，《教育研究》2018 年第 9 期。

周光礼：《中国高等教育治理现代化：现状、问题与对策》，《中国高教研究》2014 年第 9 期。

周光礼：《从管理到治理：大学章程再定位》，《湖南师范大学教育科学学报》2014 年第 2 期。

张国春：《借鉴国际科研计量评价方法构建新的人文社会科学科研评价体系》，《社会科学管理与评论》2001 年第 1 期。

周光礼、刘献君：《政府、市场与学校：中国教育法律关系的变革》，《华中师范大学学报》（人文社科版）2006 年第 9 期。

周刚、李小巍：《高校教师绩效评估模型的构建及应用》，《统计与决策》2013 年第 24 期。

张家军：《论教育宽容》，《教育研究与实验》2004 年第 4 期。

赵炬明：《学科、课程、学位：美国关于高等教育专业研究生培养的争论及其启示》，《高等教育研究》2002 年第 4 期。

朱剑：《重建学术评价机制的逻辑起点——从"核心期刊""来源期刊"排行榜谈起》，《清华大学学报》（哲学社会科学版）2012 年第 1 期。

赵静、吴慈生：《组织规范管理：本质特征与动态演进过程分析》，《商业经济与管理》2016年第4期。

朱建新：《地方高校向应用型大学转型的制度性困境、成因与机制构建》，《高等工程教育研究》2018年第5期。

周景坤、邱房贵：《区分性高校教师绩效管理研究》，《广西社会科学》2013年第6期。

朱建新：《地方应用型大学变革研究》，博士学位论文，浙江大学，2019年。

查吉德：《应用技术大学发展路径分析》，《重庆高教研究》2016年第1期。

张康之：《打破社会治理中的信息资源垄断》，《行政论坛》2013年第4期。

周来祥：《人文社会科学研究的特点与规律》，《文史哲》2003年第1期。

张丽：《基于结构方程模型的高校教师教学质量评价》，《统计与决策》2014年第16期。

张萌物、薛斌：《我国高校教师科研评价研究综述》，《西安石油大学学报》2012年第6期。

赵培举：《加强师德师风建设 培养高素质教师队伍》，《中国高等教育》2013年第Z2期。

朱鹏宇、马永红、白丽新：《新中国成立70年来研究生招生制度变迁逻辑：回顾与展望》，《中国高教研究》2019年第11期。

张其志：《对发展性教师评价的审视与思考——与王斌华教授商榷》，《教育研究与实验》2005年第1期。

周群英：《大学组织研究：学科设置的趋同性与合法性》，博士学位论文，中国人民大学，2008年。

张爽：《中小学校长领导力研究》，博士学位论文，北京师范大学，2008年。

赵世超：《高等教育应坚持科学教育与人文教育整合并重》，《2002年高等教育国际论坛》2002年第10期。

赵婷婷：《从大学与社会的矛盾看教学与科研的关系》，《高等教育研究》1999年第2期。

朱文静：《高职院校教师评价体系构建的研究——基于学生人文素养提升的视角》，《常州信息职业技术学院学报》2018年第4期。

章小辉、陈再萍：《高校课堂教学质量的有效教学评价体系结构研究》，《现代教育科学》2006年第3期。

张学敏、陈星：《资源与目标：现代大学制度建设的矛盾及其化解》，《高等教育研究》2015年第9期。

张晓峰：《对现行教师评价三个基本问题的批判：后现代主义视角》，《教育理论与实践》2004年第19期。

张兴峰：《教育功利化现象审视：工具理性的视角》，《教育发展研究》2008年第21期。

朱锡庆：《诡异的出租车》，《长三角》2009年第8期。

张新平：《关于教育管理理论、实践及其关系的思考》，《高等教育研究》2002年第11期。

周雪光、艾云：《多重逻辑下的制度变迁：一个分析框架》，《中国社会科学》2010年第4期。

周玉容、沈红：《现行教师评价对大学教师发展的效应分析——驱动力的视角》，《清华大学教育研究》2016年第5期。

张运：《高职院校"双师型"教师评价指标体系研究》，《工业和信息化教育》2017年第12期。

张永宏：《论"人文科学"的学科定位》，《云南社会科学》2005年第5期。

张应强、彭红玉：《地方高校发展与高等教育政策调整》，《高等教育研究》2008年第9期。

张应强：《从政府与大学的关系看地方本科高校转型发展》，《江苏高教》2014年第6期。

张运：《高职院校"双师型"教师评价指标体系研究》，《工业和信息化教育》2017年第12期。

张泳、张焱:《多元下的统一——关于高校教师分类发展的探讨》,《江苏高教》2018 年第 12 期。

詹瞻远、严燕:《我国高校内部权力系统的科层制超越》,《江苏高教》2011 年第 4 期。

张志文:《应用型人才培养模式的哲学思考》,《高教发展与评估》2019 年第 2 期。

赵志鲲:《大学教师激励问题研究》,博士学位论文,南京师范大学,2015 年。

张震、胡学钢、张亚萍:《数据挖掘在高校课堂教学质量评价体系中的应用》,《电脑开发与应用》2007 年第 2 期。

Andreas Heinrich, Felix Herrmann, Heiko Pleines, "Transparency and Quality Assessment of Research Data in Post-Soviet Area Studies: The Potential of an Interactive Online Platform", *Journal of Eurasion Studies*, Vol. 10, No. 2, 2019.

Arp, Jeb-Stuart Bennett, "Case studies of teacher satisfaction with three plans for evaluation and supervision", *The University of Alabama*, 2013.

Butler, L., "Explaining Australia's Increased Share of ISI Publications-the Effects of a Funding Formula Based on Publication Counts", *Research Policy*, No. 32, 2003.

Covino, E. A. & Iwanicki, E., "Experienced Teachers: Their Constructs on Effective Teaching", *Journal of Personnel Evaluation in Education*, No. 11, 1996.

Christopher K. Surrati, Shane P. Desselle, "Pharmacy Students' Perceptions of a Teaching Evaluation Process", *American Journal of Pharmaceutical Education*, Vol. 71, No. 1, 2007.

Curry, Stacie, "Portrolto—Based Teacher Assessment", *Thrust for Educational Leadership*, No. 3, 1987.

Darling-Hammond, L., Wise, A. E., Pease, S. R., "Teacher Evaluation in the Organizational Context: A Review of the Literature", *Review of educa-*

tional research, Vol. 53, No. 3, 1983.

Dwyer Carol Anne, "Meeting The Challenges For Innovative Teacher Assessment", *Teaching and Diversity: Journal of Teacher Education*, No. 1, 1993.

Derek Anderson, Abby Cameron, Bethney, "Teacher Evaluation and Its Impact on Wellbeing: Perceptions of Michigan Teachers and Administrators", *Education*, Vol. 134, No. 3, 2019.

Eric S. Taylor and John H. Tyler, "The Effect of Evaluation on Teacher Performance", *American Economic Review*, Vol. 102, No. 7, 2012.

Floyd, D. L., Felsher, R. A., & Ramdin, G. A., "Retrospective of Four Decades of Community College Research", *Community College Journal of Research and Practice*, Vol. 40, No. 1, 2016.

Jeffrey O. Segrave, "Scholarship in Physical Education in the Liberal Arts College", *National Association for Physical Education in Higher Education*, 1996.

Johnson, R., & Onwuegbuzie, S., "Mixed methods research: A research Paradigm whose time has come", *Educational Researcher*, No. 7, 2004.

Jones, M. Gail., Jones, Brett D. Hardin, Belinda, "The Impact of High stakes Testing on Teachers and Students in North Carolina", *Phi Delta Kappan*, Vol. 81, No. 3, 1999.

John M. Malouff, Jackie Reid, Janelle Wilkes, and Ashley J. Emmerton, "Using the Results of Teaching Evaluations to Improve Teaching: A Case Study of a New Systematic Process", *College Teaching*, Vol. 63, No. 1, 2015.

Marcelo Marques, Justin J. W. Powell, Mike Zapp, Gert Biesta, "How does Research Evaluation Impact Educational Research? Exploring Intended and Unintended Consequences of Research Assessment in the United Kingdom, 1986–2014", *European Educational Research Journal*, Vol. 16, No. 6, 2017.

M. Ediger, "Assessing Teaching Quality in Higher Education", *College Faculty*, *No.* 4, 2000.

Michael S. Garet, Andrew C. Porter, Laura Desimone, Beatrice F. Birman, Kwang Suk Yoon, "What Makes Professional Development Effective? Results From a National Sample of Teachers", *American Educational Research Journal*, Vol. 38, No. 4, 2001.

Moore, L., "A study of the perceptions of teachers and administrators concerning the NJ Professional Development for Teachers' Initiative", *South Orange*, NJ: Seton Hall University, 2002.

Pedro Reyes, Michael Imber, "Teachers' Perceptions of the Fairness of Their Workload and Their Commitment, Job Satisfaction, and Morale: Implications for Teacher Evaluation", *Journal of Personnel Evaluation in Education*, Vol. 5, No. 3, 1992.

Robert, J. B., Livne, N. L., Bear, S. L., "Teachers' Self-assessment of The Effects of Formative and Summative Electronic Portfolios on Professional Development", *European Journal of Teacher Evaluation*, Vol. 28, No. 3, 2005.

Rockoff, Jonah E., Douglas O. Staiger, Thomas J. Kane, and Eric S. Taylor, "Information and Employee Evaluation: Evidence from a Randomized Intervention in Public Schools", *American Economic Review*, Vol. 102, No. 7, 2012.

Taylor, Lyndal, "Reflecting on Teaching: The Benefits of Self-Evaluation", *Assessment & Evaluation in Higher Education*, Vol. 19, No. 2, August 1994.

T. Bastick, "Improving the Quality of Tertiary Education through Student Evaluation of Teaching", *Educational Quality*, No. 4, 2001.

Toch, Thomas, Rothman, Robert, "Rush to Judgment: Teacher Evaluation in Public Education", *Education Sector Reports*, No. 1, 2008.

Toch, T., "Fixing Teacher Evaluation", *Educational Leadership*, Vol. 66,

No. 2, 2008.

Peterson, K., "Research on School Teacher Evaluation", *National Association of Secondary School Principals*, No. 6, 2004.

Stephen J. Ball, "Performativity, Com-modification and Commitment: An I-spy guide to the neoliberal university", *British Journal of Educational Studies*, No. 1, 2012.

Wolansky, W. D., "A Multiple Approach to Faculty Evaluation", *Education*, Vol. 97, No. 1, 2001.

Worthen, Blaine R., "Educational Evaluation", *American Journal of Evaluation*, No. 3, 1998.

后　记

书稿完成时，我抬头望向窗外，簇拥的花丛在雨后仿佛被赋予了新的生命。此时正值疫情时期，面对每天飞速上涨的确诊数字，远离家乡身处美国的我在对自然保持敬畏的同时，对生命、对他人、对爱、对我们所拥有的一切给予了更多的敬重。

写下这篇后记，很多时光成为了我生命中最难忘、最珍贵的记忆。对于年近不惑的我来说，虽一直在大学为人师表，但在工作近15个年头又重新回归学生身份也是一个不小的挑战。身边的小同学都是以敬佩的目光看我，为我工作多年又重新求学的举动赞叹。然而我心中自知，自知这次机会无比珍贵，抓住一切时机贪婪地吸吮着知识的甘露。这四年中，有求学艰辛带来的疲惫，有论文写作带来的焦虑。但更多的是，文献阅读带来的静心和知识积淀带来的坚持。

在些许伤感和惶恐的心中，更多的是感激。承蒙导师胡金平教授不弃，招我入麾下。他为人处世的态度、严谨治学的精神，深深地感染着我，让我敬仰。南师大读书期间，得以有机会聆听吴康宁教授、张乐天教授、张新平教授、程晋宽教授、冯建军教授、邵泽斌教授、陈学军教授、姚继军教授、齐学红教授、李如密教授、徐如彬教授、闫旭蕾教授的课程，与胡门沙龙、教育领导与管理系的沙龙一起，都是伴我成长的学术殿堂。感谢老师们的悉心教导！在这里学习，我也得到了诸多师兄、师姐、师弟、师妹的帮助和鼓励，难忘共处的美好时光，一并致以谢意！特别感谢张新平教授、陈学军教授、姚继军教授对我美国访学的支持，感谢我的外导——阿拉巴马大学教育学院 Jingping Sun 教授，帮助我实现了美国一流大学访学进修的梦想，为本书的写作增加了浓重的一笔。

书稿的顺利完成还得益于父母的鼎力支持，丈夫的默默奉献和儿子对妈妈的无限包容。"中国社会科学出版社"在我心中一直是块圣地。真诚地感谢中国社会科学出版社张湉编辑对于本书出版所给予的大力支持，以及在本书的出版过程中有关人员付出的艰辛劳动。还要感谢许多在此虽未提到但我却深记在心的师长、朋友和亲人。

学术路漫漫，更是无止境。我将继续沿着这条路走下去，做一名不知疲倦、永不停步的跋涉者。

宫　珂
2023 年 1 月